ZHICHANG RENJI GUANXI CHULI

职场人际关系处理

（第二版）

陆瑜芳 编著

上海大学出版社
·上海·

图书在版编目(CIP)数据

职场人际关系处理/陆瑜芳编著.—2版.—上海：
上海大学出版社，2022.8
 ISBN 978-7-5671-4516-0

Ⅰ.①职… Ⅱ.①陆… Ⅲ.①人际关系学–高等学校–教材
Ⅳ.① C912.1

中国版本图书馆 CIP 数据核字 (2022) 第 147833 号

责任编辑　傅玉芳
封面设计　柯国富
技术编辑　金　鑫　钱宇坤

职场人际关系处理（第二版）

陆瑜芳　编著

上海大学出版社出版发行
（上海市上大路99号　邮政编码 200444）
（https://www.shupress.cn　发行热线 021-66135112）
出版人　戴骏豪

*

南京展望文化发展有限公司排版
句容市排印厂印刷　各地新华书店经销
开本 710mm × 1000mm 1/16　印张 23.25　字数 367千
2022年8月第1版　2022年8月第1次印刷
ISBN 978-7-5671-4516-0/C・138　定价 48.00元

版权所有　侵权必究
如发现本书有印装质量问题请与印刷厂质量科联系
联系电话：0511-87871135

前 言

笔者在多年的教学研究以及近年的心理咨询工作中,发现大学生普遍因缺乏工作实践和人际关系处理经验而苦闷,加上对自身优势的认识不足,他们对未来职业前景很迷茫。本教材立足即将进入职场的学生或初入职场的员工,从心理学角度,介绍职场中人际关系处理的方法与策略。不仅能帮助学生和职场新人认识职场人际关系的基本情况,还能启发他们认识自我、进行合理的职业定位、掌握职场人际关系的交往法则和行事策略,有效度过职场发展危机期和心理危机期,为职业生涯的持续发展打下良好的基础,能够创造属于自己的光辉灿烂的未来。

本书主要介绍职场人际关系的内容及处理方法。阐述人际关系心理学的基础知识,人际关系的交往原则和交往艺术,职场人际关系和人际认知;讲述职场人际关系与事业发展、心理健康的关系;具体介绍与上级、同事、下属的沟通方法及其关系的处理策略;介绍职场特殊的人际关系(如办公室恋情、办公室政治等)所引发的问题及应对方法;阐述职场发展危机和心理危机及其处理方法。

本书具有较强的可读性、体验性和启发性,可以作为大专院校经管类、文秘类等文科专业或通识课的教材;也可供有志于人际关系心理学研究的人士自学或就职培训之用;对身陷职场人际困惑的人士也具有一定的启示作用。

在写作过程中,心理督导、国家职业技能鉴定考评员和心理咨询师朱小平先生对本书的章节架构、具体内容等做了详细的指导,在此表示真挚的敬意和衷心的感谢。编写过程中,笔者参考了国内外许多同类著作,不及向作者一一致谢,在此一并表示谢意。

陆瑜芳

2022 年 6 月

目 录

第一章 人际关系心理学基础知识 …… 1

第一节 关系及人际关系 …… 1
　一、关系和人际关系的定义 …… 1
　二、人际关系的类型和心理结构 …… 4
　三、建立良好人际关系的条件及心理因素 …… 8

第二节 人际关系与人格类型 …… 17
　一、人格及其影响因素 …… 18
　二、人格类型与人际交往 …… 23

第二章 人际关系的交往原则及交往艺术 …… 33

第一节 人际关系的交往原则 …… 33
　一、人际交往的基本模式 …… 33
　二、人际交往的原则 …… 35

第二节 人际关系的交往艺术 …… 39
　一、语言沟通的方法和艺术 …… 39
　二、职场中的人际沟通 …… 50
　三、人际交往的方法和艺术 …… 54

第三节 人际交往中的心理障碍及其调适 …… 68

一、心理障碍的含义及表现 …………………………………… 68
　　二、人际交往中的心理障碍及其调适 ………………………… 68

第三章　职场人际关系和人际认知 ………………………………… 87
　第一节　职场人际关系处理的意义 ……………………………… 87
　　一、处理好职场人际关系的意义 ……………………………… 88
　　二、职场人际关系中的责任 …………………………………… 89
　第二节　职场人士的人际认知 …………………………………… 92
　　一、自我与自我意识 …………………………………………… 93
　　二、正确认识自己的方法 ……………………………………… 96
　　三、有效认知他人的策略 ……………………………………… 103

第四章　职场人际关系与事业发展 ………………………………… 117
　第一节　塑造自己的职业人格 …………………………………… 119
　　一、初入职场的准备 …………………………………………… 119
　　二、塑造自己的职业人格 ……………………………………… 127
　第二节　职场中人际关系的定位 ………………………………… 135
　　一、职场不良人际关系的表现及障碍 ………………………… 135
　　二、职场良好人际关系的定位 ………………………………… 139
　第三节　团队协作与事业发展 …………………………………… 149
　　一、加强团队协作,与不同背景的同事相处 ………………… 149
　　二、发挥自身优势,实现事业发展 …………………………… 151

第五章　职场人际关系与心理健康 ………………………………… 160
　第一节　职场中影响心理健康的因素及心理健康的主要途径 … 160
　　一、影响职场人士心理健康的因素 …………………………… 160
　　二、职场人士心理健康的主要途径 …………………………… 164
　第二节　职场中的压力和情绪管理 ……………………………… 167
　　一、压力的含义及其影响 ……………………………………… 167

二、情绪的含义及其作用 ································· 174
　　三、压力和情绪管理的策略 ····························· 176

第六章　与上级关系的处理 ································· 192
第一节　领导者、管理者的领导风格和人格特征 ········ 192
　　一、领导者、管理者的领导风格 ························ 192
　　二、管理者的人格特征 ································· 197
第二节　与上司沟通和相处的方法 ······················ 200
　　一、与上司沟通的方法 ································· 200
　　二、与上司和谐相处的方法 ····························· 203
　　三、与上级冲突的处理方法 ····························· 209
第三节　获上级支持的发展策略 ························ 215
　　一、熟悉上级特点，争取表现机会 ······················ 215
　　二、获得上级青睐，得到进一步发展的机会 ············ 218

第七章　与平级、下属及其他关系的处理 ················ 222
第一节　与平级同事沟通和相处的方法 ················ 222
　　一、与平级同事友好相处的意义 ······················· 222
　　二、与平级同事冲突引发的问题及处理方法 ············ 225
第二节　与下属关系的处理方法 ························ 231
　　一、与下属建立良好关系的意义 ······················· 231
　　二、与下属建立良好关系的方法 ······················· 234
第三节　与客户及其他关系的处理策略 ················ 239
　　一、与客户关系的处理 ································· 239
　　二、职场一般人际关系的处理 ·························· 241

第八章　办公室恋情关系的处理 ··························· 249
第一节　爱情的理论及恋爱关系处理 ··················· 249
　　一、爱情的含义及爱情理论 ····························· 249

二、爱情的特征和爱的能力 …………………………………… 254
　　三、恋爱过程的处理 ……………………………………………… 258
　第二节　办公室恋情的处理 ………………………………………… 263
　　一、办公室恋情的缘由及特点 ………………………………… 263
　　二、办公室恋情的应对方法 …………………………………… 267

第九章　办公室政治关系的处理 ……………………………………… 276
　第一节　办公室政治中的一般关系处理 …………………………… 276
　　一、办公室政治的含义及适应 ………………………………… 276
　　二、办公室政治关系的处理 …………………………………… 281
　第二节　办公室政治中的特殊关系处理 …………………………… 290
　　一、越级行事所导致的问题及处理方法 ……………………… 290
　　二、强势人物及与强势人物关系的处理 ……………………… 296

第十章　职场危机的应对策略 ………………………………………… 303
　第一节　职业发展危机 ……………………………………………… 303
　　一、职业发展危机及应对 ……………………………………… 303
　　二、职业形象和信任危机的应对 ……………………………… 315
　第二节　职场心理危机 ……………………………………………… 325
　　一、职场心理危机及处理 ……………………………………… 325
　　二、职场人际冲突引发的犯罪行为及其防范 ………………… 331

附录 …………………………………………………………………………… 336
　一、MBTI职业性格测试题 ………………………………………… 336
　二、九型人格简易测试表 …………………………………………… 354

参考文献 ……………………………………………………………………… 361

第一章 人际关系心理学基础知识

现代社会,每个人都处在多层次、多方位、多角度、多类型的人际关系网络中,因人际关系的重要性,我们内心都希望能够游刃有余地处理好各种关系;因人际关系的复杂性,很多人又不知如何搞好人际关系。因此,掌握人际关系心理学的基本知识和方法,对我们适应现代社会生活意义重大。

掌握人际关系心理学的基本知识和相应的能力,是职场人士处理职场人际关系的根本。只有在良好人际关系的基础上,我们才可能发挥自己的天赋,取得优异的成绩,实现我们的理想。

第一节 关系及人际关系

一、关系和人际关系的定义

(一)关系的定义

关系,按照《现代汉语词典》的解释,是指事物之间相互作用、相互影响的状态,或人和人或人和事物之间的某种性质的联系。这两种定义都离不开人的存在,必须由人来界定事物的关系,由人来处理人与人之间的关系。自从我们来到这个世界上——甚至在出生之前——我们与他人的关系就构成了身份的基础。

(二) 人际关系的定义及特点

1. 人际关系的定义

人际关系有许多不同的定义,广义上是指人与人之间在社会交往过程中,彼此借由思想、感情、行为所形成的吸引、排拒、合作、竞争、领导、服从等互动的关系,具体包括经济关系、政治关系、法律关系、伦理关系、心理关系等。狭义上是指个人与个人之间通过相互交往和作用而形成的一种心理关系,或称心理距离,也即人与人之间的心理关系。

2. 人际关系的特点

本书所讨论的是狭义的人际关系,其主要特点是:

(1) 人际关系指个体与个体之间的关系,实质是人与人在交往中建立的直接的心理上的关系。

(2) 人际关系是人们在交往过程中逐渐建立和发展起来的,个体可切实感受到它的存在。人际关系包括主体、对象与交往三大要素,没有直接的接触和交往不会产生人际关系,人际关系一经建立,一定会被人们直接体验到。

(3) 人际关系的亲疏主要取决于人际心理距离的远近。人际关系的基础是人们彼此间的情感活动,而情感因素是心理距离的主要成分。人际间的情感倾向有两类:一类是使彼此接近和相互吸引的情感;另一类是使人们互相排斥或分离的情感。人们在心理上的距离趋近,会感到心情愉悦和舒畅;若有矛盾和冲突,心理距离则远,会感到孤立和抑郁。

 相关链接

豪猪取暖的距离

从审美的角度看,人际心理距离既不能太近,也不能太远,即所谓"距离才能产生美"。叔本华有一个寓言:寒冷的冬天,一群豪猪挤在一起取暖,但它们的毛刺刺痛了彼此,于是只好分开。可严寒又使豪猪渐渐聚拢在一起,身体接近了,毛刺又刺痛了对方。经过几番聚散,豪猪们终于各自找到了最佳的位置,这个位置就是彼此保持适当的距离。

> 这也提示我们,即使是最亲近的人际关系,也应该保持一定的距离,这种距离包括时间、空间和心理的距离,否则摩擦、矛盾、冲突和痛苦就在所难免。

3. 良好人际关系的特征

良好的人际关系是建立在需要满足的基础上的,而且是彼此相互的满足。相互满足程度越高,人际关系越密切。

根据社会交换理论,人际互动注重"平等"、"交换"等原则,交换物包括金钱、物质等有形财物,也包括感情、面子、感觉、尊重等无形报酬。人际相处,如果得不到互相的报答和酬赏,关系就难以维持。若要建立、维系并发展长期稳定和良好的人际关系,双方就都应考虑对方的需要,在寻求自我需要满足的同时,也应尽力满足对方的需要。

(三) 建立良好人际关系的意义

许多实验或调查都说明了良好人际关系的重要性。如美国卡内基理工学院分析了 10 000 人的记录后得出结论:15% 的成功者是由于技术熟练、头脑聪慧和工作能力强;85% 的成功者是由于个性因素,即具有成功地与人交往的能力。反之,在生活中失败的人,90% 是因为不善于与人进行有效的交往。

阿尔波特·维哥姆博士通过研究发现:4 000 名失业的人中,只有 10%,即 400 人是因为他们不能干这种工作;90%,即 3 600 人是因为他们还不曾发展自己与人成功相处的良好品质。建立良好人际关系的意义具体有以下几点:

1. 学会交往,促进个体社会化

建立良好的人际关系、学会人际交往是个体实现社会化的重要途径。人际交往是传递社会化信息的重要渠道,是学习社会规范的重要途径。处理人际关系的过程,就是个体学习、掌握并遵循社会行为规范的过程。

2. 交流情感,有益身心健康

任何人都希望消除孤独,交流情感,有合群的需要和情感的需要,如果这些需要得不到满足,就会产生孤独感和空虚感。良好的人际关系能够消除孤独、交流情感、减轻痛苦、增加快乐,因而,就有减少疾病、延年益寿的作用。

3. 相互影响,有利于自我完善

在建立良好关系、人际互动过程中,我们通过相互影响,可以促进个体的自我完善,有利于形成健康的个性,还有利于发展健全的自我意识。

4. 净化心灵,优化社会环境

维护尊严是人类的基本需要,以真、善、美为基本特征的人际交往,既是人类文明的重要标志,又对人们形成良好的社会心理状态、协调人际关系、优化社会环境具有重要作用。

5. 取长补短,增强整体效应

良好的人际关系结构能够优化并增强群体的整体效应。在目标一致、齐心协力的前提条件下,良好的人际交往能够形成互补、产生合力,能够激发潜能、发挥整体效应,创造出最佳的合力效果。

二、人际关系的类型和心理结构

(一) 人际关系的类型

根据不同的标准,可以把人际关系分成不同的类型。如根据交往关系的范围分为个人之间的关系和个人与团体的关系,前者如朋友、同事关系,后者如个人与班级的关系;按照交往关系存续的时间分为长期关系和短期关系,前者如亲缘关系,后者如导游与游客的关系。

根据人际交往需要的不同,美国心理学家舒茨把人际关系分为三种类型:包容需要引起的人际关系、控制需要引起的人际关系和情感需要引起的人际关系。

根据交往双方的相互关系状况,美国社会心理学家霍尼将人际关系分为:逊顺型,特点是顺从他人,讨人喜欢;进取型,特点是考量他人是否对自己有用;疏离型,特点是常思考别人是否干扰自己。

根据人际互动方式,美国心理学家雷维奇把人际关系分为:

1. 主从型

特点是一方处于支配地位,另一方处于从属地位。这是人际关系类型中最基本的一种,几乎所有的人际关系都有主从型因素。

2. 合作型

特点是双方有共同目标,为了达到这一目标,彼此能配合和容忍对方。

3. 竞争型

特点是双方为实现各自目标常常竭尽全力,因而充满活力;由于竞争时间长,又使人感到筋疲力尽。

其他还有主从—竞争型、主从—合作型、竞争—合作型、主从—合作—竞争型以及无规则型。人们在交往时,有时候是一个人与不同的人有不同类型的人际关系,有时候是同样的交往双方在不同的时候采取不同类型的交往方式。

(二) 人际关系的心理结构

1. 人的心理活动过程

在心理学理论中,人的心理活动过程可以分为以下几种:

(1) 认知过程。认知过程是指人认识客观事物的过程,或是对信息进行加工处理的过程,是人由表及里、由现象到本质地反映客观事物特性与内在联系的最基本的心理活动。认知过程包括感觉、知觉、记忆、思维和想象等。

(2) 情绪、情感过程。情绪是人对客观事物是否满足自身物质和精神上的需要而产生的主观体验,广义的情绪包括情感,是人对客观事物的态度体验。人的基本情绪有快乐、悲哀、愤怒、恐惧等。一般来说,凡是符合并满足人的某种需要的客观事物,会使人产生积极肯定的情绪,反之则会产生消极否定的情绪。

(3) 意志过程。人不仅能够认识世界,对事物产生肯定或否定的情绪,而且能在自己的活动中自觉地确定目的,克服内部和外部困难,并力求实现预定目的,这种有意识地调节与支配行为的心理活动就是意志,它是人的意识能动性的体现,也是人与动物的本质区别之一。人的意志行为体现在两个方面:一是发动,二是制止。发动是激励并调节人去从事达到目的所必需的意志行为,制止是阻止个体与自己预定目的不相符合的心理与行为。

在现实生活中,人的认知过程、情绪情感过程和意志过程之间相互联系、相互作用,构成一个有机的心理活动过程。

2. 人际关系的心理结构——认知、情感和行为

人际关系的心理结构包括认知、情感和行为。认知是人际交往的前提,情感

是人际交往的调控因素,行为是人际交往的手段。

(1) 人际认知。人际认知是指人与人交往过程中彼此互相感知、识别、理解而建立的一种心理联系。人际认知是建立人际关系的前提,包括自我认知、对他人的认知和对人际关系的认知三个方面。

自我认知包括对自己身体状态的认知(如健康、长相等)、对自己心理状况的认知(如性格、爱好、情感、意向等)、对自己社会关系的认知(如阶层、是否被人接受等),它是自我意识的组成部分。正确的自我认知对心理健康与人际交往起着至关重要的作用,而良好自我认知的前提条件是客观、全面地觉知自己。

如果一个人看不到自己的价值,觉得自己什么都不如别人,就会丧失信心,产生厌恶自己并否定自己的自卑感,便会羞于与他人相处,缺乏进行人际交往的勇气,封闭自己或是在人际交往中委曲求全,最终将不能忍受自己的状态而害怕与人交往;而如果只看到自己的优点,觉得别人都比不上自己,就会产生盲目乐观情绪、自恋自大、自我中心,在交往中盛气凌人,或不屑与人交往,最终将失去诸多的人际支持,处于人际关系的尴尬境地。因此,自我认知既要受自我评价的影响,也要受他人对自己的评价的影响,如果自我评价与他人对自己的评价过于悬殊,就会使自己与他人的关系失去平衡、产生矛盾,过分的自我欣赏与自我拒绝都不利于正常交往。

对他人的认知是指对他人的身体状态、心理状况的认知,即通过对他人外部特征的知觉,进而判断他人的需要、兴趣、动机、情感和认可等心理的过程。在人际交往中,对他人的认知是前提条件,因为在与他人交往过程中,对他人的了解、认知往往决定着我们的交往取向、态度与行为。当对他人持肯定态度时,会激发交往的动机,调整交往的行为,积极解决交往中的问题,在理解、宽容中建立良好的人际关系;而当对他人持否定态度时,会阻碍交往的动机与行为,而且在交往中容易出现误会,人际交往难以维持。因此,对他人认知中的客观、理解与换位是基本前提,只有这样才能减少认知误区,增加成功交往的几率。

人际认知是建立在人与人之间的相互认知基础上的。我们一方面要了解他人,另一方面也要让他人了解自己。尽管我们几乎无法完全理解他人的内在世界,很多友谊、爱情还可能建立在相互误解之上,甚至有"因误解而结合,因了解而分离"的说法,但这不等于说人际间的相互认知是不可能的事,而正说明要建立良好的人际关系,相互间必须进行深入的认知、觉察和理解,更进一步,还需要彼此认同、欣赏和包容。

(2) 人际情感。人际情感是指人们在人际交往中各自的需要是否得到满足而产生的情绪、情感体验。人际情感有积极情感、消极情感和中性情感,积极情感如喜欢、热爱等让人们亲近、融合;消极情感如厌恶、仇恨等导致人们疏远、分离;而中性情感是指平稳和缓、若即若离的情感,这在人际交往中大量存在。人际情感是人际关系的核心,是衡量人际关系好坏的晴雨表。一方面,人际情感形成的因素十分复杂,主要取决于相互需要的满足程度;另一方面,人际情感又相当细腻、微妙,且敏感、易变,需要格外细心地培育、维护和经营。

(3) 人际行为。人际行为是指双方在相互交往过程中的外在行为的综合表现,包括人们的仪容仪表、服饰打扮、言谈举止和礼仪礼节等。在人际关系中,无论是认知因素还是情感因素,都要通过外在的人际行为表现出来。因而,人际行为是调节人际关系的杠杆,人们可以通过各种行为来调节、补充以及完善各种人际关系。

 相关链接

中西方人际关系的差异

由于各个国家历史文化背景的不同,中国传统社会以家庭为本位,西方社会以个人为本位,东西方各自具有独特的人际关系格局。按照费孝通先生的研究,他认为中国乡土社会的人际关系结构呈现一种"差序格局",以己为中心,和别人所联系成的社会关系"像水的波纹一般,一圈圈推出去,愈推愈远,也愈推愈薄"。西方的人际关系结构则呈现为"团体格局","在团体格局里个人间的联系靠着一个共同的架子,先有了这架子,每个人结上这架子,而互相发生关联"。这共同的架子,一方面是平等观念,即在同一团体中各分子的地位相等,个人不能侵犯大家的权利;另一方面是宪法观念,指团体不能抹杀个人,只能在个人所需交出的一份权利上控制个人。

今天中国社会因人际关系而产生的困惑或冲突,除了个人性格等原因外,更多的是由于中西文化观念的碰撞。中国几千年的文化孕育了国人相对封闭、自谦的人格特征和集体无意识,与现代主流社会高度开放、强调独立的个性特征相悖。在挟现代化浪潮席卷而来的西方文化的压力和诱惑下,国人被迫、被动地改变自己已经顺应的文化模式,去迎合西方文化模式。在现代价值观的指引下,人人都要追求自己的价值和利益,这必然带来激烈的竞争,随着竞争而来的是人与人之间的相互敌意,恐惧感、孤独感、软弱感、不安全感与日俱增。这些正在深刻地影响着我们的认知结构、情感体验和行为表达,影响着我们对外界的态度以及人与人之间的关系。

三、建立良好人际关系的条件及心理因素

(一)影响人际关系的因素

人们在人际交往中表现出来的关系深浅、密切程度、心理距离各不相同,有的情同手足,是知音或挚友;有的表面和气实际并无深交;有的朝夕相处却很少有内心交流;还有的冷眼相对、势不两立。研究表明,人际关系的建立和发展,大多经历这些过程:视觉与意识上的注意、情感上的吸引、行为上的适应以及综合层面上的依附与合作等。影响人际关系的好坏和差异的因素主要有以下几个方面:

1. 空间距离与交往频率

心理学家费斯廷格曾以同一宿舍楼内居民为对象,研究距离与交往的关系,发现空间距离越接近,彼此接触的机会越多,越容易形成较密切的人际关系。俗话说"远亲不如近邻"。同在一地居住,同在一个学校读书,同在一个单位工作,同在一栋楼房生活,彼此容易认识和了解,感情上也容易接近。

而爱德华·霍尔研究发现,人们在互动中有四种不同的人际距离:

(1) 亲密距离(0—0.5 m)。是亲子、恋人、护理、保镖等人相处的距离。

(2) 私人距离(0.5—1.25 m)。其中 0.5—0.8 m 是亲密朋友交往的距离,0.8—1.25 m 是普通朋友交往的距离。

(3) 社会距离(1.25—3.5 m)。是一般相识或未相识者之间,公事公办、应

酬往来者之间的距离。

(4) 公众距离(3.5—7.5 m)。是庆典、演讲时,演讲者与听众的距离。

亲密友好的人际交往常常发生在较小的距离内,因而我们可以从人们彼此之间的距离来推断他们的心理距离和感情关系状况,而且,这种推断在女性之间、异性之间似乎更为准确。

交往频率是指人们在单位时间内相互接触的次数。一般交往频率越高,越容易形成共同的经验,产生共同的语言和感受,即交往频率与人际关系的密切程度成正比例关系。若长久不交往,关系就逐渐疏远。而交往的内容也不能忽视,如果只是应酬,即便频率再高,也难以形成真正的友谊。

2. 相似性与同质因素

相似性除了年龄、家庭出身、能力与才干、态度与性格等相似之外,还包括政治主张、宗教信仰和价值观等的相似,如果有共同的理想、信念、价值观或兴趣爱好等,就容易引起彼此间思想上的共鸣和行为上的同步,形成志同道合的密切关系。俗话说:"物以类聚,人以群分。"人以群分的基础就在于他们对事物是否有相同的态度,"相见恨晚"是态度相似性在交往上的表现。在这类因素中,目标与利益的一致性是最根本的。比如有些以前关系不怎么好的大四学生,因面临共同的就业压力,竟然也凑在一起去图书馆看书考研。这说明态度的相似性可影响人际关系,因为他们有共同的目标,就可以成为学习上共同勉励的好朋友;而如果在目标和利益上出现冲突,将会导致人际关系的破裂与恶化。

3. 需要、气质及性格的互补效应

如果交往各方彼此的需要都得到充分的满足,就会形成良好的人际关系。性格相似固然可以有共同的语言和感受,并发展为密切的关系;有时性格不同的人,因性格互补效应满足了各自的需要,也会产生吸引力而使关系变得密切,比如某个独立性较强的人可以和一个依赖性较强的人结成友谊。不同气质的人在交往中也有互补效应,如活泼外向的多血质者就可能和沉默敏感内向的抑郁质者成为好朋友。

4. 能力与专长

一个有专业特长、能力很强的人,有较强的吸引力,别人会对他表现出欣赏和敬佩,愿意与他接近。因为聪明能干的人可以给人以智慧和帮助,且言谈举止赏心悦目。但有研究表明,一个能力超强又完美无缺的人反而让人觉得望而生畏,不可亲近,而一个能力非凡又犯点小错误的人则会使他的吸引力增加更多。

5. 外貌和仪表

爱美是人的天性,外貌所起的微妙作用是无可否认的,它是人际吸引的重要因素。但外貌产生的人际吸引,不单纯指人的长相,还包括衣着打扮、仪表风度。人的相貌是天生的,而气质、风度则在很大程度上是后天养成的。所以,不是天生丽质,也可以靠后天来弥补;反之,如果容貌很漂亮,但修养很差则会令人生厌。相貌对人际关系的影响在交往初期,尤其是形成第一印象的过程中所占比重很大,但随着时间的流逝和交往的深入,外表的吸引力会逐渐减小,人们会更关注个人的品质、能力等内部特征。

(二) 建立良好人际关系的条件

从心理学意义上说,我们积极建立人际关系,是为了确立自我价值和寻求心理安全感。我们总是希望别人能够承认自己、接纳自己,于是,在人际交往中往往会出现这样的倾向:过多地表现自己,企图引起别人的注意,在交往中以自我为中心,不考虑他人的需要;或被动地等待,希望别人来关注自己,给予自己关心和帮助。这两种倾向都会妨碍良好的人际关系的建立。建立良好的人际关系的条件主要有以下几点:

1. 交往双方内在需要的相互满足

良好人际关系的建立必须满足人际交往的交互条件,即人际关系是建立在交往双方的需要都得到满足或相对满足的基础上的。也就是说,人与人之间相互重视、相互支持,满足彼此都希望被接纳、被认同的需要。如果一方的需要得到满足,而另一方的需要得不到满足,就不可能建立起良好的关系。任何人都不会无缘无故地喜欢你。别人喜欢你是有前提的,那就是你也喜欢他们,承认他们的价值,给他们以某种程度的安全感。

用社会心理学中的强化理论可以更好地解释这个原理,即人们喜欢给自己带来酬赏的人,而讨厌给自己带来处罚的人。这是由于酬赏性的关系能使人的物质和精神的需要得到一定的满足,处罚性的关系则会破坏这种满足。不仅如此,人们不只是喜欢直接给自己提供酬赏的人,对于与提供酬赏有时间、空间联系的人,也会产生好感。

2. 在一定的时空条件下交往

人际关系,尤其是良好、和谐的人际关系的建立和维系,必须在一定的时间和空间条件下进行。原本陌生的两人,由于在一定的时间处于相同的场所,相互接触,相互熟悉,可以进一步发展成为友谊和爱情。反之,原来朝夕相处的同学或同事,因为毕业或调动工作,天各一方,可能开始时还保持联系、沟通,但随着时间的流逝,关系会逐渐变得淡薄,直至疏远或不再联系。即使是恩爱的夫妻,如果分居两地,不能保持一定频率的面对面的交往,感情也会受到影响,更严重的,可能会导致夫妻关系的恶化。

3. 熟悉和掌握人际交往的技能

良好人际关系的建立与维系还需要掌握必要的策略和技能。要掌握这些技能,除了学习人际心理和交往知识外,实践过程中的体验、感悟和总结更是必不可少。这些技能包括:

(1) 交往之初要给人留下良好的第一印象。第一印象在人际关系的建立与发展中起着强烈的定向作用。例如,初次交往的男女,如果彼此有好感,在双方头脑中会留下深刻的第一印象,其关系就可能很好地发展下去,即使以后发现有一些缺点,也不会太计较,而如果第一印象就不佳,则进一步交往的可能就不存在了。

(2) 要主动交往,积极互动。对任何一个现代人而言,都希望拥有良好、和谐的人际关系。但许多人虽然有交往的欲望,却仍不得不忍受孤独。他们朋友很少,是因为他们在与人交往时总是采取消极、被动的退缩方式,总是在等待别人主动关注他们、接纳他们,但结果往往是失望。因此,主动交往,在交往过程中积极互动是人际关系良性循环的必要条件。

(3) 懂得理解别人,换位思考。如果能在人际交往中懂得将心比心,换位思考,能够体验别人的真实情感,则人际关系就会向良好的方向发展。比如,接纳对方的观点和看法,关心、尊重对方此时此刻的感受,态度亲和、温馨,并能够适时适度地开放自己。

(4) 善于帮助别人,满足别人的需要。对任何人来说,只有当一种人际关系有价值时,他才愿意去建立和维持。所以,帮助别人,适时适度地满足别人的需要非常重要。这种帮助不仅是在物质上,更重要的是在情感上、心理上,比如,对其观点的赞同、才能的欣赏,共享欢乐、分担痛苦等。

(三) 维系良好人际关系的心理因素

要建立、维系良好的人际关系,必须具备良好的心理素质。如性格开朗、活泼,心胸开阔、坦荡,性情和善、宽厚,富有同情心,能体谅他人等,而个性中的自尊和自信是构建良好人际关系的两大基石。

1. 自尊及自尊的形成

自尊是指有关自己的积极的整体评价,是觉得自己能够应对生活基本挑战、觉得自己值得快乐的感觉。具有高度自尊的人会由内而外地感觉到自己很有价值,能够具备积极的自我概念。

自尊的形成与个人早年的经历有关。小时候受到家人、朋友、老师鼓励和认可的人往往自尊水平较高。

(1) 有利于高水平自尊形成的儿时经历:

① 得到他人表扬;

② 有人倾听自己的诉说;

③ 他人以尊敬的方式对自己说话;

④ 得到他人的注意,被他人拥抱;

⑤ 在学业上或比赛中获得成功。

(2) 自尊难以形成的儿时经历:

① 被严厉地批评;

② 他人对自己大吼大叫,对自己打骂;

③ 被忽视、嘲笑或戏弄;

④ 他人总是以"完美"的标准来要求自己;

⑤ 在学业上或比赛中受挫;

⑥ 经常被提及失败的经历(如成绩不佳),说明个人完全失败。

2. 自尊的影响

具有很强自尊的人往往心理非常健康,他们对自己非常满意而且积极地憧憬人生和未来。面对生活中的小挫折,自尊较强的人会说:"我的生活中还有许多美好的事情,为什么要为这一件区区小事耿耿于怀呢?"高自尊者能够增强自己抵御某些负面影响的能力,如不会过度在意别人对自己的负面评价,或只把这些评价当成一家之言而不是全部。他们也会重视别人反馈给自己的确实有待提高的不足之处,并努力去改善和修正。高自尊者还能减少嫉妒心的困扰,并避免因嫉妒而对他人采取攻击性的言行。

在现今社会,自尊是一种重要的竞争优势。职场人士如果具备高自尊,就会相信自己能够掌控环境,能更积极地应对工作中出现的各种新挑战,就会表现出以下的行为特点:富于创新和革新、出现问题愿意承担个人责任、独立(但依然希望与他人合作)、相信自己的能力、主动解决问题。

3. 增强自尊的方法

自尊来自我们一生中的成功,也来自和他人的积极互动。增强自尊的方法主要有以下几个:

(1) 获得有价值的成就。成就有价值的事业是培养自尊的主要方式。研究发现,自尊的好感觉是以这样的顺序来进行的:设定目标——追求目标——达到目标——形成类似自尊的感觉。

(2) 了解自己的长处。如果我们欣赏自己的长处和成就,可以有效地提高自尊。曾经有这样一项研究:对 60 位经理人进行自我欣赏培训,让他们把自己的长处和成就列在一张表上,然后和小组的其他成员讨论,一个月的培训结束后,发现经理人的自我概念变得更为积极。

(3) 减少让自己感觉无能的交往。生活中总会出现一些让人感觉无能的情况,这时我们会觉得丧失了自尊。如果能够有效地避免这些情况的出现,就可减少无能的感觉体验。比如自己是个不善演讲的人,就不必强迫自己参加演讲比赛,以免增加自己窘迫、无能的感觉。

(4) 与能够增强自尊的人交往。心理学研究发现,一个可以真正增强他人自尊的人往往自己就是自尊很强的人。他们给予别人诚实的反馈,因为他们既尊重自己也尊重他人,但那些老是奉承别人的"老好人"不在此列。

(5) 以自尊水平高的人为榜样。有心理学家建议,站要站得直,说话要清晰自信,握手要有力,注视他人的时候要看对方的眼睛,还要频频微笑。别人会对你的这些举动给予积极反馈,而这些反馈也会增强你的自尊。我们可以观察那些高自尊者的站立、行走、讲话和行动,可以某些名人为榜样。

4. 自信的来源

自信是个体做出的对自己的评价,说明在何种程度上自己能干、重要和有价值。自信是成功人士所具备的一种特质,他们相信自己能把工作干得更好。一个充满自信的人,处事果断,富有主见,精神饱满,容易激发别人的交往动机,取得别人的信赖。心理学家乔治·霍伦贝克和道格拉斯·霍尔的研究表明,我们的自信感来自五个方面:

(1) 自信来自真实的经历,即我们曾经做过的事。过去的成功对自信的增强作用最大。如自己亲手组装过家具的人,便会相信自己一定能在装修房间上发挥特长。

(2) 自信来自他人的经历,即模仿。如果你仔细观察过同事接待愤怒的顾客,他能够认真倾听顾客的意见并设法使其平静下来,那么你自己也会获得一些自信,认为自己也可以像同事那样处理好顾客的投诉。

(3) 自信来自社会比较,即与他人进行比较。如果发现与自己能力相似的朋友能够做好某件事情,你的自信就会增加。

(4) 自信来自社会劝说,即被别人说服和激励的过程。如果一个值得信任的人说服你,让你觉得自己可以完成某项任务,那么你的自信被激励后会有所提高。

(5) 自信来自情绪唤起,即你对周边事件的感觉,以及你适当地掌控了自己的情绪。比如一个滑雪初学者站在高山顶上,面对挑战激发起了适度兴奋,控制了自己的紧张、恐惧等情绪,就可以自信地向山下滑去。

5. 培养和增强自信的方法

(1) 列出自己的优点和成就。与增强自尊的方法类似,增强自信的第一步是把个人的优点和成就列出来,优点是指人格或行为方面的特点,成就是指发挥重要作用的成功事例。列出优点的好处是为了帮助我们自我欣赏。此外,还可以向那些真正关心自己成长的人了解一下自己在别人眼中的优缺点。因为自信在很大程度上依赖于他人对自己的看法,所以,来自他人的积极反馈能增强自信。

(2) 打好扎实的知识基础。如果我们拥有渊博的知识,能够为解决问题提出各种建设性的方案,那么我们的自信就能增加很多。遇到问题,如果能够根据客观事实,理性、科学地分析,从而找出解决问题的最优方案,你的自信形象就会展现在他人的面前。

(3) 进行积极的自我对话。积极的自我对话就是对自己说一些积极的、鼓励的话。具体步骤是:

① 客观地描述一件怀疑自我价值的事。如"我必须要写一份公司报告,但我的写作技巧不行"。

② 客观地解释这一事件并不意味着什么。如"写作技巧不行并不说明我不能写出一篇好文章来,也并不意味着我是一个无能的助理"。

③ 客观地描述这一事件真正意味着什么,描述时应避免使用"愚蠢、傻瓜"等自我贬低性的词语,可以说"我在工作中遇到了问题(麻烦)"。

④ 客观地对这一事件进行归因。如"我之所以担心写不出好报告是因为我没有这方面的经验"。

⑤ 使用积极的方法解决问题,或防止此类事件再次发生。如"我要再看一遍《应用写作教材》,参考一下报告写作的部分"或"我要去参加一个应用写作的培训班,以提高我的写作能力"。

⑥ 运用积极的自我对话。如想象上司对自己说"你这份报告写得很好,把工作交给你我很放心……"积极的自我对话可以让我们的头脑不断接受积极的信息,鼓励我们产生自信的力量,帮助我们渡过难关。

(4) 避免消极的自我对话。如果你经常说"我知道我不行""我没有别人那样的高学历和经验"就是一种消极的自我对话,这些自我贬低的话会极大地损害你的自信。相反,我们应该把自己的弱点看成是自己有待提高的机会,不断地努力,才会增加自己的自信。

(5) 运用积极的视觉意象。积极的视觉意象是在头脑中想象一种自信、自控的情况,即在头脑中想象好的结果。比如一位大客户告诉你他正在考虑换一家供应商进货。你马上会想到,如果这位客户这样做而你没能挽留他,你们公司就会失去这个重要客户。这时不妨试试积极的视觉意象方法,你可以在头脑中想象用非常有说服力的论点来劝说这个客户,想象你向客户强调你们公司提供的良好服务,进一步明确说明你们公司对他的问题会如何处理;想象你认真倾听客户的意见,并自信地与其讨论你们公司将采取的应对措施;想象客户最终被你的诚意打动留下来了,你们正在握手……

积极的视觉意象让人更自信,因为你已经在头脑中排练过将要发生的场景,这会为你迎战做好准备。

(6) 提高对自己的预期。古希腊神话中,塞浦路斯岛国王皮格马利翁,全心全意用象牙雕塑了一尊少女像,给她取名加拉提亚。后来日久生情,他竟然爱上了这尊雕像,并真诚希望自己的爱能被接受。皮格马利翁真挚的爱情和真切的期望感动了爱神阿芙洛狄忒,爱神赋予了雕像以生命。加拉提亚神奇般地化为真人,并乐意做他的妻子。这个故事蕴含了深刻的哲理:期待是一种力量。这种期待的力量就被心理学家称为皮格马利翁效应。

我们可以利用皮格马利翁效应,给自己设定较高的预期,对自己进行积极的、正面的心理暗示,就可能使自信得到很大的提升,以高水平预期来实现自我效能的预言。

(7) 逐步接近自我实现的顶峰。增强自信的一个重要方法是向着自我实现迈进,到达成功的顶峰。只要我们努力发挥出自己的最佳水平,在某一领域就一定能够做出非凡的成就。比如,你废寝忘食地从事自己感兴趣的事,注意力高度集中,全神贯注于正在做的事情,你的内心一定是平静的、身体是放松的。许多高水平的运动员在比赛时就会处于这样的忘我状态。

(8) 积极应对挫折、摆脱窘境。运用坚韧性从挫折和窘境中迅速恢复,也是提升自信的另一个途径。大多数成功者在自己的职业生涯中至少遇到过一次重大打击,如被解雇或降职,但他们都重新奋起了。在工作中承担一定的风险,挫折就不可避免。要应对挫折,首先要接受自己已经陷入困境这一现实,保持冷静,可以向亲朋好友求助,平息自己的痛苦。同时,还需要创造性地解决问题,从困境中突围,这样我们最终会增强自信。

案例

自信是内心潜在的信念

饭店业大王希尔顿白手起家时只有1万美元的本钱。为了筹建一个大饭店,他用充满自信的语言和行动四处游说,鼓动别人投资。他的自信感动了大家,于是大家纷纷投资。谁知饭店建造到一半时,有人听信了别人的谣言,对希尔顿产生了怀疑,要撤回投资。希尔顿知道,如打退堂鼓,饭店肯定建不成,还可能引起连锁反应,而此时他已无力偿还这笔钱了,很可能会闹出更大的风波。

希尔顿镇定如常,首先从银行取回那个人所投入的部分资金,并问他:"是要现金还是要支票?"那个人一看希尔顿还有这么多的钱,不像谣言说的那样无力偿还,一时不知如何作答。希尔顿抓住那个人的动摇心理,充满信心地告诉他,投资后将会有很大的收益,而如果现在撤回投资,不仅没有收益,还要为破坏合作而赔款,真是得不偿失。

希尔顿自信的举动和言行稳住了那个人的心,使他同意继续投资。最后,希尔顿大饭店也顺利建成了。

分析:

希尔顿能够那样做的底气来自他的信念,他相信一定能建成大饭店,实现他的理想。同时,他了解撤资人的心理,设想了各种可能,最终是以他自信的举动赢得了他人的信任。试想,如果当时那人要收回投资,希尔顿当即辩驳不能收回投资,便显得毫无自信,那将会是另一种结局。

第二节　人际关系与人格类型

健康的人格总是与健康的人际关系相伴随的。心理学家马斯洛等人都把建立适宜、良好的人际关系作为人格健康者必备的能力,新精神分析理论也认为心理病态主要是由于人际关系失调。因此,和谐的人际关系既是人格水平的反映,同时又影响和制约着健康人格的形成和发展。具有健康人格的人,能积极地与他人交往,建立起良好的、建设性的人际关系;人格有障碍和缺陷者,往往缺乏稳定的、良好的人际关系。

一、人格及其影响因素

（一）人格的定义

一般认为，人格是个体在遗传因素和后天发展相互作用的基础上形成的相对稳定的、独特的心理行为模式。

精神分析人格理论创始人弗洛伊德在早期把人格结构的核心分为意识和无意识两部分。意识只占心理生活的小部分，是浅层的经验部分；无意识是深层的、更重要的部分，对人的思想和行为起主导作用；晚期，弗洛伊德提出"三部人格结构"说，即人格是由本我、自我和超我三部分组成。他认为人格是一种动力组织，其能量的来源是"力比多"（即性力），心理性欲的发展阶段也就是人格的发展阶段，任何阶段的发展受阻或停滞都会对个体的人格发展产生不良后果。

 相关链接

弗洛伊德的性心理发展论

弗洛伊德认为儿童性心理的发展对其人格发展有重要影响，他把性心理发展分为五个阶段：

（1）口腔期（0—1岁）。性本能通过口腔活动得到满足，如咀嚼、吸吮或咬东西。若母亲对婴儿的口腔活动不加限制，儿童长大后的性格将倾向于开放、慷慨及乐观；若其口腔需要受到挫折，则未来性格发展可能偏向悲观、依赖和退缩。

（2）肛门期（1—3岁）。母亲在训练婴儿大小便时的情绪气氛对其未来人格发展影响重大。过分严格的训练可能会形成顽固、吝啬的性格；而过于宽松又可能形成浪费的习性。

（3）性器期（3—6岁）。这一时期的儿童会产生想与异性父母有性爱关系的欲望，即所谓恋母情结或恋父情结。在正常发展的情况下，恋母情结或恋父情结会通过儿童对同性父母的认同，吸取他们的行为、态度和特质进而发展出相应的性别角色而获得解决。

(4) 潜伏期(6—11岁)。这个阶段的儿童有关性的幻想大部分都潜伏起来,埋藏在无意识当中。儿童可以自由地将能量消耗在为社会所接受的具体活动中,如运动、游戏和智力活动等。

(5) 生殖期。一般女孩从11岁、男孩从13岁开始,性本能复苏,其目的是经由两性关系实现生育。这一时期的心理能量主要投注在形成友谊、生涯准备、示爱及结婚等活动中,以完成生儿育女的终极目标,使成熟的性本能得到满足。

英国心理学家艾森克将人格特征分为三个基本维度:E维度,内—外向;N维度,情绪稳定性;P维度,精神质。E维度、N维度与古希腊的气质学说相吻合,E维度作X轴、N维度作Y轴作一平面图,构成四个象限(与气质类型的关系):外向—情绪不稳定(胆汁质),外向—情绪稳定(多血质),内向—情绪稳定(黏液质),内向—情绪不稳定(抑郁质)。

近年来出现的大五人格理论认为,有五种特质几乎可以涵盖人格描述的所有方面:

(1) 外倾性:表现出热情、社交、果断、活跃、冒险、乐观等特点;

(2) 神经质或情绪稳定性:包括焦虑、敌对、压抑、自我意识、冲动、脆弱等特质;

(3) 开放性:具有想象、审美、情感丰富、求异、创造、智慧等特征;

(4) 随和性:包括信任、利他、直率、谦虚、移情等品质;

(5) 尽责性:包括胜任、公正、条理、尽职、成就、自律、谨慎、克制等特点。

 相关链接

人生最高层次的较量是人格的较量

一位老教授昔日培养的三个得意门生事业有成,一个在官场上春风得意,一个在商场上捷报频传,一个埋头做学问如今也苦尽甘来,成了学术明星。于是有人问老教授:你以为三人中哪个会更有出息?老教授说现在还看不出来,人生较量有三个层次:最低层次是技巧的较量;其次是智慧的较量,他们现在正处于这一层次;而最高层次的较量则是人格的较量。

这个故事说明在人的素质结构中,人格起着近乎决定性的作用。每个人在完善自己人格的艰难过程中,良好人际交往能力的培养是极其重要的因素。人的心态与性格状况,直接受到与别人交往和关系状况的影响。可以说,人的成长、发展、成功、幸福都与人际关系密切相关。

(二)影响人格形成的因素

人格形成受很多因素的影响,包括遗传基因、家庭的言传身教、同伴的影响、社会风气、民族习俗等,概括起来不外乎先天的遗传因素与后天的环境因素。所以,每个人的人格不尽相同。

1. 先天遗传因素

遗传因素是指通过受精作用,父母的生理、心理特征传递给子女的一种生理变化的过程。个体的形成是父亲和母亲的遗传信息相结合的结果,因此父亲或母亲性格上的某些特点就有可能遗传给子女。

初生婴儿在活动水平上各有差异,这种气质差异会影响家庭环境,特别是对母亲、父亲或其他哺育者的行为反应。此外,高级神经活动类型上的差异对儿童行为会产生更持久的影响,人的身体器官的构造和机能,如身高、体重、体型和外貌等体格特点对人格形成也有重要影响。

2. 家庭影响

家庭对人格形成的影响主要有父母个性、教养方式和家庭氛围等。家庭是社会的细胞,家庭成员间不仅有其自然的遗传因素,也有其社会的遗传因素。父母在待人接物、情感交流等方面对子女的人格形成有潜移默化的影响。父母按照自己的意愿和方式教育孩子,使他们逐渐形成某些人格特质。人格中的信任感、语言能力、交往能力、情绪的稳定性和攻击性、爱的表达能力及自我认同感等,都与家庭环境密切相关。

心理学家认为,过分苛求、粗暴打骂或放纵溺爱的教养方式都会对孩子的人格发展产生不良影响。比较理想的家庭教育模式是父母对孩子有高标准的要求,同时又能给孩子相对的自主性,这样的家庭环境有助于孩子良好人格的形成。不同的家庭教养方式对孩子的人格形成有不同的影响。

(1) 权威型教养方式。采用这种方式的父母,在子女教育中表现得过于强势,父母控制孩子的一切。在这种环境下长大的孩子容易出现消极、被动、依赖、服从、懦弱等特点,做事缺乏主动性,甚至会形成不诚实的人格特征。

(2) 放纵型教养方式。采用这种方式的父母,对孩子过于溺爱,让孩子随心所欲,父母对孩子的教育甚至可能失控。在这种家庭环境中成长的孩子多表现为任性、幼稚、自私、野蛮、无礼、独立性差、唯我独尊、蛮横无理等人格特征。

(3) 民主型教养方式。父母与孩子在平等和谐的氛围中,父母尊重孩子,给孩子一定的自主权和积极正确的指导。这种教育方式使孩子能形成积极的人格品质,如活泼、快乐、直爽、自立、彬彬有礼、善于交往、富于合作、思想活跃等。

相关链接

家庭的心理气氛对孩子的人格形成有重大影响

心理学研究发现,58%的品德不良少年来自缺损家庭,25%来自经济残破家庭,而且双亲不和比双亲不全影响更坏。父母长期的敌对争吵会使子女在心理上产生严重的焦虑、多疑或神经质,甚至引发人格障碍。在孤儿院里长大的孩子往往比在正常家庭中长大的孩子性格更孤僻,缺乏对社会的信任感,这和这些孩子从小就缺少母爱有关。

3. 童年经验

早期亲子关系形成的行为模式,塑造出一切日后的行为。人生早期所发生的事情对人格的影响,历来为人格心理学家所重视。

1951年,心理学家鲍尔比受世界卫生组织的委托,对在非正常家庭成长的儿童和流浪儿做了大量调查。他发现母爱丧失的儿童(包括受父母虐待的儿童),在婴儿早期会出现神经性呕吐、厌食、慢性腹泻、阵发性绞痛、不明原因的消瘦和反复感染,这些儿童还表现出胆小、呆板、迟钝、不与人交往、敌对、攻击、破坏等人格特点,这些人格特点会影响他们一生的顺利发展,出现情绪障碍、社会适应不良等问题。

幸福的童年有利于儿童发展健康的人格,不幸的童年则会使儿童形成不良的人格。但两者不存在一一对应的关系,溺爱也可能使孩子形成不良的人格特点,逆境也可能磨炼出孩子坚强的性格。早期经验不能单独对人格起决定作用,它与其他因素共同决定着人格的形成与发展。

4. 社会文化环境

社会文化环境因素包括社会制度、经济状况、民族传统、风俗习惯、伦理道德观念和教育方式等。每个人都是在某种文化、社会和特定的经济地位中被教养起来的,文化背景、社会制度、经济地位都会对人格的形成和发展产生深刻的影响。

5. 学校影响

学校对学生人格的影响主要是指教师和同伴的影响。因为人格是在实践的过程中、在人与人交往的过程中形成的。教师的言行举止、情绪反应方式等都可能成为学生模仿的对象,从而潜移默化地影响学生的学习态度、待人处事的方式或对自己的看法等。

同伴的影响在中学生和大学生中更为显著。这个年龄阶段的青少年更倾向于赢得同龄人的赞许和认可,从众现象在群体里普遍存在。因为相仿的年龄、性别、职业及兴趣爱好等聚集在一起,在交往中传递、交流、分享并相互影响价值判断的标准,对青少年的世界观、人生观、价值观形成有重要作用。由于人格尚未完全成熟定型,故集体环境的影响更大,即所谓近朱者赤、近墨者黑。

6. 自然物理因素

生态环境、气候条件、空间拥挤程度等这些物理因素也会影响人格的形成和发展。中国的北方人与南方人的性格差别,北欧人的极地生活特点对其人格的影响,日本人对樱花的热爱等,无不证明自然环境对人的影响。另外,气温也会提高人的某些人格特征的出现频率,比如热天会使人烦躁不安,容易对他人采取负面的反应,发生反社会行为。但是,自然环境对人格起不了决定性作用,在不同的物理环境中,人可以表现出不同的行为特点。

二、人格类型与人际交往

(一)人格与气质和性格的关系

在人格的形成和发展过程中,人格与气质和性格的关系最为密切。就人格与气质的关系而言,可以说没有离开人格的气质,也没有缺乏气质的人格;就人格与性格的关系而言,有些心理学家认为性格即狭义的人格。由此可见,人格、气质、性格三者是紧密联系的。

每个人的气质、性格有所不同,人格表现也千差万别。由于性格因素而导致的交往障碍很常见,如与性格相投者相处感到难舍难分,与性格不合者相处则处处觉得别扭,"话不投机半句多",这就给人际交往造成一定的障碍。

1. 气质及气质类型

气质是个体与生俱有的心理活动的动力特征,是情绪和活动发生的速度、强度、持久性、灵活性和指向性等动力方面特点的综合。日常生活中,有的人活泼好动,反应灵活;有的人安静稳重,反应缓慢;有的人总是显得十分急躁,情绪明显表露于外;有的人则总是不动声色,情绪体验细腻深刻。人与人在这些心理特征方面的差异,正是个体所具有的气质不同的缘故。

四种气质类型划分是对气质最为经典的划分方法。按照感受性、反应的敏捷性、耐受性、可塑性、情绪兴奋性、外倾性和内倾性等指标,一般把人的气质分为胆汁质、多血质、黏液质和抑郁质四种类型,各种气质的心理特征及交往特点如表1-1所示。

表1-1 各种气质的心理特征及交往特点

气质特征	心 理 特 征	交 往 特 点
胆汁质 (不可抑制型、兴奋型)	精力充沛,情绪发生快而强,言语动作急速而难以自制,内心外露,率直、热情、果敢、易怒、急躁。	投入极大热情和旺盛精力交友,但自制力较差,易感情用事。不愿受人指挥,较少考虑各方面关系。较易交到知心朋友,但也容易因情绪冲动而使朋友关系陷入僵局。

续表

气质特征	心理特征	交往特点
多血质 （活泼型、灵活型）	活泼爱动，富有生气，情绪发生快而多变，表情丰富，思维语言动作敏捷，乐观，亲切，浮躁，轻率。	善于交际，能机智地摆脱窘境。但情绪不够稳定，有轻诺寡信、见异思迁表现。在交往中易结识新朋友，也容易疏远旧的朋友。
黏液质 （安静型、不灵活型）	沉着冷静，情绪发生慢而弱，思维语言，动作迟缓，内心少外露，坚毅，执拗，淡漠。	遇到知心朋友会非常执着，不轻易改变感情。但有时因过分拘谨而表现为对人冷淡，给交往造成阻碍。
抑郁质 （弱型、抑制型）	柔弱易倦，情绪发生慢而强，易感而富于自我体验，语言动作细小无力，胆小，忸怩，孤僻。	在陌生人面前很拘束，喜独处。但在团结友爱集体中，可能极易相处，善于周到领会别人意图，觉察到细小事物和微弱变化。

事实上，属于单一气质类型的人很少，大多数人都属于混合型，即以一种气质类型为主，另一种气质类型为辅，比如兼有黏液质和抑郁质的特征，甚至有的人气质类型表现不明显，难以确定其为何种类型。此外，人的气质还受到年龄、教育、生活情况的影响而有所变化。

但无论如何，每个人的气质都有其所长，也有其所短。职业活动对人的心理动力特点提出了一定的要求，气质对职业活动的影响大体概括为三个方面：一是气质影响职业活动进行的性质，二是气质影响职业活动的特征，三是气质影响职业活动的效率。例如，大型动力系统的调度员、抢险人员、救护人员所从事的工作责任重大、应急和冒险性强，需经受高度的身心紧张，担当该类职业的人以胆汁质为佳。他们更能做到反应迅速、处变不惊、化险为夷。因此，在选择职业时，应考虑自己的气质类型与特性，使气质特点符合职业活动的要求，对从事职业活动及将来的发展更为有利。

 相关链接

我国大学生气质类型调查

据一项关于我国大学生气质类型的调查表明，大学生中复合型气质占

65.93%,单一型气质占34.07%。多血质类型的人数最多,共占56.32%;其次为黏液质,占24.18%;第三为胆汁质,占13.73%;抑郁质最少,占5.77%。文理科学生比较,理科学生中黏液质多,文科学生中胆汁质、多血质和抑郁质较多。男女生比较,男生中胆汁质、多血质居多,女生中黏液质居多。

2. 性格及性格类型

性格是一个人对现实的态度和习惯化了的行为方式中所表现出来的较稳定的心理特征。性格是人的个性心理特征的重要方面,人的个性差异首先表现在性格上。性格的分类方法很多,可以从不同角度来反映某人性格的某一侧面。

(1) 理智型、情绪型和意志型。按情绪的控制程度,性格可划分为理智型、情绪型和意志型。理智型是指人的性格中理智特征明显,善于控制自己的情绪,"三思而后行",常用理智支配自己的行动。情绪型则相反,言行举止易受情绪左右,待人热情,做事大胆,兴趣易转移。现实中,单纯属于这两个极端类型的人很少,大多数人两者兼而有之。意志型的人认准一件事就坚持到底,比较固执,不轻易改变自己的观点。

(2) 顺从型和独立型。按个体独立程度,性格可划分为顺从型和独立型。顺从型的人服从性好,易与人合作,但缺乏独立意识,容易接受甚至屈服别人的意见,紧急情况下易惊慌失措。独立型的人意志较坚强,善于独立地发现问题、解决问题,敢于坚持自己的意见,在紧迫情况下能充分发挥自己的力量,但喜欢把自己的思想和意志强加于人。绝对顺从和绝对独立的人几乎不存在,绝大多数人有时独立有时顺从,或独立多于顺从,或顺从多于独立。

(3) 外向型和内向型。按心理活动的指向性,性格可分为外向型和内向型。外向的人心理活动倾向于外部世界,活泼开朗、善交际,情感外露,处世不拘小节,能适应环境,但易轻信,自制力和坚持性不足。内向的人心理活动倾向于内部,情感内隐,不爱交往,私下里孤芳自赏,公众前却易害羞,处世谨慎,自制力较强,善于忍耐克制,富有想象,情绪体验深刻。大多数人都是外向和内向的中间型性格。然而,即使是中间型性格,也存在着很大的个体差异。

(4) A—B—C—D—E型。按人的情绪特征,性格分为五种类型:

A型(行为型):情绪特征不安定,社会适应性较差;性格粗暴,脾气急躁;争强好胜,急于求成;人际关系较差,容易与他人发生摩擦;不注意改进自己的缺点。

B型(一般型):情绪特征和社会适应性都较平稳,但缺乏主动性;交际能力不强,智力也不发达;精力、体力都很平常,平时既不想做先进,也不甘落后。

C型(平稳型):情绪特征稳定,社会适应性良好;不急不躁,性格温顺,较稳定,不得罪人,有一种老好人的味道;但较被动,领导能力差。

D型(积极型):情绪特征稳定,社会适应性强,群众关系好;有工作能力、组织能力;工作认真负责,积极主动,肯动脑筋,能独当一面。

E型(逃避型):情绪特征不稳定,社会适应性差,喜欢独自思考问题,不太与人交往;有自己的偏好和兴趣,在专业领域和业余爱好方面有钻研精神,具有一定的修养和专长;性格较孤僻、清高;常感觉"怀才不遇",对某些现实问题看不惯,但又不想去改变。

一般来说,典型性格类型的人并不多见,多数人处于两极之间,或偏向某一类型。

3. 气质与性格的关系

(1) 气质与性格的差别:

① 气质的生物性较强,性格的社会性较强。气质更多地受到人的神经活动类型的影响,而性格主要指个体行为的内容,它们是后天形成的,更多地受到社会生活条件的影响与制约。

② 两者的生理基础不同。气质是先天神经类型,性格是后天条件反射系统。

③ 气质形成早且不易变,性格形成晚且较易变。

(2) 性格与气质的联系:

① 性格在一定程度上掩盖或改造着气质。

② 气质影响性格的形成。父母对儿童的期望通过教育教养方式影响儿童的性格形成,同时,婴儿早期形成的气质特点会影响和修正父母的教养方式和态度。

③ 气质影响个体对事物的态度和行为方式。气质可以按照自己的动力方式,渲染性格特征,从而使性格具有独特的特点。

④ 气质影响性格的形成和改造的速度。例如,要形成自制力,黏液质和抑郁质比较容易,而胆汁质和多血质则相对困难。

相关链接

从视线的移动和变化中判断性格

依存心强者,视线容易朝下,也易被说服或劝诱;

独占欲、支配欲强烈者,视线居高临下,一直凝视对方。但视线持续凝视 10 秒钟以上,并且带有征服、审视的味道,常给人不快感;

目光温柔,有节奏地注视着对方者,性格活泼,容易交往,是可以信赖的人;

视线躲闪或避开者,性格内向,或具有不适应感觉;

有自闭倾向者,视线不能与他人接触。

(二)MBTI 的人格分类

1. MBTI 的由来

MBTI 是"迈尔斯-布里格斯个性分类指标"(Myers-Briggs Type Indicator)的英文简称。1921 年,心理学家荣格在《心理类型》中提到了心理类型的概念,他认为每个人对"四种基本心理功能——思维、情感、感觉、直觉"的选择都是独特的,再加上内向与外向两种自然的倾向,可以构成不同的"功能类型"或"心理类型"。20 世纪中叶,美国的凯恩琳·布里格斯和她的女儿伊莎贝尔·布里格斯·迈尔斯以荣格划分的类型为基础,编制了这个测试表。

从 19 世纪 50 年代开始,MBTI 已成为全球著名的性格测试之一,每年都有超过百万以上的人员参加该测试。MBTI 在招聘及培训、领袖训练、婚姻辅导、职业发展和指导、人际关系咨询等领域均有广泛的应用。

2. MBTI 的人格分类

MBTI 四个维度的分类方法是:

根据获得心灵能量的方向,分为"外向"(Extrovert)(E)还是"内向"(Introvert)(I);

根据接受信息的方法,分为"感觉"(Sensing)(S)还是"直觉"(Intuition)(N);

根据处理信息的方法,分为"思维"(Thinking)(T)还是"情感"(Feeling)(F);

根据处世态度及生活模式,分为"判断"(Judging)(J)还是"知觉"(Perceiving)(P)。

每个人的性格都在四种维度相应分界点的这边或那边,我们称之为"偏好"。例如:如果你落在外向的那边,称为"你具有外向的偏好";如果你落在内向的那边,则称为"你具有内向的偏好"。

在现实生活中,每个维度的两个方面你都会用到,只是其中的一个方面你用得更频繁、更舒适,就好像每个人都会用到左手和右手,习惯用左手的人是左撇子,习惯用右手的人是右撇子。同样,你的人格类型就是你用得最频繁、最熟练的那种。具体分类方法如表1-2所示。

表1-2 人格类型的具体分类

	外向(E,善表达的)	内向(I,矜持的)
能量倾向	<ul><li>关注外部环境</li><li>喜欢用谈话的方式进行沟通</li><li>听、说、想同时进行</li><li>先行动,后思考</li><li>好与人交往,善于表达</li><li>通过交流形成自己的意见</li><li>用实际操作或讨论的方式求新</li><li>兴趣广泛</li></ul>	<ul><li>关注自己的内心世界</li><li>更愿意用书面的方式进行沟通</li><li>先听,后想,再说</li><li>先思考,后行动</li><li>安静,喜独处</li><li>通过思考形成自己的意见</li><li>用思考或头脑中演练的方式求新</li><li>兴趣专注</li></ul>
	感觉(S,敏锐的)	直觉(N,内省的)
接受信息	<ul><li>着眼于当前的实际情况</li><li>现实、具体</li><li>关注真实的、实际存在的事物</li><li>观察敏锐,并能记住细节</li><li>经过仔细周详的推理一步步得出结论</li><li>通过实际运用来理解抽象的思维和理论</li><li>相信自己的经验</li></ul>	<ul><li>着眼于未来的可能</li><li>富于想象力和创造性</li><li>关注数据所代表的模式和意义</li><li>当细节与某一模式相关时才能够记得</li><li>靠直觉很快得出结论</li><li>希望在应用理论之前能先对之进行澄清</li><li>相信自己的灵感</li></ul>

	思维(T,坚定的)	情感(F,友善的)
处理信息	• 好分析的 • 运用因果推理 • 以逻辑的方式解决问题 • 寻求一个合乎真理的客观标准 • 爱讲理的 • 可能显得不近人情 • 公平意味着每个人都能得到平等的待遇	• 善于体贴他人、感同身受 • 受个人价值观的引导 • 衡量决定对他人产生的后果和影响 • 寻求和谐的气氛和积极的人际交往 • 富于同情心 • 可能会显得心肠太软 • 公平意味着每个人被作为独特的个体来对待
	判断(J,计划性的)	知觉(P,探索性的)
行动方式	• 有计划的 • 喜欢组织管理自己的生活 • 系统、有条理 • 按部就班 • 爱制定短期和长期计划 • 喜欢把事情落实敲定 • 力图避免最后一分钟才做决定或完成任务的压力	• 自发的 • 灵活 • 随意 • 开放 • 适应,改变方向 • 不喜欢把事情确定下来,以留有改变的可能性 • 最后一分钟的压力会使他们感到活力充沛

3. MBTI 四类人格类型的差异比较(表1-3)

表1-3 四类人格类型的差异比较

四类人	人 格 特 征
监护型(SJ)	有很强的责任心与事业心,忠诚,按时完成任务,推崇安全、礼仪、规则和服从,被一种服务于社会需要的强烈动机所驱使。坚定、尊重权威和等级制度,持保守的价值观。充当着保护者、管理员、稳压器、监护人的角色。
艺术型(SP)	有冒险精神,反应灵敏,在任何要求技巧性强的领域中游刃有余,常常被认为是喜欢在危险边缘寻找刺激的人。
理性型(NT)	有着天生的好奇心,喜欢梦想,有独创性、创造力、洞察力、有兴趣获得新知识,有极强的分析问题、解决问题的能力。是独立的、理性的、有能力的人。
理想型(NF)	在精神上有极强的哲理性,善于言辞、充满活力、有感染力、能影响他人的价值观并激发其激情。帮助别人成长和进步,具有号召力,被称为传播者和催化剂。

把四个维度上的特征当作是相互独立的人格组成部分,可组合成四类16种不同的人格类型(表1-4)。

表 1-4 四类 16 种不同的人格类型

	感觉 S	感觉 S	直觉 N	直觉 N	
外向 E	管家型 ESTJ	主人型 ESFJ	教导型 ENFJ	统帅型 ENTJ	判断 J
外向 E	挑战者型 ESTP	表演者型 ESFP	公关型 ENFP	智多星型 ENTP	知觉 P
内向 I	冒险家型 ISTP	艺术家型 ISFP	哲学家型 INFP	学者型 INTP	知觉 P
内向 I	检查员型 ISTJ	照顾者型 ISFJ	博爱型 INFJ	专家型 INTJ	判断 J
	思维 T	情感 F	情感 F	思维 T	

MBTI 旨在帮助人们了解自我的本来面目,认清自己的人格特征,帮助我们规划未来的发展之路。MBTI 的测试问题及参考标准见本书附录。需要说明的是,MBTI 问卷的得分代表了被试者对自身人格类型的清楚程度,其中描述的各种行为表现没有好坏优劣之分,只说明倾向程度。问卷得分也只是一种辅助或者参考。对 MBTI 所能发挥的作用及其大小有赖于对结果的正确解释。

(三) 人际交往中的人格缺陷

在职场和日常生活中,人际交往不良的原因有很多,但主要原因不是交往技巧,而是其自身心胸狭隘、胆怯、嫉妒、自卑、多疑等人格方面的缺陷。

需要说明的是,人格缺陷不是人格障碍。人格障碍是针对有心理疾病者而言,而人格缺陷是大多数人或多或少都有的。每个人的成长环境、受教育方式不同,对人生观、价值观、道德观的理解也不同,因而其人格也不同。自我人格需要在充分了解自身个性的基础上,根据社会要求在社会生活实践中不断修炼、调适和完善。人格缺陷的矫正可以通过心理咨询或自我调整完善,而人格障碍则需要心理治疗,甚至借助药物治疗。

下列人格缺陷容易阻碍人与人之间的吸引,不利于良好人际关系的建立,我们在与人交往的时候要注意避免：

(1) 不尊重他人人格，对人缺乏感情；

(2) 以自我为中心，只关心自己，不顾别人的利益和需要；

(3) 对人不真诚；

(4) 过分服从并取悦他人；

(5) 过分依赖他人而又丧失自尊心；

(6) 嫉妒心强；

(7) 怀有敌对、猜疑、偏激情绪；

(8) 过分自卑；

(9) 性情孤僻，不愿与人交往；

(10) 怀有偏见、固执、不愿接受他人规劝；

(11) 苛求他人；

(12) 过度心理防御，报复心强。

 案例

短信不回要自杀

付娜是个20岁的大学生，在学校里，她嫉妒所有比自己聪明、漂亮、学习好、家境好的同学，常常无事生非，和他们发生冲突。她喜欢班长，但班长却和一位漂亮女同学谈恋爱。她就跑去对那位女同学说："班长家在农村，他哪里配得上你啊。"又对班长说："你别看她当面对你好，她根本看不起你，老在我们面前说你土里土气的，普通话说得不标准。"这对恋人分手后，付娜又说："我早就说他们成不了。"

付娜只要认定她喜欢的男生，就会不断打他手机、发短信，如果男生不及时回自己的电话、短信，就会焦虑、生气、发脾气，威胁说要去自杀，并哀怨："凭什么？我哪里不好？"

付娜的父亲希望她比别的孩子更有出息，从小对她极为严厉。在她5岁时，父亲让她在众人面前背唐诗，她没有背出，聚会散场后父亲就骂她："你这没出息的东西，我看你这辈子完了！"还罚她站到深夜。

分析：

付娜有比较强的自卑情结，这个情结很大部分缘于父亲的不当教育。一句"没出息"的辱骂，在她幼小的心里播下了自己不行的种子，自卑补偿，让她产生了嫉妒、要强的性格。她对喜欢的人或事（比如她喜欢的男生）死缠不放；对自己得不到的东西，由爱生恨，想尽办法要毁了它（班长和漂亮女同学的恋爱），她已经出现了"边缘性人格障碍"的倾向。出现这种倾向的学生，应该积极寻求心理治疗，否则会定型成为终生的性格。

附：根据美国精神医学会出版的《心理障碍的诊断与统计手册》（DSM），诊断边缘性人格障碍至少需具备下述八种中的五种特征：

（1）有冲动性地引起自我伤害的可能，如挥霍金钱、赌博、使用有害物质，等等；

（2）人际关系不稳定或过于紧张，贬低别人，为一己之私经常利用别人；

（3）不适当的暴怒或缺乏对愤怒的控制；

（4）身份识别障碍，表现为对性别认同、自我认同、选择职业等变化无常；

（5）情感不稳定，如突然抑郁焦虑，激惹数小时或数日，随后又转为正常；

（6）不能忍受孤独，孤独时即感到抑郁；

（7）以自杀相威胁或发生自杀、自伤身体行为，如自我毁形，屡次发生事故或殴斗；

（8）长期感到空虚和厌倦。

思考题

1. 用你以前的个人生活实例，分析自尊和自信在人际关系中的重要性。

2. 运用MBTI的测试题，分析一下自己的人格类型，这对你未来的职业选择会有什么启示呢？

3. 分析你以往的人际关系，觉察你在人际关系中的不良人格缺陷或倾向。

第二章 人际关系的交往原则及交往艺术

第一节 人际关系的交往原则

一、人际交往的基本模式

英国心理学家爱利克·伯奈根据我们对自己和他人所采取的态度,把人际交往归纳为四种基本模式:

(一)我不好—你好,我不行—你行

持这种态度的人常感到自己是无能的和愚蠢的,无论做什么都不行,而似乎所有的人都比自己强得多。交往者会选择牺牲自己的利益来成全他人的快乐,还会过度赞美他人或过度贬低自己。这是一种自卑者的交往态度,刚开始与这种人交往时感觉很好,但时间长了就会让人不舒服,因为给他人过度赞美的评价很难让人相信其真实性。

(二)我好—你不好,我行—你不行

持这种态度的人总认为自己对别人好,而别人对自己不好,为此愤愤不平,把人际交往中的失败与挫折的责任归结给他人,或把自己看得高于别人。这种人的自我防御倾向比较突出,似乎充满了自信,其实很虚弱,人际交往中别人往往难以忍受其傲慢的态度。

（三）我不好—你也不好，我不行—你也不行

持这种态度的人自认为自己低能，同时也认为别人并不比自己高明多少，他们既不相信自己，也不崇拜他人；他们既不会去爱人，也拒绝别人的爱。这种人常常陷入负面情绪中，生活格调灰色阴郁，且得不到别人的怜悯。

（四）我好—你也好，我行—你也行

持这种态度的人充分体会到自己拥有一种强大的理性能力，其人生观和价值观明确客观。他们爱自己也爱他人，虽然并非十全十美，但他们能客观地悦纳自己与他人，正视现实，善于发现自己、他人和世界的光明面。在与他人的交往过程中，彼此积极肯定并能够共同提高。

案例

"我一天挣的比你一年都多"

金琪硕士毕业后在某大型民营企业做老板的行政助理，这是她的第一份工作。老板学历虽不高，但在行业内以引领市场而著称。工作了几个月后，有一天，办公室里就他们两人，她忙着做助理分内的工作，而老板突然冒出了一句话："我一天挣的比你一年的都多。"金琪听了，沉默、思考了片刻后说："的确，可能我一辈子都挣不了你一个月的，但是，我觉得你很累。"

分析：

这是一个完美的答复。老板说"我一天挣的比你一年的都多"，是想和金琪建立"我行，你不行"的人际关系模式，传递了两个层面的信息：事实层面，他的确一天比她一年挣的多；情绪层面，他希望她自卑。金琪的答复，则是先承认了事实，但同时拒绝接受他投射过来的自卑。

二、人际交往的原则

(一) 诚信原则

"人际关系中你最喜欢具有什么特征的人?"心理学家拿这个问题询问不同的对象,得到的答案中分值最高的是"真诚"。心理学家安德森研究发现,在最受人们欢迎的个性品质中,最受喜爱的六个品质是真诚、诚实、理解、忠诚、真实、可信。这六个品质的后五个都与第一位的"真诚"品质有关。排在最后、最受排斥的品质包括说谎、虚伪、不诚实、不真实等,这些都与"不真诚"有关。由此可见,真诚是最为基本的人际交往规则。

诚实、不欺骗、遵守诺言。这样的真诚交往,每个人都可对对方下一步的行为做出正确的估计,形成心理上的安全感;反之,则不能估计对方下一步的行为对自己有利或有害,就会形成心理上的不安全感。因而,真诚的态度有助于交往的有效进行,给人一种安全和自由的气氛。

(二) 平等、尊重原则

个人的出身、容貌、家庭背景、教育程度、社会经济地位等有可能存在很大差异,但每个人的人格是平等的。人际交往中有一定的付出或投入,交往双方需要的满足程度必须是平等的,即相互都要满足而不是单方满足。因而,平等是建立人际关系的前提。

1. 平等交往的要点

交往中人格是绝对平等的,不平等的表现主要有:优越感强,喜欢表现自己,自以为高人一等。这些人不会受人欢迎,会被集体孤立和排斥;不停地谈论自己、炫耀自己,谈话中求得别人同情,过分关注自我。这种情况下,交往双方无法继续顺利交往下去;一味地帮助别人,交往中过于热情、主动,不给对方回报和补偿的机会。这种情况会使交往另一方因内心压力过大而疏远关系。

2. 尊重原则的要点

尊重别人要做到:给别人留足面子,特别是在公共场合不能做有损于别人颜面的事;善于从对方的立场看问题,找到和他沟通的适当方法;在不损害自己尊严的前提下,要尽量迎合对方的兴趣和想法;要肯定对方的成绩,满足他的成就感、受重视感。

我们必须在平等原则的基础上去尊重对方,尊重对方的人格、权利和劳动成果,只有这样,我们才能得到他人的尊重,才能使人际关系和谐稳固。

(三)相互、交换原则

人际关系的基础是人与人之间的相互重视、相互支持,交互性是人际交往的基本原则,功利性是人际交往的基本动力。喜欢是有前提的,相互性就是前提,我们喜欢那些也喜欢我们的人。人际交往中的接近与疏远、喜欢与不喜欢是相互的,任何个体都不会无缘无故地接纳他人。

心理学家霍曼斯提出:社会互动是一种类似商品交换的行为,交往双方根据自己的价值观进行选择。交换的原则是:个体期待人际交往对自己是有价值的,即在交往过程中的得大于失,至少等于失。这里的交换不只是物质商品的交换,还包括诸如赞许、荣誉、声望等非物质商品的交换。心理学家福阿对人际交换进行了分析,提出了交换的六种回报类型,即金钱、物品、信息、服务、地位和感情。

交换原则要求我们考虑双方的共同价值、共同利益,使双方在交往中都能得到好处和利益,获得心理上的满足和平衡。在精神层面,交往双方能够互相理解、信任、接纳、认同,从态度、行为到观念、意识等方面都能达成一致,并能从交往中获得精神层面的满足和愉悦;在物质层面,交往双方的付出和回报大致相等,不断维护交往的积极性,调控好心理平衡。如此,人们才能实现从精神到物质的互惠互利、互相满足,使人际关系长期维持并深入发展。

(四)自我价值保护原则

自我价值是我们对自身价值的意识与评价。自我价值保护是一种自我支持倾向的心理活动,其目的是防止自我价值受到否定和贬低。由于自我价值是通过他人评价而确立的,人们对他人的评价极其敏感。

社会心理学家阿龙森通过实验表明:人们最喜欢的不是一直给予自己积极评价的人,而是一开始给予否定评价而后给予积极评价的人。这就说明,我们喜欢对自己喜欢水平不断增加的人,厌恶对自己喜欢水平不断降低的人。而当原来肯定我们的人转向否定时,意味着我们正在丧失已有的自我价值,这时,我们有两种选择:一是承认别人评价的正确性,认为自我价值真的降低了;二是进行自我价值的保护,降低评价的重要性,对评价者的喜爱程度也跟着降低。

在人际交往过程中,只要威胁到自我价值,人们就会警觉起来,自我价值保护的心理倾向就会引导其采用防范、拒绝和贬低别人的方式来进行自我价值保护。因此,我们必须遵守这个原则,即在与人交往中要认可、肯定和支持他人的自我价值。

(五)情境控制原则

人类进行社会生产、发现自然规律、进行科学创造,最终都是为了控制环境,这是由于人们需要物理上的安全感,更需要心理上的安全感。对社会环境的失控感同样能引起我们高度的自我防卫倾向。

在人际交往过程中,我们只有坚持自由与平等的交往,才能给交往的双方都带来控制感。在夫妻、朋友、亲子等关系中,只有双方都能体会到控制感的人际交往才能长久、健康地维持下去。如果一方特别强势,另一方具有依赖心理,这种关系是通过强化或突出一方的控制欲而实现的,是不健康的心理状态。

(六)理解、相容原则

人际交往中的理解主要是指体察和了解他人的需要,明了他人言行的动机和意义,并满足其合理需要,对其有价值的部分给予鼓励、支持和认可。

相容是指人际交往中的心理相容,人与人之间相处时的容纳、包涵、宽容及忍让。虽然我们喜欢与那些在人生态度、价值观、个性特征、文化背景等方面和我们相似的人交往,但也无法避免与那些相异者相处共事,我们采取宽容的态度就是视彼此的差异为正常合理的。要做到心理相容,应保有谦虚和宽容的心态,运用"换位思考"的思维方法,即站在对方的角度看问题,设身处地为别人着想,容得下别人的缺点和不足,尊重别人那些与自己不同的兴趣和行为习惯等。

(七)适度原则

俗话说"过犹不及",任何好事超过了一定的限度就变成了坏事,人际交往也是如此,要掌握适度的原则。

1. 交往的范围要适度

现代社会,几乎每个人都想拥有众多的朋友、广泛的人脉。但人们的精力有限,不可能在所有的人际关系上都投入很多。那些所谓"上通下达、左右逢源"而不是真诚交往的人,获得的只是泛泛之交,很难赢得深刻的人际关系。因而,只有保持适度的交往范围,我们才有可能收获真正的友谊和感情。

2. 交往的时间要适度

人际交往是人生的重要部分,但不是生活的全部。如果一个人整天钻营人际关系,短时间内可能有所收获,但长期来看,对其事业、专业能力及内心成长是不利的。如果能够做到适时适度的交往,不仅可以达到事业、家庭及其他方面的平衡,还能有时间反省、思考,促进自我价值的实现。

3. 交往的程度要适度

和谐的人际关系并非是卷入程度越高越好,而是彼此之间留有一定的自由空间,即使是最亲密的恋人或夫妻之间也是如此,即"距离产生美"。因为人与人之间的差异是必然存在的,无论关系多么亲密,感情多么融洽,双方在意识观念、行为习惯、处事方式上不可能完全一致,心理上的距离也不可能完全消失。我们没有必要完全地"自我暴露",把自己的一切都告诉别人,也不能要求别人向自己敞开一切。

 相关链接

丧失自我的关系是危险的关系

如果两个人之间好得不分彼此,丧失了自我,那是很危险的关系。因为随着交往次数的增加,彼此间的差异就愈是明显,到一定程度就会引起双方的分歧,甚至产生严重的隔阂,进而影响双方的关系。因此,无论是恋人、夫妻还是朋友,彼此之间只有适度地保持距离才能够增进双方的感情。人际交往应做到密疏有度,把持住一定的距离,能分能合,心中有他人又不丧失自我。

第二节　人际关系的交往艺术

一、语言沟通的方法和艺术

（一）交谈的艺术

交谈是一门艺术,既要注意谈话时的态度、措辞,顾及周围的环境、场合,更要讲究所谈的内容。要注重谈话的气氛,比如谈话开始应进行适当的寒暄,以融洽气氛;交谈中态度要诚恳,开诚布公,使人感到亲切自然;交谈时神情要专注,谈话双方都应正视对方,以示尊重;要有平等的谈话态度,尊重对方,即使自己对某一问题有精辟的见解,也不可以用居高临下的口吻说话,而应有意识地请对方谈谈有什么想法,便于深入讨论问题。

此外,要使交谈收到良好的效果,除应讲究谈话的气氛外,还需注意选择合适的话题,避开交谈中的忌讳。

1. 选择合适的话题

（1）谈话双方都感兴趣的、有共同利益的话题。比如双方共同的专业和业务,合作的意向,科学技术的成果和新发展,积极的、正面的社会新闻等。

（2）一般人喜闻乐见的话题。比如为了搞活气氛,可以谈谈天气情况、时事新闻、体育报道、娱乐电影、旅游度假、烹饪小吃等。

（3）显示地方或民族色彩的话题。比如本地的经济建设、风景名胜、历史名人、风土人情、人文景观、地方风味等。

（4）比较高雅的话题。比如古典音乐、书法、绘画、中外名著、展览会、新闻人物、卓有成就的科学家、作家、电影演员等。

（5）积极、健康的生活体验等。

（6）风趣、幽默的小故事,无伤大雅的笑话,有时也能活跃气氛。

2. 避免不合适的话题

（1）应当忌讳的话题。比如个人私生活,包括女性的年龄、婚姻恋爱、收入、财产、住址、履历等。自己的和他人的涉及以上内容的话题都应避免,也不应随便议论长者和名人的私生活。

（2）令人不快的话题。比如疾病、残疾、死亡、凶杀、丑闻、惨案等，尤其应避免提及对方的生理缺陷，那样会使其产生沮丧、痛苦和自卑等消极情绪。如果因疏忽而提到以上内容，应该马上道歉。

（3）过于敏感的话题。比如个人特殊的生活习惯、宗教信仰和政治观点的分歧等。

（4）自己不甚熟悉的话题。比如对于专业问题略知皮毛，就不应该随意发挥，夸夸其谈。

（5）夸耀自己的话题。专门谈论自己，以为别人会感兴趣，实际这是一种以个人为中心的自我表现意识，大多数人是不会欣赏的。

（6）庸俗的、色情的话题，即所谓的荤段子。在正常的社交场合，这些话题只能暴露自己的低俗，引起别人的厌恶。

（7）不宜谈论的保密的话题。比如公司的生产流程、工艺技术、组织人事、资金运作、客户资料、流通渠道等机密性的内容不可随便提及。上司正在考虑、讨论而未作定论、未公开宣布的内容也不可泄露。上司的隐私、疾病和公司内发生的事故、人事争端、内部失窃、经济纠纷等更不能泄露。

（二）说话者的表现

1. 语言要文明礼貌

在人际交往时应使用文明优雅的语言，不能说粗话、脏话、荤话、怪话和气话，这些内容不仅无助于沟通交流，而且会显得缺乏风度和修养，还可能伤害或得罪人。在公共场合，我们应该经常运用以下礼貌用语：您好、请、谢谢、对不起、再见。

2. 语言要准确简明

交谈中语言的准确包括发音准确和内容准确，正式场合要用标准的普通话发音；交谈内容应根据谈话目的和对方的文化程度而有别，或朴实或深刻，但都应该言简意赅，不应啰哩啰唆、废话连篇。正式交谈时不宜用或慎用方言、土语和外语，而应该用标准的普通话，以尊重对方或避免卖弄之嫌。

3. 语速、语调要平和亲切

在正式场合的说话速度要适中，应考虑听者的年龄和心理特点。比如一般谈话应缓急有度,给人以品味和思考的余地;和老年人交谈时,语速应慢而音量稍大,表现出对对方的尊重。

4. 谈话态度要平等

讲话人应尊重对方、平等待人、亲切谦和,既不拿腔拿调、装模作样,更不随便教训和指责别人;不强迫对方接受自己的观点,也不把自己的职务、年龄和资历作为轻视对方的理由;谈话时还要注意察言观色,根据听者的反应调整谈话方式或内容。如果在场有不止一位听众,不能只与个别人交谈而置多数人于不顾,应调动大多数人的谈话积极性。

(三) 倾听者的反应

倾听是接受口头和非言语信息、确定其含义并对此做出反应的过程。要做到:

1. 全神贯注、认真聆听

听者在交谈中处于相对被动的地位,全神贯注,认真聆听是其首要任务。倾听时要与说话人目光交流,不应心不在焉、左顾右盼,也不应手脚乱动、频频看表,或做与谈话内容无关的事。

2. 适时做出积极的反应

聆听时要适时做出积极的反应,以表明你聆听的诚意,如点头、微笑或简单重复对方的要点。必要时,还可解释、重申和概述讲话者所说的内容。同时,恰如其分的赞美也必不可少,它能使交谈气氛变得更加轻松、友好。

3. 不轻易打断对方的讲话

轻易打断对方的讲话或随意插话,是听者的忌讳。如果确有必要需打断对方的谈话,也应先说一句:"对不起,请允许我打断一下。"或先通过目光暗示对方,再说:"对这个问题,我想谈几句。"

4. 不轻易做出评价

谈话中还没听明白对方的意思,不宜轻易下结论。如果对方让你对某事或某人发表意见,不要随意做出负面评价,更不能对不在场的人做出不利于他(她)的主观评价,因为可能你看到的、听到的只是局部的、片面的东西。

相关链接

倾听对方谈话的心理学效应

通过交谈,对方会对他自己的问题及如何处理逐渐明确起来(心理学上叫做"自我洞察")。有时对方也会注意到自己的问题没有什么大不了的,从中找到解决的方案;

交谈能使一个人的心情变得开朗起来(心理学上叫做"净化功能"),让他把心中的积郁一吐为快,具有心理治疗的效果;

注意倾听他人说话,能获得他人的好感,使别人信赖你、喜欢你(心理学上叫做"亲近感"的产生)。

(四)学会赞美别人

人际关系专家卡耐基曾经说过,与人相处的诀窍是给予真诚的赞赏。成功人士总是不吝啬对别人真诚的赞美,认为赞美别人是一种有效的感情投资,而且投入少、回报大。

赞美源于人性,源于人的欲望和需求,人人都需要赞美。赞美可以打破谈话的僵局,可以消除紧张心理,可以给自己带来远见卓识,拥有宽广的胸怀,获得真挚的友谊和良好的人际关系。赞美的要点有以下几方面:

1. 出自真诚,源于真心

人们感叹赞美别人难,是因为关注自己太多,即使赞美,也不是出自真心的。古语说:"精诚所至,金石为开。"只有真诚的赞美,才能使人感到你是在发现他的优点,而不是以一种功利性手段去分享他的利益,从而达到赞美的最高目的。真诚也把赞美和阿谀奉承区分开来。赞美具有诚意,阿谀没有诚意;赞美是从心底发出的,阿谀只是口头说说而已。

2. 知己知彼,投其所好

赞美别人前应该对对方的基本情况有所了解,比如优缺点,还要熟悉对方的爱好、兴趣、人品等,才能知己知彼,有话可说。

要赞美他人引以为荣的事,这样可以使你更好地与人相处,可以使他人容易接受你的建议,可以使他人感到幸福。人都有优点和缺点,了解一个人的弱点,用其弱点的反向去赞美他人,可实现他人心理上的满足。如某部门经理性格善良,但有时却优柔寡断、被人利用,可以说:"经理,你待人宽容大度,菩萨心肠,有人用卑鄙的手段连累你,实在对不起天地良心。"

 案例

领导对不同下属的赞美

老刘是某部门的主管,部门新来了两个年轻人,一个是李姓研究生,男性,另一位是罗姓本科生,女性。由于了解到小李是山东人,且直爽,老刘感到与他相处较为轻松,根本不需要考虑什么忌讳,在日常工作中,他只要注重作为上司的身份,嬉笑怒骂皆可赞美。小李工作做得好了,老刘走到小李面前,拍拍他的肩膀,下班后拉着小李到小酒馆喝一杯,鼓励小李一番。第二天,小李工作起来特别有精神,他们之间相处得很和睦。对于年轻的小罗,她生性腼腆,说话做事比较含蓄。老刘对小罗在工作中的成就,采取了不同的赞美方式。有时受到上司的嘉奖,老刘都要说是小罗和小李的功劳,当然小罗排在前面,满足女性微妙的心理,而生性直爽的小李对于这种排名先后很无所谓。老刘还经常运用赞许的眼神及一些适当的物质奖励来鼓励小罗的上进,如此,老刘和小罗也相处得很和谐。小李和小罗尽心尽力地工作,老刘感到很欣慰。

分析:

此案例中,老刘根据小李和小罗男女不同的性别和个性,在对他们进行鼓励时,采用了不同的赞美方式,他的赞美有效地调动了两个年轻人的积极性。

3. 关注细微,不吝表达

常言道:"勿以善小而不为,勿以恶小而为之。"赞美别人时,要"勿以善小而不赞"。因为平常人往往不可能有很多大事值得赞美,我们不能吝啬,要从小事上赞美别人。比如某人吉他弹得很好,赞美他时可以说:"你的吉他弹得真好,具有专业水准,我特别喜欢你弹的那首《白桦林》。"善于从小事上赞美别人,不仅可以给人惊喜,而且可以树立明察秋毫、体贴入微的形象。对方也会从这样无"微"不至的赞美中获得快乐、自尊和价值感。一位营销业绩不太好的新员工在主管遭遇客户非难时,挺身而出进行了挡驾,主管在小组会上大大表扬了这个员工,让这个员工增强了自信,觉得自己有价值。

4. 抓住时机,及时赞美

时机往往是事物的连接点或转化的关节点,赞美也如此,只有时机选择恰当才能获得理想的效果。比如某人很想做社区中的志愿者,这是一件利国利民利己的好事,你知道了他的想法及时去鼓励和赞美他,就可能促使他把理想化为行动。

赞美别人忌太夸张,过分的、太夸张的赞美会变成阿谀奉承,让人感觉不到真诚;忌陈词滥调,说别人说过的话甚至是庸俗的话会让人生厌;忌冲撞别人的禁忌,几乎每个人、每个民族都有自己的禁忌,禁忌仿佛是永不结疤的伤痕,绝对不能侵犯,否则极易造成交往的失败。一对青年举行结婚典礼,两人均相貌平平,新郎还有点残疾,但庆典主持人介绍两个青年时却夸张地赞美两人是天仙、漂亮、英俊、潇洒,让人听了实在感觉不舒服,仿佛像是嘲弄和讽刺。

美国著名的人际关系专家卡耐基,有一次去邮局寄一封挂号信,排队时见工作人员很不耐烦,他猜也许是邮局员工今天遇到了不开心的事,或重复工作令其厌倦不已。卡耐基心想:我一定得说一两句让他高兴的话。轮到卡耐基时,他真诚地对工作人员说:"真希望能有一头像您这样的头发。"工作人员听后,先是有几分惊讶,接着眼神中流露出了自豪与喜悦,谦虚地说:"是吗?老了,不如以前那么油亮了。"卡耐基说:"虽然您的头发没了年轻时的乌黑,但我仍然觉得很漂亮。"

 相关链接

渴求重视是人类的天性

心理学家詹姆斯认为:"人类的天性之一就是渴求为他人所重视。"赞美是人的高层次需要,从某种意义上来说,人所做的一切努力都是为了得到他人或社会的肯定。当你很认真地完成一件事后,听到别人对你说:你做得真好!我真佩服你!你的效率真高!听到这样的评价,你的心里有什么感受呢?

（五）说服和拒绝的方法

1. 说服的技巧

说服就是让对方接受自己的看法而没有勉强的感觉。也就是说，改变对方的看法、态度、观念、行动，而与自己的想法一致。一般而言，人在面临被说服的时候，会害怕是否会因此失去自己的利益而产生不安的感觉，以至提高警觉，但一旦觉得对自己有利，就会主动接受说服。因此，进行说服时，最好要有符合对方利益的观点，争取让对方主动与你合作。

其实，最理想的方法是经由态度和行动去感动或影响别人，但因这种做法要花费许多时间，很不容易。因此，通常运用语言和态度去打动对方。说服的要领如下：

(1) 应清楚地知道在所说服的事项中，最想说什么。

① 首先以逻辑思维分析自己的意向，并联系目的、效果、重要性、关联性等，抓住重点。

② 说服时要尽量具体客观，使对方产生了解的动机。

③ 需要引用某些权威人士、专家的意见，或者用图表、资料、经验等。

(2) 要具体了解对方的立场和意向。

① 先认真聆听对方所说的话，不能凭自己的主观想象谈话；应掌握对方不清楚的地方，努力加以说服。

② 主动发问，明确了解对方的想法和具体情况，如掌握了哪些信息？信息的种类、数量以及背景如何等。

(3) 以诚恳的态度，换位思考为对方着想。

① 不要使用令对方反感的言词，不可伤害对方的自尊心。

② 让对方打开心扉，使对方对自己的看法产生兴趣，即让对方认同自己。

案例

我为什么不能加工资？

某企业一位中层领导，由于工作不负责没加到工资，大发雷霆，撂下工作，去找总经理评理。总经理了解了具体情况后，十分严厉地对他说："你平时工作不负责任,没有做好本职工作,不加工资是对的。现在你又撂下工作不管,违反了劳动纪律,就凭这一点,就不具备加工资的条件,你如果再这样闹下去,还要降级处理。你自己考虑一下后果!"一番义正词严的警告,使这位中层领导哑口无言,羞愧而去。

分析:

总经理如果一味地说"因为名额有限,实在照顾不了"之类的安慰话,或者讲一通"要发扬风格""要正确对待"之类的大道理,对一个不会反省的人是无济于事的。针对中层领导不顾职业道德和劳动纪律,在错误的道路上越滑越远时,他说服的方法是严正警告,犹如在那个中层领导的背上击一猛掌,使其惊醒。

2. 拒绝的艺术

拒绝和说服是完全相反的行为。作为职业人士,应该清楚地认识到,有些事情是非拒绝不可的,比如:超越自己权限、能力的事情;虽然有能力办到,但在时间、地点上无法配合的事情;在道义上不能答应的事情。如果我们预计无法满足对方的要求,而又许下肯定的承诺,那会产生极坏的后果:要么勉强应付,要么言而无信,使组织形象和个人信誉受到严重损害。

无论何时何地,切勿在尚未听清对方要求时就忙着拒绝,应该依照礼仪的要求,分别使用不同的方法来拒绝,以避免因为拒绝而发生不必要的困扰。拒绝的要领如下:

(1) 耐心倾听,诚恳表达遗憾的心情。

① 即使已经决定"拒绝",也要很有耐心地倾听,让对方把话说完。

② 以诚恳的态度,先给予对方好感来缓和对方的情绪,在言词态度方面都要表现出很遗憾的心情。比如可以由衷地说:"是这样啊!"然后再告诉对方:"虽然你特地来,可是这件事我实在无能为力……""因为这件事已经超出了我的权限范围,按照公司规定我不能……所以很抱歉无法帮忙……"

(2) 清楚而客气地拒绝。不要说出可能让对方误解为对他有利的模棱两可的话,而应该明明白白地说明拒绝的理由:"对不起,我之所以不能帮忙是因为……"

（3）告知补救方法。如果觉得断然拒绝对方太不合情理，那么不妨双方各让一步，变更所提出的条件，找出折中的方法。比如说："您的要求实在太高了，能否请再考虑考虑。""这件事，您可以找（另一家或另一个人）帮忙解决。"有些补救方法的提出，需要熟悉和精通业务，或对这项工作事先已经有过协调，才能为之。

（六）道歉与幽默的艺术

1. 道歉的方法

在人际交往中，如果言行有失礼之处，或是妨碍、打扰、麻烦了别人，最聪明得体的做法，就是及时向对方道歉。有效的道歉可以冰释前嫌，消除他人对自己的恶感，也可以防患于未然，为自己赢得朋友和伙伴。道歉的基本要求是态度真诚、发自内心，不可敷衍了事，但也不要奴颜婢膝、低三下四。

（1）勇于承担责任。如确实是自己错了，对所做之事就要勇于承认，不找借口，也不采用大事化小、小事化了的态度。

（2）道歉要抓住时机。事情发生了，最好不要拖延时间，要马上道歉，越早越好。如果错过时机再道歉，不仅难以启齿，而且会使对方认为没有诚意，失去应有的效果。

（3）道歉要有诚意。表示歉意时要有诚意，要充分显示出内心的歉疚，如果漫不经心、没有诚意或只是赌气地说一声："对不起，还要怎样？"不但于事无补，还会使事态恶化。

（4）选择最好的道歉方式。道歉方式一般有五种：

① 直接式：开诚布公地向对方道歉，这种方式易取得谅解；

② 书信式：说不出口可以写信表达歉意，这种方式可避免尴尬局面；

③ 转达式：请双方都熟悉的第三者转告歉意；

④ 替代式：适当送上小礼物，表示歉意取得和解；

⑤ 改正式：改正过失，以实际行动表示歉意。

（5）给对方时间接受歉意。道歉之后，如果对方的怒气或怨气或还没有完全消除，这时就要耐心倾听对方诉说，让其重新发泄内心的不满。从不满到谅解需要一个过程,切不可操之过急。如果耐不住性子说一句:"我都道歉了,还没完没了,那就是活该!"这样不仅会前功尽弃,还会重新激化矛盾。

2. 幽默的艺术

幽默是一种巧妙的语言方法,它的巧妙之处在于用曲折、含蓄的方式表达感情和想法。幽默的语言,就是不按常理出牌,摆脱正常思维,既出人意料,又合情合理,这样的表达往往会收到事半功倍的效果。

(1) 幽默的力量。

① 幽默在人际交往中的作用不可低估。幽默的语言,能使社交气氛轻松、融洽,利于交流;还可以寓教育、批评于幽默之中,具有易为人所接受的感化作用。

② 幽默体现着说话者的自信、能力、气质和心境。恩格斯说:"幽默是具有智慧、教养和道德上优越感的表现。"一个不学无术的人是不会有幽默感的,只会说一些浅薄、低级的笑话,博取人们同情的笑声。真正的幽默,必定是以健康高雅的基调、轻松愉快的形式和情绪去揭示深刻、严肃、抽象的道理,使情趣与哲理达到和谐统一。

 案例

圣诞节晚会少了一袋苹果

吉姆是英国一家大型公司的经理,公司要在圣诞节举办一场盛大的庆祝活动,邀请所有重要客户参加。一切都进行得很顺利,离宴会正式开始还有半个多小时了,他再次检查了准备工作。忽然他的助理简妮慌慌张张地跑过来,焦急地说:"我们为宴会特别准备的苹果不知怎么少了一大袋,怎么找也找不到了。"吉姆一听,便知道事态的严重性。圣诞节晚会,苹果是最重要的点缀,任何东西都可以找到替代品,唯独苹果不能缺少。而这次为庆祝会准备的苹果,是几天前在当地一家最有名的果园采摘的,大小、色泽都经过专门挑选,而且都特别加上了本次庆祝会的印记。如果现在再去购买肯定来不及了。但如果在宴会过程中出现苹果短缺的情形,问题可就大了。吉姆想了想,问身边的助理:"我们食物中有没有准备得特别充足的东西?"助理说:"我们准备了足够多的小点心,供应两场宴会都没有问题。"吉姆对助理笑笑说:"这就好,我有办法了。"

> 宴会开始了,宾客来到苹果区,看到果盘前放了一个精致的小牌子,上面写道:"请别拿多了,上帝正看着你呢,圣诞节快乐!"大家不禁莞尔一笑,很自觉地每人取了一个。接着,大家来到放点心的区域,看到也有一个小牌子,上面写着:"不要客气,要多少拿多少,上帝正忙着看着前面的苹果呢,圣诞快乐!"走到这里,所有的宾客都忍不住笑弯了腰。结果,这场晚会宾主都无比尽兴。
>
> **分析:**
>
> 吉姆用了两句幽默的语言,就解决了苹果短缺的问题。这样的智慧是一个人对生活充满热爱、具有丰富情感的体现。

③ 幽默可以缓解沟通中的紧张气氛,避免许多不必要的冲突,甚至可以化解冲突。诗人歌德有一次在公园散步,在一条小道上不巧碰见曾经攻击过他的政客。对方满怀敌意地说:"对于一个傻子,我是从来不让路的。"歌德立即回答:"而我则相反。"说完便马上让到路边去了。这件事虽然反映了政客的傲慢无礼和歌德的豁达大度,但更重要的是歌德幽默的回答。虽然只有五个字,却反映出歌德反应的机敏和回敬的巧妙;还给狭路相逢的一对冤家免去了一场僵持不下的冲突,充分显示了歌德的宽宏大量和优雅风度。

④ 善用幽默可以帮助我们摆脱沟通中的窘境。用几句幽默的语言来自我解嘲,就能在轻松愉快的笑声中缓解紧张尴尬的气氛,从而使自己走出困境。有一次,钢琴家波奇在美国密歇根州的福林特城演出,发现全场有一大半座位空着,他自然很失望,但他走向舞台对听众说:"福林特这个城市一定很富有。我看到你们每个人都买了两三个座位的票。"这时音乐厅中充满了笑声,人们也更喜欢他了,因为他展示了他特有的气质。

(2) 幽默的技巧。产生幽默的条件至少应包括以下几个方面:广博的知识和深刻的社会经验;敏锐的洞察力和想象力;高尚优雅的风度和镇定自信、乐观轻松的情绪;具备良好的文化素养和语言表达能力。

① 心中充满快乐和趣味。幽默的人一定是热爱生活,有智慧、有能力、有修养,充满自信的。保持快乐的秘方之一是自娱自乐,即使心情忧郁,也应找点自

己愿意做的事,给情绪增添一些欢快的色彩。

② 用心收集幽默的资源。幽默是可以学习的,应该多读些民间笑话、讽刺小说,多看些喜剧,多听几段相声,随时收集幽默笑话。幽默来源于两个世界,一个是我们真诚的内心世界,一个是生活中的客观世界。当我们睁大眼睛,竖起耳朵,去环视,去倾听,能够把这两个世界统一起来,并有足够的技巧和创造性的新意去表现时,我们就能够发挥幽默的各种力量。

二、职场中的人际沟通

职场中的人际沟通主要是为了满足工作需要,以及在职场生存所必备的情感需要而采取的一系列的沟通行为,其中大部分行为是通过策划完成的。

良好的职场人际沟通能使我们建立良好的人际关系,在专业发展中得到更多的社会支持,出色地完成工作任务。反之,则会因策划不当或沟通不到位而导致人际关系失衡,引发焦虑、孤独、无助、自我怀疑等情绪和感受,影响职业生涯的发展。

(一)职场中人际沟通的特点

职场中,很多心理困扰都源自沟通过程中的信息歪曲。如果我们运用心理学技术,有效策划沟通的目标、说话技术和应对方式,可以成为工作、生活中最受欢迎的人,也能因为沟通顺畅而心情愉悦,保证工作顺利进行。

大多数人认为沟通就是要善于说话,但心理学研究发现,沟通既包括如何发表自己的观点,也包括怎样倾听他人的意见。职场人际沟通的方式很多,除了面对面的交谈,还有电子邮件、电话、身体语言等形式。

1. 职场中男女沟通风格的差异

社会语言学家黛博拉·坦南发现,男人和女人拥有几乎完全不同的说话风格。对男性来说,交谈的主要内容是如何在一个有等级的社会中生存,并努力去争取或保持其所期望的社会地位。男性的谈话方式被称为报告式交谈,谈话特点是维护身份、展示知识和技能并使自己处于关注中心,经常从解决问题的角度来看待问题,并经常打断和下命令,如"我认为这个问题你的观点是错误的"。

女性的谈话方式是联系式或和谐式交谈,谈话特点重在沟通与联系,交谈的侧重点在于寻找共同点和与之相配的经历,导致与他人亲密相处、建立相互关系和对经验进行比较。经常使用人称代词和更加强调语气的副词,并经常提问和辩解,如"你看过市场部有关这个问题的研究报告了吗?"

2. 上级和下属语言沟通的特点

(1) 上级对下属说话的特点。因为上级和下属所站位置不同,视野不一样,看事情的高度也不同。常常是下属只看下一步,上级却要布局好几步。如果两个企业合作或冲突的话,下属看到是我们公司能得到多少;上级看到的则是如果我们采取某个策略的话,公司和竞争对手在这个产业的相对位置会不会改变?加上上级一般掌握的信息要比下属全面、看法比下属宏观或客观,因而其说话的特点表现为:

① 一般不做否定的表态,善于掌握分寸。比如,不会这样说:"你们这是怎么搞的?""有你们这样做工作的吗?"

② 做一般性鼓励,不涉及具体问题,留有余地。如:"这种试验很好,可以多请一些人发表意见。""你们将来有了结果,希望及时告诉我。"

③ 指出下属错误比较谨慎,用劝告或建议性措辞。如:"这个问题能不能有别的看法,例如……""不过,这是我个人的意见,你们可以参考。""建议你们看看最近到的一份材料,看看有什么启发?"

(2) 下属对上级说话的特点。下属与上级对话时,应避免过分拘谨、谦恭、服从,要尊重、慎重、自信。如果采用"抬轿子""吹喇叭"等手段,不仅有损自己的人格,还可能引起上级的反感和轻视。下属不必害怕表达自己的不同观点,只要从工作出发,摆事实讲道理即可。但要了解上级的性格、爱好、语言习惯等,选择与上级谈话的有利时机,注意说话的方式方法。

上下级具体的沟通方法可参照第六章、第七章的有关内容。

 相关链接

和上司沟通

1. 让上司全面了解你

哪些是你的强项?

哪些是你不擅长的?

哪些目标和任务是你力所能及的?

2. 和上司沟通时注意

对方听得进去吗?

时机合适吗?场合合适吗?气氛合适吗?

怎样说对方才喜欢听?如何使对方情绪放松?哪部分比较容易接受?

(二)职场人际沟通的心理学原则

1. 找准立场

职场沟通中,要充分意识到自己在团队中所处的位置。如果自己是团队中的后来者,也是资历最浅的新手,面对领导和老前辈,在表达自己的想法时应尽量用低调、迂回的方式。特别是你与同事的观点有冲突时,要充分考虑到对方的权威性,充分尊重他人的意见。同时,表达自己的观点时也不要过于强调自我,应该更多地站在对方的立场上考虑问题。

2. 顺应风格

不同的企业文化、不同的管理制度、不同的业务部门,沟通风格都会有所不同。人力资源部门的沟通方式与工程现场的沟通方式肯定有所不同。要注意观察团队中同事间的沟通风格,留心大家表达观点的方式。假如大家都是开诚布公,你就有话直说;倘若大家都喜欢含蓄委婉,你也要注意一下说话的方式。总之,要尽量采取大家习惯和认可的方式,避免特立独行,招来非议。

3. 及时沟通

不管你性格内向还是外向,是否喜欢与他人分享,在工作中注重沟通总比不沟通要好许多。新人要利用一切机会与领导、同事交流,在合适的时机说出自己的观点和想法。

 相关链接

根据不同对象进行信息沟通

假设小王将在公司较忙的时间段去休假。在休假前要向领导请示,并要向同事和下属交代一些事情。在不同对象面前,可尝试不同方式进行沟通:

对领导:"我已经和同事们协调好了工作安排,而且在休假后我可以投入更多的时间和精力,以保持工作的最好状态。"

对同事:"为了这个假期,工作计划和日程我已经重新安排好了,也得到了领导的首肯。感谢你们的关照。"

对下属:"我个人经过反复考虑后,认为在这个时间休假较合适,并且也得到了其他人相似的意见。希望你们按计划做好工作,感谢你们的支持。"

(三)职场中称赞和批评的艺术

1. 一般沟通技巧

(1) 对事不对人

A:"王强,你可真懒,你这是什么工作态度呀。"

B:"王强,最近三天,你连续迟到三次,能解释一下原因吗?"

A:"小李,你的工作真棒!"

B:"小李,我对你昨天的表现非常满意,这样一来给我们节省了半天的运输时间。"

以上谈话中,字母 A 显示的句子是针对个人的特点、品行来判断的,而字母 B 显示的句子是以具体事例来评判的,指出具体细节,更有针对性和说服力。

(2) 强调事实

A:小李:你的方式不对。(对人)

B:小李:这种方式不妥当。(对事)

A:小张:顾客投诉,你的服务太慢了。(主观)

B:小张:顾客投诉,他们等得太久了。(客观)

以上谈话中,字母 A 显示的句子是直接指出个人做事的缺点,这种谈话方式容易招致对方的反感,很可能会引起争执使得谈话难以继续下去;而字母 B 显示的句子则是针对具体事实,或强调了客观效果,这样的谈话方式会引起对方的思考,进而改进工作。

2. 批评的艺术

在人际交往中,如果批评方式不当则容易产生抵触情绪。应遵循以下的原则:

(1) 要在没有他人在场时批评；

(2) 从赞扬和真诚的感谢入手；

(3) 先谈自己曾有的类似错误；

(4) 就事论事，不要人身攻击；

(5) 不要翻陈年老账；

(6) 端正动机。

某公司一个主管很苦恼，向专家请教："有一名员工，曾经做得很好，但后来却怎么也无法达到我的要求。批评他吧，他又很不高兴。作为主管，我该怎么办呢？"专家告知了职场中批评员工的四个要点：

一要把事实讲清楚，而不是直接批评人；

二要明确告诉员工自己的感觉；

三要告诉员工自己希望达到的目标，而不是否定的内容；

四要运用"说服的艺术"，动之以情或诱之以利予以说明。

3. 称赞的技巧

企业管理者在沟通中有时会犯错误，认为员工做得好是理所当然的，做不好便批评指责，以为这样可以促使员工改正缺点和不足。殊不知，最好的激励方法是称赞对方的工作成果。

(1) 称赞和批评的频率，两者比例应该是 2∶1；

(2) 称赞工作成果的同时，说出原因，再从外在行为出发，夸赞其内在特质，更能提升其心理满意度。比如："小王，你刚才做的那个报告真是太好了——结尾的地方很有新意——可见你是个很有创意的人！"

(3) 再强调员工对自己的正面影响力。如："把工作交给你我很放心！"

三、人际交往的方法和艺术

（一）注重职场礼仪，塑造良好形象

1. 保持职业服饰的整洁、得体

职场人士在服饰、仪容上的基本要求，第一是整洁，第二是得体。整洁主要是指服装要清洁、整齐、卫生；得体主要是指服饰仪表有统一和谐的整体美。除

了人的内在个性气质等因素外,服饰的整体美主要包括服饰的款式、质料、色彩、加工技巧、附加饰物、化妆及形体姿态的美。

(1) 商务活动中女士着装礼仪:

① 正式场合淡妆,不应浓妆艳抹;

② 区分职业套装、晚礼服及休闲服;

③ 正式套装应避免无领、无袖、领口开得太低、太紧身的,避免太怪异、太露、太透的衣服("透"比"露"更让人难以接受,既有碍观瞻又显出不自爱);

④ 衣服颜色不要太杂,领口不要一层又一层;

⑤ 丝袜长度要高于裙子下摆。不宜穿跳丝的袜子、黑色花长袜,夏天外出在包里要准备一双长筒袜以备不测;

⑥ 选择皮鞋时应避免鞋跟过高、过细;

⑦ 正式场合不宜穿靴子;

⑧ 修饰物应尽量避免过于奢华。

(2) 正式场合男士的着装修饰:

① 穿西装打领带,衬衫搭配要适宜;穿西装不配高领衫、T恤衫、毛衣;西装以深色为主,不穿花格或颜色艳丽的西服。

② 西服的领口、上衣袖子应该比衬衫领口、袖子短0.5—1厘米,西裤的标准长度为裤管要盖住皮鞋。

③ 西服分单排扣和双排扣,穿单排扣两粒扣子的西服只系上面一粒,三粒扣子的只系一、二粒,最下面一粒不系;穿双排扣西服应系好所有纽扣。

④ 衬衫颜色和西装颜色要协调,不宜过薄或过透。浅色衬衫里不穿深色内衣或保暖衣,内衣不应露出领口;打领带时衬衫纽扣应系好(包括领口、袖口);领带颜色与衬衫、西服颜色应协调。

⑤ 切忌不扣衬衫扣就佩戴领带;领带不能太短,领带尖应盖住皮带扣;衬衫应放在西裤内,西服的上衣、裤子袋内不应鼓鼓囊囊。

⑥ 穿西服打领带要配皮鞋,且保持光亮整洁;袜子质地、透气性要好,袜子颜色以深色为主。

2. 注重体态语言的优雅、大方

体态也是一种语言,是人与人之间的一种重要交际工具。包括人的手势、表情及人体其他部位(甚至空间)带有一定意义的某种活动或姿态。研究表明,人们在面对面交谈时,其有声语言部分约为45%,而55%的交际信号是无声的。

(1) 眼神和目光。职场人士与人谈话时应彬彬有礼,眼睛里放射出宁和而亲切的目光。目光使用的角度有平视、俯视、仰视、斜视、侧视,后四种不太礼貌。一般在看人时应当平视,而且不要长久地盯视一个部位。目光使用的时间和范围也有一定的意义:

① 公务注视范围。指看着对方脸部的正三角部位(眼睛底线到前额),公务、外交人员常用此目光,显得严肃、认真、专注,可把握讲话主动权;

② 社交注视范围。指看着对方脸部的倒三角部位(双眼上线到嘴),这样容易形成轻松的气氛;

③ 亲密注视范围。指看着对方的下三角部位(双眼到胸部),一般在亲人之间、恋人之间使用。

(2) 手势。手势语包括了指语、掌语、握势和臂势等。每根手指用于不同的动作都有不同的含义。比如跷起大拇指在不同国度、民族、环境就有其特殊的信息。在英国、澳大利亚等国家表示搭车和数字"5",在中国表示"好""第一"。用食指指点人或捻指(用拇指与食指弹出"叭叭"声)是极不礼貌的动作,表示轻蔑、瞧不起。

手掌的不同姿态含义也不同,掌心向上表示乞求、恳请、诚实、谦逊、友好;掌心向下则带有命令、指示的意味。

(3) 站姿、坐姿。在交际中站坐的姿态、位置都有讲究。应注意保持适当的空间范围。人与人之间的间隔距离有亲密、私人、社会和公众等距离划分,交往中要避免侵犯他人的空间,也不要过分追求和维护不合理的空间范围。

正常场合的站姿,应该是身体舒展直立,脖子伸直,头向上顶,下颚略回收;挺胸收腹,略为收臀;两臂于裤缝两侧自然下垂,手指自然弯曲,或双手自然地在身前交叉相握;面带微笑,双目平视,目光柔和有神。女性站立时脚跟相靠,脚尖分开约45°,呈V形,或两脚呈丁字步站立,显得更加苗条、优雅;男性站立时双脚可略为分开,但不能超过肩宽。会见客户或出席重要仪式,或在长辈、上级面前,不得双手交叉抱在胸前站立。

正式场合的坐姿,应该是身体端正舒展,腰背挺直,臀部坐椅面的2/3;男士双膝可并拢或微微分开,女士双膝应并拢,两手自然放腿上或椅子扶手上;精神饱满,表情自然,目光平视前方或交谈对象。如果是普通场合,双手或双腿可略微放松,但也应保持坐姿端正,不懒散,不失态。

相关链接

这些动作不雅观、不礼貌

当进入一个交际圈时,要注意上下尊卑位置的区别。如果面对的是一个长者或领导,就应选择在他的下座或低一些的位置,坐姿尽量收敛,注意避免不当的体态语言,如交谈时跷起二郎腿,并将跷起的脚尖对着别人,打哈欠、伸懒腰、剪指甲、挖耳朵、搔头发、看表、跺脚、摆弄手指、双手搂在脑后、交叉双臂抱胸前、对着别人喷吐烟雾或烟圈等,这些都是极不礼貌的动作。

3. 遵守握手、介绍和使用名片的礼仪

(1) 握手的礼仪。握手礼是人们常用的见面礼和告别礼,非常能显示一个人的修养。行握手礼时,通常距离对方约一步,双方各自伸出右手,四指并齐,拇指张开与对方相握,时间以3秒钟左右为宜。握手时,上身要略向前倾,头要微低一些。伸手次序要注意:

① 有身份、年龄差别时,身份高、年长的先伸手,身份低、年轻的应立即回握;

② 男女之间,男方需等女方伸手才可握手,如女方不伸手,没有握手的意愿,男方可点头致意或鞠躬致意;

③ 宾主之间,主人应先向客人伸手,以表示热情、亲切,比如接待来宾,不论男女,女主人都要主动伸手,男主人也可先伸手对女宾表示欢迎;

④ 当年龄与性别冲突时,一般仍以女性伸手为主。

以下情形中的握手是不礼貌的:

① 男士不应戴着手套握手,应取下后再与对方相握;

② 不应长久地握着异性的手不放,男士与女士握手时间要短一些,用力更轻一些;

③ 不应用左手、不干净的手、湿的手同他人握手,如果你正在洗东西或擦油污之物时,有老人、贵宾来到你面前,应该先点头致意,同时亮出双手,简单说明情况并表示歉意,同时赶紧洗好手,用右手与之相握;

④ 不应交叉握手,不能越过其他人正在相握的手同另外一个人相握;

⑤ 握手时不应左顾右盼,应该微笑着注视对方。

(2) 介绍的礼仪。见面介绍有两种形式:一种是自我介绍,一种是为他人作介绍。自我介绍时,应主动走到来访者面前,点头致意,问候对方,然后自己报出姓名、单位和职务,或递上名片,等对方也做自我介绍后,便可进行交谈。

为他人介绍时,介绍顺序是:

① 先把主人介绍给客人;

② 先把身份低的、年纪轻的介绍给身份高的、年纪大的;

③ 先把男士介绍给女士。

比如,需要介绍的是郭董事长和王先生,应该先把王先生介绍给郭董事长,这是对郭董事长的尊重。可以面对郭董事长说:"郭董事长,我来介绍一下,这位是王大林先生,他是嘉丰公司的部门经理。"然后再朝向王先生说:"王先生,这位是迪生公司的郭茂元董事长。"也就是说,作介绍时首先叫到名字的是比较尊贵的一方。

介绍时要有礼貌地以手示意,并说明被介绍者的姓名、单位、职务及来意。社交场合的介绍,可多提供一些个人资料,如毕业于哪所大学、擅长什么等。应注意介绍的场合、时间及是否有相识的愿望,人多时可采取自我介绍。

被介绍时要神情专注,一般应起立、微笑、目视对方、点头致意。介绍后双方的问候语是:"很高兴见到你,张先生。""你好,张先生。"如果有人把你介绍错了,不要立即打断他,等他介绍完了,再予以更正。

(3) 使用名片的礼仪。名片一般在三种情况下使用:一种是用于商业性的横向联系和交际,另一种是社交中的礼节性拜访,还有一种是用于某些表达感情或表示祝贺的场合。双方初次见面时一般会交换名片,因此,必须随身携带名片。使用名片的礼仪有:

① 来访者、男性、身份低者先向被访者、女性、身份高者递名片,而后者在接到名片后应回赠对方自己的名片。

② 双手食指和拇指执名片的两角,以文字正向对方,一边自我介绍,一边递

过名片。对方递过来的名片,应该用双手接过,以示尊重和礼节。如果差不多同时递过名片,自己的应从对方的稍下方递过去,同时以左手接过对方的名片。

③ 看到名片上的姓名等要素,如有疑问可及时问明白,此时人们是很乐意解答与自己有关的疑问的。

④ 对方人较多时,应从领导开始交换名片。收到名片不要立即放进包里,应放在面前桌上,谈话时经常看看,可加深对对方的记忆。名片放在桌上时,不能随手乱丢或在上面压上杯子、文件夹等东西。

⑤ 在一大堆陌生人中,如无特别的目的不要随便散发名片。商业性社交场合才是"批发式"交换名片的最佳地方,很多人彼此都不认识,却有相互建立业务往来的可能。

⑥ 参加会议时,应在恰当的时机,与不相识的人交换名片。通常是在会议开始前或结束时,如果要发言或做介绍,可以顺势依次递出名片给身边的人。

⑦ 把名片放入客户档案里是最常用的一个办法。还可以按照姓名、业务范围、关系性质(工作关系或私人关系)等办法来整理,或按一定的顺序输入电脑中进行管理。

⑧ 在送别客人之后,可以把谈话的时间、主题、发现的问题、性格特点、爱好等记在名片背面,以便利以后的继续交往,但当着客人的面不能这样做。

案例

和领导打招呼

小陈以前在新闻单位工作,领导和部下都是文人出身,和领导打招呼时,一向很随便。自从下海创业办了一个小公司后,再"随便"打招呼就不灵了。刚开始时小陈没有意识到这一点,到一些单位联系业务,见了领导还是"自来熟",当人家知道小陈已不在原单位了,就慢慢变了面孔,经常是打电话不接,登门拜访说不在,小陈非常纳闷和沮丧。有位朋友点拨小陈:"你已经不是新闻单位的人了,身上那点优势不复存在了,必须改变和领导打招呼的方式,不然,你那个小公司非倒闭不可。"小陈问他怎么改变?朋友说:"见什么领导说什么话,要学会看人下菜碟。"

这招还真灵。一次,小陈有笔业务,非得某公司的马总在合同上签字才能生效,手下业务员去了好几次,马总都说没时间。小陈听说马总喜欢研究古诗词,就想了一个打招呼的办法。那天小陈去马总公司的时候,已经快到下班时间了,见马总正在与部下聊天,就上前同马总打招呼:"马总您好,您还在'老骥伏枥'呀?"马总一听,脸上立马露出了笑容:"哪里哪里,我已经没有'志在千里'的志向了。"然后,马总把小陈请进他的办公室,聊了一会儿古诗词,很快就在合同上签了字。

还有一次,小陈要去见同行业公司的一位刘总,这位刘总自恃是同行业老大,不把小公司放在眼里。小陈耳闻他喜欢说"顺口溜",就琢磨了几句"顺口溜"。刚一见面,小陈就用"顺口溜"和刘总打招呼:"昔有刘皇叔三顾茅庐拜诸葛,今有刘总部下不打招呼自登门。"刘总一听,马上对小陈热情起来。

分析:

小陈接受了朋友的建议,尽量满足领导们渴求重视、渴求赞美的人类天性,并且有针对性地满足不同领导的个性需求,在和领导打招呼时,见什么领导说什么话,既满足了领导的内心需求,又达到了自己的目的,创造了双赢的局面。

(二)自我暴露和换位思考的方法

1. 自我暴露

按照人本主义心理学家西德里·米拉德的说法,自我暴露是人们在沟通中把自己的秘密信息展示给另一个人。他认为自我暴露与幸福感的因果关系是双向的。一个人之所以能够自由地向别人表露自己的信息,是因为他本身是心理健康的,而心理健康水平的提高也得益于对朋友、爱人的自我暴露。罗杰斯也认为,在一个值得信任的关系背景中,把自己公开地表露给另一个人,这是逐渐理解自我的重要的一步。心理学实验表明,自我暴露伴随着吸引和信任感。我们一般把自己暴露给我们喜欢的人,并且,我们喜欢那些把自己暴露给别人的人。

(1)自我暴露的四个层次:

① 情趣爱好,如饮食偏好、生活习惯等;

② 态度,如对某人某事的看法、评价等;

③ 自我概念与个人人际关系状况,如自己的自卑感、与恋人的关系状况等;

④ 最为隐私的内容,如自己的性体验、不为社会所接受的想法行为等。

  相关链接

自我暴露程度与什么有关?

一般情况下,女性通常开放信息,男性通常保留信息。关系越密切,人们的自我暴露越广泛、深刻。婚姻、恋爱中自我暴露的数量是婚姻、恋爱满意度的一个重要指标。但自我暴露互惠原则并不总是适用于好朋友,即存在一种可能,彼此完全没有任何关系的人,可能达到完全的自我暴露。

(2) 自我暴露的原则。自我暴露要遵守两条原则:其一是切境原则,即自我暴露要与当时当地的环境符合,如果不分场合、时间、对象地暴露自己,会被认为是肤浅或愚蠢的表现;其二是适度原则,即根据交往对象熟悉程度的不同,不同程度地暴露自己的隐私。

(3) 自我暴露的操作技巧:

① 暴露出你希望别人也向你暴露的信息。自我暴露是互动性的,重点放在双方共同想要暴露的层面。

② 确定能接受所冒的风险时,才暴露较亲密的信息。

③ 渐进式自我暴露。接受别人和揭露自己的秘密一样具威胁性,要随着关系的进展渐渐地暴露深层讯息。

④ 保留亲密与非常个人化的信息。只有在亲密关系中表露内心害怕、爱与深层的秘密才是适当的。

⑤ 当有回报时才继续自我暴露。对方明显没有回报时,表示不认为彼此的关系适宜做过多的自我暴露。这时该反思彼此的关系了,想想是否自己进展太快,而对方还没有做好准备。

2. 换位思考

处理人际关系的重要方法是"换位思考",即走入对方的内心,站到对方的立场上思考问题。这样做的好处是,既能理解对方的主张、观点的合理性,发现对方的真正需要,多一分宽容和公允;又能检查自己的想法有无疏漏,借此调整自己的观点和做法,以此协调矛盾或促成共同的目标。比如,一个助理要辅助上司做好工作,必须通过观察、直接交流沟通,或向同事和前任请教等方法,了解上司的工作内容、工作习惯、气质性格、价值观、爱好特长,乃至社交范围和家庭情况等,才能有效地进行换位思考。换位思考的具体方法为:

(1) 知晓工作目标和工作内容。任何组织要实现其目标,必须要有一个科学的工作计划,包括工作目标、内容步骤、方法、标准、完成的时间等。如在计划设置和执行过程中,要明确"5W1H",即 Why——为什么做? 原因与目的; What——做什么? 项目、内容、结果(最好量化); Who——派谁去做? Where——在什么地方做? When——在什么时间做? 什么时间完成? How——怎样去做? 方式和手段如何? 每个职场人士都应该明确自己的岗位要求,以及与其他岗位的关系,在组织中应发挥的作用;思考领导、重要客户是怎样看待这个岗位的? 希望这个岗位做什么? 怎样做? 最不希望犯什么错误等。只有这样,才能深入理解领导的工作安排和自己的工作责任。

(2) 掌握对方的真正需要。换位思考不仅要考虑对方的内心感受,还要善于发现对方的需要,进而找出相关各方的利益结合点,最终实现双赢或多赢。需要是人的积极性的基础和根源,满足了对方的需要,就可能获得合作的成功。如马斯洛需求层次理论所言,人有不同的心理需要,优势需要决定人们的行为。以安排商务会谈为例,职场人士主要应掌握对方谈判人员的这些需要:

① 生理和安全的需要。把就餐、住宿、休息、娱乐等事宜安排得越周到,洽谈效率就越高。出于信用安全的考虑,商务人员一般乐意与老客户打交道,与新客户打交道时会心存顾虑,对其主体资格、财产、资金、信誉等状况会较为关注。因而企业平时就要加强与对方的社交往来,并要注意树立自身的良好形象。

② 社交需要。商务活动开始时,理想的方式是在轻松、愉快的气氛下展开容易达成一致意见的话题。这不仅可以放松心情,还可了解彼此的个性气质,有利于谈判的顺利进行。

③ 尊重的需要。有强烈尊重需要的人,当自尊心受到伤害感觉没面子时,

在心理防卫机制的作用下,会出现攻击性行为,或者不愿继续合作,这会给商务活动带来很大障碍,这就需要职场人士深入把握每个谈判者的心理。

④ 自我实现的需要。对敢于冒险的谈判者,谈判目的是为了追求更大成就,也是为了获得自我满足。

⑤ 所代表群体、组织的需要摆在优先地位。商务人员代表组织参加活动,是个人与群体、组织需要的集合,优先地位是群体、组织的需要。

(3) 了解每个人的气质个性。气质无好坏之分,但可以影响人的感情和行为,每一种气质类型在其极端情况下都有积极或消极的方面。对不同气质、个性的上司或同事,职场人士如果能够判断他的某些行为特点是由气质决定的,通过换位思考,便能较容易地预见他对某种情况将给出何种反应,从而更好地互动合作,并防止产生矛盾和冲突。

 相关链接

学会与不同气质类型的人打交道

对胆汁质类型的人,交往时不能激怒他们,要以柔克刚,以平和的态度、轻柔的语气与之交往;

对多血质类型的人,要谅解他们忽冷忽热的态度,不必过分在意他们的粗心和轻率,应多与之交流他们感兴趣的事物;

与黏液质类型的人接触,要仔细观察其内心的真实感受,尊重他们的想法。因其反应缓慢、喜静不喜动、办事深思熟虑的特点,不要勉为其难,也不应轻视他们的观点和建议;

与抑郁质类型的人打交道应注意方式,多用称赞、嘉许的方式,对其缺点切忌嘲笑讽刺,应多用委婉的语气,避免伤害他们的自尊心。因其易产生自卑心理,在交往中要多关怀他们,使其摆脱疑虑和孤独感。

(4) 通过提问、倾听了解对方的意图。要发现对方的真正需要,我们可以通过提问、倾听了解对方的需要。提问是获取信息的一个重要手段。

① 主动与上司沟通。上级领导要考虑的事情很多很杂,要求下属执行命令时会忽略与下属的沟通。下属主动与之沟通,可以摸清上司的最终意图和

执行细节以准确完成任务,也可以让上司了解自己的执行过程和努力程度。与上司沟通时尽可能考虑周全,不给上司出问答题而是出选择题,并准备好答案或备选方案,把自己建议的因素(时间、地点等)考虑进去。如上司准备开办公室扩大会议,助理主动询问上司:"这次会议,除了平时应出席的人以外,还准备邀请哪些人?是否是李大为、王东……,会议地点安排在第一会议室还是第三会议室?"以此明确上司的要求,达到成功举办会议的目的。

②用心倾听,认真思考。在听的同时把自己想象成对方,这是"换位思考"的重要方法。在倾听的过程中对对方吐露的每个字都认真思考,并注意对方的措辞、表达方式、说话的语气和声调。这样,才能了解对方的真正意图和需要。

(5) 通过观察举止行为来了解对方。举止行为有着种种心理上的含义和暗示。据一项针对350位高级行政主管(89%是男性)开展的调查研究,这些主管通常采用能够制造强势效果的握手方法,将手心朝下,或将对方的手稍稍压低,使对方感觉到自己是这次会谈(活动)中操控全局的人。

 相关链接

你看得懂别人的身体语言吗?

如果观察到上司的双臂交叉抱于胸前,说明他不会轻易走出自己的世界,而别人也很难融入其中。

如果同事双臂交叉抱于胸前的同时,两只手也紧紧地攥成拳头夹于腋下,还咬牙切齿、满脸涨红,那就表示他除了具有强烈的防御意识外,还带有十分明显的敌意。这时,如果你对引起纷争的原因还不清楚,当务之急是用一种较为缓和的方法找出导致对方情绪激动的根本原因,同时安抚对方的情绪,防止事态进一步恶化。

如果出现以下七种手势,则对方很可能在撒谎:下意识地用手遮住嘴巴、触摸鼻子、摩擦眼睛、抓挠耳朵、抓挠脖子、拉拽衣领、手指放在嘴唇之间。

我们还可以根据一个人的谈吐判断其性格。比如,经常谈到自己的,一般比较外向、感情强烈,可能爱炫耀自己;很少提及自己的,可能内向、自卑;喜欢叙述事实过程的,比较注重客观事实、情感沉着;而谈话富有感情,注意细节的,则可能容易动情、比较主观等。

 案例

从他人的角度去考虑

某位作家要举办一个演讲培训班,为期一个月,他租用了一家旅馆的舞厅作为讲课场所。临近讲课时,他突然接到旅馆的通知,说舞厅的租金要涨三倍。得知这一消息时,他讲课的入场券都已分发完了,无法收回或另行通知。

这位作家不愿意多支付这笔费用,但又来不及另找一个地点,于是他找到旅馆经理,开门见山地说:"当我收到通知的时候,我有些惊讶,但我一定不会责备你们,因为如果是我的话也会这样做的。你身为经理,职责当然是让旅馆赚更多的钱,如果做不到,你会被炒鱿鱼的。让我们来讨论一下这样做对你们到底有没有好处?"那经理点点头,示意他往下说。作家说道:"你出租这舞厅给我一个月可以赚很多钱,这是一笔非常大的收益;但如果我不按照你开的价码付费,另寻一个培训场所,你就会损失这笔钱。同时你还有另外一项损失,那就是我的演讲将会吸引很多专业人士到你的旅馆来,这是个非常好的广告机会。即使你花几千元做广告,也不可能像我在这儿讲课一样吸引那么多人来,这种效果是非常有价值的。是不是?"

作家最后说:"所以,你不但不应该增加租金,反而应该减少租金。希望你仔细考虑我说的话,然后再告诉我最后的决定。"第二天,这位作家就收到了旅馆的回应,通知他舞厅的租金不涨价了。

分析:

这位作家巧妙的言辞居然把旅馆经理说服了。仔细观察就会发现,这位作家谈话时很少以"我"的角度和别人交流,而是用"你""你们"。他没有直接提出反对,而是站在经理的角度说话,考虑到别人的需要,这样一个能替他人着想的方案,对方当然容易接受。

> 每个人都不希望别人的意见强加于自己，有时对别人的意见很难接受。要使一个人做任何事情，唯一的方法就得使他自己乐意去做，而让他乐意去做的最好方法就是符合他的需要，而且还必须意识到人的需要是很不相同的。只有当你的计划适应别人的需要后，你的计划才会有实现的可能。

（三）给人留下好印象的艺术

1. 自尊自信，展示优点而不夸大

在交往时，要保持自尊，建立自信，勇于向别人展示自己的优点，大方地接受别人的夸奖。但在展示自己的优点时，不是痴迷于向别人炫耀自己的优点，也即善于表达自己的优点而不过分夸大。要把握好这个度，需要在与别人交往过程中不断地反省、调整自己。

2. 主动热情，微笑着拉近彼此的心理距离

在人际交往中，尤其是与陌生人交往过程中，每个人都希望别人比自己更主动。根据人们的这种普遍心理，你可以利用交往过程中的主动来给别人留下良好的第一印象。不要认为自己主动了就是让别人占了便宜，相反，是你引导和控制了整个互动过程，这会给你带来成就感和价值感。在和别人交往时，要学会寻找话题，运用投石问路、察言观色、直截了当、由情境入题、趋同等技术拉近与对方的关系。

在人际交往中，微笑的魔力非常大，有人甚至把人际关系称为"微笑关系"。那些面露真诚微笑的人总能吸引很多朋友在他们的周围，微笑就像冬日的阳光，温暖着彼此。因此，当你试着微笑，并把它作为一种习惯时，你就会发现对方也会报以微笑。微笑会溶化人际关系障碍，帮助你建立良好的职场人脉。

社会心理学家艾根提出了在别人心目中建立良好第一印象的"SOLER模式"，SOLER是由五个英文单词的词头字母拼写起来的专用术语。

S(sit)——表示坐或站的时候要面对别人；

O(open)——表示姿势要自然开放；

L(lean)——表示身体要微微前倾；

E(eye-contact)——表示目光接触；

R(relax)——表示放松。

这时,就是在对别人说:"我很尊重你,对你很感兴趣,我的内心是接纳你的。"心理学家发现,在社交场合如果有意识地运用"SOLER"技术,可以帮助人们改变不恰当的自我表现习惯,有效增加别人对自己的好感,增加别人对自己的接纳。

3. 寻找共同点,形成融洽的沟通气氛

每个人的心理上都有一种倾向,即对自己及跟自己有关的事物会表现出更多的兴趣和热情,跟自己无关的则表现出一定的排斥性。因此,在与陌生人交往时,要能够找到双方的共同之处,比如专业、籍贯、年龄、爱好、信仰、毕业的大学、从小长大的地方等,当得知别人与自己有某种联接,会产生温馨、熟悉或亲密的感觉,甚至会有一种惊喜,彼此的关系很快就会拉近。这样,无论对方的地位在你之上还是之下,都能较好地形成坦诚融洽的气氛,消减初次见面的生疏或心理上的设防。

4. 记住别人的姓名

姓名,对于每个人都是最重视、最美好的字眼。对于重要的交往对象,初次见面或通电话时,记住对方的姓名和职务(至少是姓氏),再次见面或通电话时就能以适当的称呼问候对方,会给对方以受尊重的满足,这也是人际关系走向成功的第一步。具体技巧:

(1) 第一次见面仔细问清姓名。初次接触一个人时,找机会主动向对方做自我介绍,借此索要对方的名片或问清对方的姓名。若有必要,可以问清姓名是哪几个字,怎么写,有什么寓意。一般人们都会非常乐意向别人介绍自己的姓名。

(2) 利用重复和联想记住姓名。重复和联想是记忆的两个策略。重复是记忆的基础,认识一个陌生人时,有意识地将他的姓名重复默念几遍,或在交往时经常称呼、道别时称呼,那么,下次再见面时想起对方姓名的可能性就较大;联想是记住姓名的另一种方式,可以把对方姓名与其身材、外貌特征或某个熟悉的事物联系起来,记忆的效果就会大大加强。

第三节　人际交往中的心理障碍及其调适

一、心理障碍的含义及表现

(一)心理障碍的含义

通常所说的心理障碍是指没有能力按社会认为适宜的方式行动,以致其行为后果对社会不适应。我们可以从一个人行为上的偏离程度来判断这个人的"障碍"程度。就是说,如果一个人的行为表现偏离社会生活的规范程度越厉害,那么他的"障碍"程度也就越深。这种"障碍"的主要原因是在后天生活经验当中,由不良的适应形成习惯而造成的,由于先天因素遗传所造成的心理障碍则较为少见。

(二)心理障碍的表现

人际交往中的心理障碍主要表现为:不敢或不能与人交往,或者交往变得困难,或者人际交往给自己、他人都带来不快、压抑等消极情感体验。通常对人际关系影响较大的心理障碍主要有自我中心、自卑心理、羞怯心理、嫉妒心理、猜疑心理、孤僻心理、逆反心理等。

二、人际交往中的心理障碍及其调适

(一)自我中心的表现及调适

自我中心是指交往者为人处世以自己的需要和兴趣为中心,只关心自己的利益得失,不考虑别人的兴趣和利益。

 案例

"我要坚持下去,走自己的路让别人说去吧"

某重点大学的小孙和室友上完胡老师的课回来,室友纷纷抱怨胡老师

> 讲课照本宣科,枯燥无味。小孙打断大家,说"学习靠自己,你们这样是给自己的懒惰找借口"。去食堂打饭,小孙看见炒的蔬菜色泽不好,大声嚷"这菜喂猪差不多",刚巧两位女同学正在打这种菜,她俩回过头狠狠地丢下两个白眼。全班去郊游,大家想去风景区,可小孙却认为那个风景区没有好风景,并力争要把活动安排在附近的儿童福利院,结果讨论不欢而散。最后郊游还是去了风景区,大家却没有通知小孙。小孙在咨询师那里一再表明他说的都是真话,为什么其他人不能理解呢?他还说,如果坚持真理就注定要孤独的话,他要坚持下去,走自己的路让别人说去吧。
>
> **分析:**
> 小孙的想法和做法是比较典型的自我中心,即以自己的兴趣和需要为中心,从自我的角度思考其行为的合理性,面对问题时不能正确归因,不考虑他人的感受,不能从他人的角度进行换位思考,似乎自己的态度就是他人的态度。

个人成长过程中,随着自我意识的发展,那些有较强自信心、自尊心、优越感、独立感的人比较容易出现自我中心倾向。当这种倾向与一些不健康的思想意识(如个人主义、自私自利思想)和心理特征(如过强的自尊心、唯我独尊)结合时,就会表现出过分的、扭曲的自我中心。在与他人交往的过程中忽视平等、尊重等基本交往原则,总认为对的是自己、错的是别人,因而,自我中心者常不能赢得他人的好感和信任,人际关系多不和谐,甚至可能众叛亲离。他们自己的内心也苦闷、压抑,感受不到周围人的温暖,长此以往,自卑、嫉妒、孤僻、猜疑等不良心理大量地累积,极易导致心理问题与心理疾病的产生。要克服自我中心,可以采用这些方法:

1. 换个立场看问题,学会换位思考

可借助心理咨询中的空椅子法和角色扮演法来尝试从别人的角度思考问题。

2. 坦然接受批评和建议,容许有不同意见

人际交往经典语言"也许你是对的"要常记在心,以此改变自以为是、固执己

见的心理。

3. 学会人际交往的技巧

很重要的一点是要学会倾听。自我中心的人往往在倾听之前就已经关闭了耳朵,只听得见自己的声音,真正会倾听的人不仅用耳朵在听,更用眼睛用心灵在听,不仅能听懂语言所包含的意思,也能听懂弦外之音。

要克服自我中心的交往障碍,做到既使自己融入集体中,又能在集体中保持自己独立的个性。

(二)自卑心理的原因及超越

 案例

我是一只"丑小鸭"

小肖,大学一年级女生。前来心理咨询时对咨询老师说:"老师,你没发现我长得很丑吗?你看我的两只眼睛不一样大,是先天的弱视,我的嘴唇也比较厚,……总之,很丑!上中学的时候,我一直是好学生,成绩总是班里的第一名。但是我没有朋友,内心感到很孤独,感到很悲苦。在升入高三后,我爱上了同班的一名男同学,也许这就是'情窦初开'吧!心里很甜蜜,但我知道那个男生和同班另一名女生很要好,他从来没注意过我。理智告诉我,以我的长相是不可能把他吸引过来的,尽管我的学习是班上最出色的,我的渴求当然是彻底的失望……现在,我又碰到问题了,同班一位男生很爱和我说话,还约我和他一起上自习。可是,我很自卑,和他说话的时候从来不敢看他,总是低着头。每次都是他先和我说话,他找我,我从来没去找过他。"

分析:

在社交中,具有自卑心理的人孤立、离群、抑制自信心和荣誉感。自卑有多种表现方式,最明显的是退缩或过分地争强好胜。当受到周围人们的轻视、嘲笑或侮辱时,自卑心理会大大加强,甚至以嫉妒、自欺欺人的方式表现出来。

> 小肖因为自己的相貌不佳,觉得自己是一只"丑小鸭",从而产生自卑心理。这种体验由"情窦初开"的失意而强化,存在着爱情体验的误区,认为只有长相好才能吸引异性。她应该认识到相貌是个人无法选择的,要正确看待相貌的美与丑,外在美与内在修养的关系。正视自己,自我接纳,多总结自己的优势,坦然接受自己的缺点,并树立正确的爱情观念,自然、大方、坦诚地与人(包括那位男生)交往。

在心理学上,自卑是指个体的一种软弱、无能、低劣或自感不如别人的复合心态。自卑心理产生的原因因人而异。有思想认识方面的,比如对自己的期望不高,或者相反,期望过高,不切实际;有心理素质方面的,比如五官不够端正、过胖、过瘦、口吃等缺陷;有社会环境方面的,比如出身农村,经济条件差,学历低等,有性格方面的,比如内向、孤僻等;有生活经历方面的,比如情场失意、当众出丑、被人嘲弄等。

一般来说,自信的人容易与人相处,他们显得乐观、宽容,能客观评价自己和他人,有充分的安全感,不会时时为疑心所扰。自卑的人往往过低评价自己的形象、能力和品质,总是拿自己的弱点和别人的长处相比较,觉得自己事事不如人,从而丧失自信,悲观失望。自卑心理的实质是一种消极的自我评价或自我意识,它是实现理想或愿望的巨大心理障碍。因此,要从认识、情绪、行为等方面超越自卑:

1. 全面、辩证地认识和评价自己

不仅要看到自己的短处,也要恰如其分地看到自己的长处,切不可因自己的某些不足而看不到自己的优势和长处。

2. 提高自信心,学会正确地归因

在干一件事之前,首先要有勇气,坚信自己能干好。在具体施行时,考虑可能遇到的困难。这样即使失败了,也会由于事先做了准备而不致造成心理上的大起大落,或心理失调。也不要因一次失败就认为自己能力不行。殊不知这次失败的原因很可能是多方面的,不一定是能力不足造成的。

3. 运用积极的自我暗示,体验成功

当遇到某些情况感到信心不足时,不妨运用语言暗示:"别人行,我也能行。""别人能成功,我也能成功。""再加把劲儿,离目标不远了。"从而增强改变现状的信心;经常回忆因自己努力而成功了的事,或合理想象将要取得的成功,以此激发自信心。

4. 建立新的兴奋点

当处于劣势或面对自己的弱项时,可以通过转移话题,或将注意力转移到感兴趣的、最能体现才能的活动中去,以淡化和缩小弱项在心理上造成的自卑阴影,缓解压力和紧张。

5. 正确地补偿自己

为了克服自卑心理,可以进行两方面的补偿:一是以勤补拙。知道自己在哪些方面有缺陷,以最大的决心和顽强的毅力去克服这些缺陷;二是扬长避短。"失之东隅,收之桑榆。"例如苏格拉底其貌不扬,于是在思想上痛下工夫,最后在哲学领域大放异彩。

6. 选准参照系,定出适当的理想目标

与人比较时要讲究"可比性",可选择与自己各方面相类似的人、事比较,不宜拿自己的弱点与别人的优点相比。要善于自我满足,知足常乐。目标不要定得太高。适宜的目标可以使你获得成功,这是一种最好的激励;之后,可以适当调整目标,争取第二次、第三次成功。在不断成功的激励中增强自信心。

(三) 羞怯心理的原因及调适

 案例

我躲避所有眼神……

我从小内向、害羞,平时见人就脸红,如果我偶尔说句什么,成为大家目光聚焦点的时候,我就羞得要命,不仅面红耳赤,连手心都汗淋淋的,说话也语无伦次,想马上躲开,否则双腿就抖个不停,连迈步都艰难。大学时如果上课被老师点名回答问题,我就无异于小死一回。我躲避所有眼神,开始只是对女性,现在对男的也是如此,可是又情不自禁地用眼睛的余光扫视对方,给对方以很不体面的感觉,说我这人很"不正经"。我自己也特别恨我这双眼睛,有时甚至都想把它挖掉。我现在28岁了,却没有女朋友,但我很想谈恋爱。

这是一位男士对心理咨询师说的话。

分析：

羞怯是大多数人都经历过的一种心理状态,但这位男士的经历显得比较极端,已经呈现病态倾向了。他需要接受专业的心理咨询,在认知、行为等方面改变自己,改善自己的心态,以适应工作和生活。

羞怯是一种由不正确的自我暗示引发的心理障碍,原因主要有：一是气质性的羞怯。即生来就有的性格沉静内向,遇到人或事就胆小退缩,思前想后。二是认知性羞怯。过分注意自我和自己的举手投足,患得患失,缺乏交往的主动性。三是创伤性羞怯。由于生活、事业上的挫折和失败经历而变得小心谨慎,消极被动地接受周围的一切。这三种原因的背后都包含过度缺乏自信、认知领域里的错误、怕丢面子、对安全感的过分追求等。

 相关链接

心理学家对羞怯心理的调查

据美国社会学家秦姆巴杜历时六年对数以万计的人做的心理调查表明,近40%的人认为自己有怕羞的特点。其中包括前总统卡特及其夫人、英国查尔斯王子、电影明星凯瑟琳·丹尼佛等。精神病学家研究发现,怕别人对自己印象不好而招致羞辱是羞怯的症结——大脑会把一个恐惧的信号与遭受挫折的细节(地点、时间、背景等)联系在一起。

一些精神病学家预言,网络文化将使轻度羞怯心理趋向极端。因为有的人本来开始时羞怯程度还不算厉害,但彼此交往少了,会使情况变得严重。年轻人面对新环境的交往活动,常常表现出害羞、胆怯、拘谨,但随着年龄增长,交往的频繁,羞怯心理会逐步减弱与消失。但如果过度羞怯,就会使人在交往活动中过分约束自己的言行,无法充分表达愿望和情感,妨碍良好的人际关系的形成。

要摆脱羞怯心理,应加强性格锻炼,改变观念及看法,培养交往技巧,增进交往水平。可以有以下做法：

1. 不怕丢面子

要抛弃丢面子等顾虑，不怕说错话，不怕做错事。在行动前不要只想到失败，要走出自我否定的阴影。

2. 树立自信，肯定自我

在交往中发挥自己的特长，多倾听，多用表情或肢体语言进行交流。当有所成功时就会形成强化，形成成功的体验，最终形成较稳固的正向的、肯定的自我认识。

3. 学会交往

有效的方法就是观察模仿，可以在与人交往中观察别人是怎么做的。重点观察两类人：一是交往成功者，看他们为什么总是交往的中心，为什么能将各种交往方法运用得得心应手；二是观察从羞怯中走出来的那些人，了解他们是怎样改变自己的，并向他们学习。

（四）嫉妒心理的影响及调整

 案例

小史的羡慕嫉妒恨

曾受"嫉妒之心"所累的小史，一直在为自己的冲动而后悔。"我知道已经回不去了，她曾经是我最要好的职场伙伴"，她说："起初只是有点羡慕她，没想到后来却愈演愈烈，直接就怨恨了起来。"

年纪相仿、几乎是同时入职的小史和艾玲，由于性格投契很快成为好友。她们在工作时合作愉快，工作之外也如知己般无所不谈。然而改变却由一次奖励开始，为人处世八面玲珑的艾玲因为深谙与上司的相处之道，在去年的年会上获得了"最佳员工奖"，逐渐成为部门的"红人"。此后，她的举手投足开始发生微妙的变化，与同事说话的语气也强势起来了——当然，这一切也许都是小史的感觉而已。

"不知为何,我觉得她和以前不一样了,仗着自己受宠,说话做事样样带刺,让我难以接受。"她说:"后来终于有一次,我们因为工作上的小分歧,大吵了一架。"小史承认当时自己是有点借题发挥,趁机释放心中对艾玲的"羡慕嫉妒恨"。两人争吵得不可开交,甚至还当着部门同事的面,把对方生活中的"小秘密"都抖了出来。结果可想而知,曾经惺惺相惜的两个好友从此交恶。

分析:

艾玲的成功让小史产生了嫉妒心理,最后的争吵导致两败俱伤,断送了两个人的友谊。此案例充分说明强烈的嫉妒心理会导致人际关系的失败,需要我们在工作和生活中引以为戒。

日本学者诧摩武俊在《嫉妒心理学》中指出,所谓嫉妒,就是自己以外的人占了比自己优越的地位,或者是自己所宝贵的东西被别人夺取,或者是将被夺取的时候所产生的情感。这是一种极欲排除别人优越地位,或想破坏别人优越的状态,含有憎恨的一种激烈的感情。嫉妒是人类的一种很普遍的情绪,它产生的基础是人类的竞争。嫉妒心理的积极作用在于有些人因为嫉妒而急起直追、发愤图强,超越自己嫉妒的对象,使自己获得成功;在爱情领域,嫉妒也是常见的元素。社会心理学家认为,相爱的一方显露出一点嫉妒心,对另一方来说是一种满足,因为它标志着爱。当然,因爱而产生的嫉妒要有一定的限度,过了就成病态的嫉妒,反而对爱情有害。

嫉妒心理的负面影响更常见,伴随嫉妒心理而出现的行为十分有害,其中包括疏远、孤立、中伤、怨恨、诋毁,更强烈的包括报复、落井下石等。这些行为会对人际关系造成极大的破坏作用。一方面,深受其害的被嫉妒者在经历了惨痛教训后,会远离嫉妒者;另一方面,嫉妒者在落井下石或幸灾乐祸后,并没有得到真正的快乐。既然不良嫉妒心理会妨碍我们的人际关系,怎么克服或疏导过度的嫉妒心理呢?

1. 树立崇高理想和目标,正确看待人生价值

嫉妒心理受理想、信念等个性倾向的制约。首先,应树立起高尚的道德情操

和献身于社会的崇高理想,自私自利、唯我独尊的个性缺陷才能克服;其次,应确立自己的人生目标和兴趣爱好,一个埋头于事业追求的人无暇顾及别人的事,也不会花时间精力去嫉妒他人的成功。这样,才能心胸开阔、不计较眼前得失,为自己的目标积极进取。

2. 全面认识自己,发挥自我优势

有嫉妒心理出现的时候要把不服气的心理引导到积极的方面,力争赶上或超过对方。但也要看到,"金无足赤,人无完人",各人有自己的优势和长处。追求万事超人前既无必要,也不可能。"天生我才必有用。"每个人都有适合自己的角色,要有勇气承认对方比自己更高明更优越的地方,也要肯定自己的长处和优点,学会扬长避短,发现并开拓自身的潜能。只要自己的每一天都在进步,就可以坦然面对自己,并从病态的自尊和自卑感中解放出来。

3. 纠正认知偏差,树立正确的竞争意识

如果把竞争本身看作是目的,便会使人过于看重结果,很容易引发不择手段的举动。凡竞争总有输赢,要注重竞争的过程,从中发现自己输或赢的道理,体会竞争的乐趣,形成健康的心理。

嫉妒者认为,别人的成功是对自己的威胁,是对自己利益的侵占。但很多时候,别人的成功并不等于自己的失败,别人的成功带给自己的好处要多于坏处,以公平、合理为基础的竞争是向上的动力。别人在公司业绩排第一,你如果做得更好也可能排第一;而因为有了竞争对手,自己的成绩可以提高得更快。对于别人的进步,要看到其中同样蕴含着辛劳,来之不易。你可以从中受到鼓舞和启示,从而激发自己奋进的动力,通过努力缩小距离来达到新的平衡。

4. 积极克服自己性格上的弱点

一般而言,虚荣心强、好出风头、心胸狭窄、敏感多疑的人容易产生嫉妒心理。自尊心追求的是真实的荣誉,而虚荣心追求的是虚假的荣誉。要面子、以贬低别人来抬高自己正是一种虚荣和空虚心理的表现。单纯的虚荣心比嫉妒心容易克服,但从形成的心理机制来看两者紧密相连,克服虚荣心就会减少嫉妒。加强自己的性格塑造,从狭隘的"自我"中解放出来,逐渐形成不图虚名,心胸开阔,坚毅自信的性格特征,对消除嫉妒心理至关重要。

5. 主动交往,由理解而改善关系

嫉妒者误认为对方的优势会对自己造成损害,因而感到恐惧和愤怒,用贬低、诽谤、中伤等手段攻击对方,以求心理上的满足,似乎这样就可以缩短自己与对方的差距。所以,要消解嫉妒心理,不妨互换心理位置,设身处地为对方着想。主动接近对方,打开心扉,诚恳地肯定对方,加强心理沟通,倾听对方内心真实的声音,也许可以避免误会,消除怀疑,由原来的"羡慕嫉妒恨"变为"理解谅解互助",使双方的关系得到改善,甚而能够互帮互助、共同提高。

(五)猜疑心理的表现及调适

 案例

朱元璋的猜疑心理

朱元璋在开创天下时,尚能广招天下文人贤士于自己旗下,并放心任用自己手下的骁勇战将。一俟天下方定,他就开始猜忌手下的文臣武将。他担心文臣们会鄙薄他出身贫贱、没有文化;担心武将们会拥兵自重,暗中打他皇位的主意。为了使自己安心,他下了一个历代开国皇帝都没有下过的决心——在有生之年铲除所有的开国功臣。

洪武十三年,胡惟庸案发。胡惟庸与开国功臣李善长多有交往,并且有亲戚关系,曾任左丞相。由于他在任期间结党营私、坑害异己,且贪污受财、图谋不轨,被朱元璋诛杀累及三族。如果说胡惟庸一人犯罪理当诛杀,尚情有可原,但朱元璋却借此行上下左右株连法,造成胡党大狱连续十年,诛杀三万多人,其中包括李善长在内的二十多个功臣宿将及其全家。洪武二十六年,朱元璋又因有人密报大将蓝玉居功自傲、图谋造反而将蓝玉下狱审讯,又连累一万五千多人被诛杀。此外,徐达食了他赐的蒸鹅后死去,傅友德被逼自杀身亡,廖永忠被诬偷穿龙袍而死于狱中,冯胜被赐酒后死去,宋濂死于流放途中,李文忠也因礼贤下士而被毒死……

就这样,在短短的18年内,朱元璋就将当初随他一同打江山的功臣元老一一除掉。其中只有两人幸存,一是刘基(伯温),他是被胡惟庸害死的;二是汤和,他当初曾和朱元璋同村放牛,当徐达死时,汤和看出老伙伴的心思,主动告老还乡,甚讨朱元璋欢心,朱重金以赏,汤和侥幸善终。

分析:

开国皇帝杀功臣,本是帝王之术,不足为奇。但像朱元璋这样滥杀功臣,完全是丧心病狂之举,这反映出朱元璋对文臣武将的猜疑到了神经质的地步。按照心理学理论,朱元璋一生采用冤狱的残酷手段铲除异己是其因焦虑过分而人格分裂的结果。

现实生活中的猜疑以及由此引发的行为虽没有如朱元璋般病态疯狂,但仍然会造成很多负面效应。因为猜疑心理是一种由主观推测而对他人产生不信任感的复杂情绪体验。猜疑心重的人往往整天疑心重重、无中生有,每每看到别人议论什么,就认为人家是在讲自己的坏话,处处提防。猜忌成癖的人,往往捕风捉影,节外生枝,挑起事端,其结果只能是自寻烦恼,害人害己。猜疑心理会使人觉得缺乏真诚,既损害正常的人际交往,又影响个人的身心健康。

导致猜疑心理严重的主要原因有:与遭受过严重挫折的经历有关,被他人伤害越大,越会产生猜疑的心理;与所处的"小环境"的人际关系紧张有关,如果所在团体人际关系倾轧、紧张,小宗派林立,充满对立和斗争,就会形成猜疑、戒备心理;与强烈的私欲(权欲、金钱欲、性欲等)有关,独裁者、野心家的私欲最大,因而疑心就越重;与个人的人格特征有关,有缺乏自信、狭隘自私、嫉妒心强、缺乏信任等人格特征的人猜疑心重;与错误的思维定势有关,猜疑心重的人,总是以某一假想目标为起点,依自己的认识和理解进行循环思考。应该怎样克服病态的猜疑心理呢?

1. 培养理性,防止感情用事

猜疑者在消极的自我暗示心理下,会觉得自己的猜疑顺理成章。"疑人偷斧"的故事就是很典型的例子。所以,遇事保持冷静,多观察、分析和思考,克服"当局者迷"的认知误区,是消除猜疑的重要途径。

2. 培养自信心

每个人都应当看到自己的长处,相信自己会给别人留下良好的印象。当充满信心地工作和生活时,就不用担心自己的行为,也不会随便怀疑别人是否会挑剔、为难自己。

3. 加强交流,拉近心理距离

了解是信任的基础,信任是感情的纽带、猜疑的坟墓。和他人之间应该加强交流、相互了解、相互信任,在情感上产生共鸣,才能有效地消除猜疑。

4. 完善个性品质

加强个性品质的改造,培养高尚的道德情操,净化心灵,拓宽胸怀,提高精神境界,冲破封闭的思维,排除不良个性品质的消极影响,可以有效消除猜疑。

5. 学会自我安慰

在工作和生活中遭受别人的非议或流言,与他人产生误会,没有什么值得大惊小怪的;在生活细节上也不必斤斤计较,可以"糊涂"些,这样可以避免自寻烦恼。如果觉得别人怀疑自己,应当安慰自己不必为别人的闲言碎语所纠缠,不要在意别人的议论。

(六)孤僻心理的类型及调适

孤僻心理是因缺乏与人的交流而产生的孤单、寂寞的情绪体验。孤僻的人一般为内向型性格,主要表现在不愿与他人接触、待人冷漠,对周围的人常有厌烦、鄙视或戒备心理,猜疑心较强,容易神经过敏,办事喜欢独来独往。心理上的孤僻并不等于一个人独处。具有孤僻心理的人不管是置身于人群,还是独居一室,都同样地孤僻和冷漠。

1. 孤僻心理的三种类型

有心理学家把孤僻分为怪癖型、清高型和性格型三种类型。

怪癖型的孤僻者是那些有特殊习惯的人,如有类似洁癖等生活习惯,使他们在与别人交往时容易发生摩擦,妨碍了人际交往的进行。

清高型的孤僻者不但对自己的特征和能力评价很高,还同时对别人的能力评价很低,在他们看来,身边的大多数人都是不值得交往的。自命清高、孤芳自赏是这些人典型的特点。

性格型的孤僻者主要指心理学中所描述的具有回避型依恋的人。美国心理学家玛丽·爱因斯沃斯在1973年采用陌生情境测验,从婴儿和母亲关系的研究中界定了亲子关系的三种基本类型,即三种依恋类型:

(1) 安全型关系。妈妈在这种关系中对孩子关心、负责。体验到这种依恋的婴儿知道妈妈的负责和亲切,甚至妈妈不在时也这样想。安全型婴儿一般比较快乐和自信。

(2) 回避型关系。这种关系中的妈妈对孩子不是很负责,孩子则对妈妈疏远、冷漠。当妈妈离开时孩子不焦虑,回来时也不特别高兴。

(3) 焦虑—矛盾型关系。妈妈在这种关系中对孩子的需要不是特别关心和敏感。婴儿在妈妈离开后很焦虑,一分离就大哭。别的大人不易让他们安静下来,这些孩子还害怕陌生环境。

 相关链接

三种依恋类型在成人中的表现

不同依恋类型的孩子长大成人并建立人际关系时,有些特点仍会显露出来。

安全型成人的感觉是:我很容易与人接近,信赖他们或让他们信赖我是件开心的事,我不怎么担心被抛弃或害怕别人离我太近。这些人在人群中占56%;

回避型成人的感觉是:与他人接近让我不安,我很难完全相信、依靠他们。有人对我太亲近时我会很紧张,爱侣想让我更亲近一点我也有点不自在,这些人占25%;

焦虑—矛盾型成人的感觉是:我想让人亲近我,可别人不情愿。我常担心我的同伴不是真的爱我或者想离我而去。我想和他人完全融为一体,可这个愿望有时会吓跑别人,这些人占19%。

2. 孤僻心理的产生原因

(1) 青年期的心理特点。青年人的世界观和人生观刚开始建立,常委屈地感到自己不被理解,有一种莫名其妙的孤独感。

(2) 缺乏事业心。一个有强烈事业心的人,一般不会孤僻。

(3) 性格特点。内向型性格的人容易孤僻,特别是内心深处有抗拒感,对外界事物和周围人群表现得很淡漠。

(4) 幼年的创伤经验。父母离婚、父母的粗暴对待、伙伴欺负等不良刺激,会使儿童变得自卑冷漠、过分敏感、不相信任何人,最终形成孤僻的性格。

(5) 交往挫折。由于缺乏社交能力,在交往中遭到拒绝或打击,自尊心受到伤害,便把自己封闭起来。

3. 消除孤僻心理的方法

(1) 完善自己的个性品质。孤寂封闭的性格,是在生活环境中反复强化逐渐形成的。具有自我封闭性格的人,兴趣狭窄、清高孤傲,难以融入集体。要努力克服孤傲的心理,增加心理透明度,以开放的心态主动与人交往,吸纳别人的长处,享受、体会人际交往的情意和欢乐。

(2) 正确评价自己和他人。孤僻者一般不能正确地评价自己,要么总认为自己不如人,怕被别人讥讽、嘲笑、拒绝,把自己紧紧地包裹起来,保护着脆弱的自尊心;要么自命不凡,认为不屑于和别人交往。孤僻者需要正确认识别人和自己,多与别人交流思想、沟通感情,享受朋友间的友谊与温暖。还要正确认识孤僻的危害,敞开闭锁的心扉,追求人生的乐趣。

(3) 培养健康的生活情趣。健康的生活情趣可以有效消除孤僻心理。尽量让自己的生活丰富多彩,业余时间可以听听音乐、养花种草、学习绘画等,这些都有利于消除孤僻。

(4) 提高人际交往的能力。学习交往技巧,同时多参加正当、良好的交往活动,在活动中逐步培养自己开朗的性格。要敢于与别人交往,虚心听取别人的意见。可以从先结交一个性格开朗、志趣高雅的朋友开始,跟着他学,并请他多多提携。

(5) 有梦想和追求的目标。一个有所爱、有所追求的人不会孤寂,一个为事业忙碌的人也不会孤僻。因此,要树立坚定的事业心和奋斗目标,为之努力拼搏,孤僻自然会被热情所埋没。

(七) 逆反心理的表现及调整

逆反心理是指客体环境和主体需要不相符合时产生的一种抗拒心理活动。

通俗地说,逆反心理表现为对交往对象言行的一种不加分析的反抗、批判、抵制的心理现象。逆反心理存在着明显的年龄特征,在青少年中表现得尤为突出。

1. 典型的逆反心理

(1) 超限逆反心理。是个体过度接受某种刺激后出现的逃避和排斥反应。我们对任何刺激(包括能带来巨大满足的刺激)的接受都是有限的。如果过度,则是一种压力甚至是伤害。如果超过限度的刺激一再出现,就会采取措施逃避刺激。例如父母整天的喋喋不休就会让子女不胜其烦。

 案例

马克·吐温偷教堂募捐的钱

著名作家马克·吐温有一次在教堂听牧师演讲。最初,他觉得牧师讲得很好,使人感动,就准备在募捐的时候掏出自己所有的钱。过了一段时间,牧师还没有讲完,他就有些不耐烦了,决定只捐一些零钱。又过了一段时间,牧师还没有讲完,于是他决定一分钱也不捐。等牧师结束了冗长的演讲,开始募捐的时候,马克·吐温由于气愤不仅不捐钱,相反还从盘子里偷了两元钱。

分析:

马克·吐温从一开始准备捐出自己所有的钱到偷教堂募捐的钱,其中的心理活动,生动地反映了超限逆反心理的发展过程。

(2) 自我价值保护逆反心理。自我价值和尊严对人的生活具有特别的意义。当外在的劝导或影响威胁到个体的自我价值的时候,个体就会有意无意地进行自我价值保护,对外在影响起反向的反应。父母站在权威的立场上批评或否定子女,不留面子,子女由于自我价值保护逆反,就可能反其道而行之,故意和父母闹别扭,以显示自己的尊严和力量。所以,要有效地说服别人,必须以维护他们的尊严和价值为前提。

(3) 禁果逆反心理。是指个体为了维护自尊,对对方的要求采取相反的态度和言行的一种心理状态。心理学经典研究表明,探究周围世界的未知事物,是人在长期生物进化中形成的需要。对一件事物不说明原因而简单禁止,会使这件事物区别于其他事物而更具特殊吸引力,使人将更多的注意力转移到这件事物上。

2. 逆反心理的效应

逆反心理是个体为了适应环境出现的正常心理机能,有积极与消极之分。如果我们在对某种宣传进行反面、侧面思考;对某种倾向产生不同看法;推销产品时,刺激客户的逆反心理,引发客户的好奇心,让客户产生购买欲望。这些都会带来积极的效应。如果不恰当地运用了逆反心理,比如,经常、反复地呈现逆反心理,就可能构成一种狭隘的心理定势,产生遇事和人"对着干"的感觉,就会产生负面影响。

3. 调整逆反心理的方法

(1) 广闻博见,克服偏见,提高文化修养。产生逆反心理的原因之一是因为先入为主或偏见。克服先入为主印象或偏见的不良影响,需要我们视野广阔、博采众长。广闻博见能避免固执和偏激,让我们有更科学、多视角的思维方式,更宽容、更有弹性的行为模式。

(2) 拓展解决问题的思路。解决一个实际问题有时用一个办法即可,但在问题未解决之前却存在着几乎无限的可能性。如果思想被逆反心理控制了,我们的视野就会变得狭隘、短视,无法进行正确的思维和判断。当冷静分析时会发现,我们所强烈反对的意见固然并非真理,但"对着干"也使我们的思维同对方一样狭隘。努力培养想象力有助于我们开阔思路,从偏执的习惯中超脱出来。

(3) 换位思考,相互理解。学着从积极的意义上去理解交往对象的行为,大多数人的批评、埋怨甚至指责都是善意的,都是出于关心或希望你有所改变。同时,这些人也会认识不全面、犯错误、误解人,只要抱着宽容的态度去理解他们,就可以减少因逆反心理产生的冲动。

(4) 学会合理的沟通方法。消解逆反心理,只有采取合理的沟通方式才可能带来交往中的双赢。是金子总会发光,不能得理不让人、过分逞强、盲目对抗,这只能使事情变得越来越难处理。如果就事论事沟通效果不佳,可以尝试轻松聊天或发短信等来表达你的意见。

(5) 学会宽容和适应。在改变环境和改变自己中,选择后者往往更容易完成。所以要经常提醒自己,遇事要尽力克制,凸显自己的个性并非是通过与他人的对抗来实现的。同时为了提高心理上的适应能力,应多参加各种活动,在活动中学会与不同个性的人交往,发展兴趣,展现真正的自我价值。

(八)错误认知观念的调整

1. 影响人际交往的其他心理

影响人际关系的心理障碍除了上述七个方面的心理,还包括以下这些心理,它们在人际交往中也会产生较大的负面作用:

(1) 自傲心理。总觉得自己优于别人,盛气凌人,自以为是,不愿与人为伍。甚至错误地认为言语尖刻、态度孤傲、高视阔步是自己的"个性",致使别人不敢接近自己。

(2) 封闭心理。把自己的真情实感和欲望掩盖起来,过分地自我克制,使交往无法深入。

(3) 刻板心理。喜欢把人按某种类型来划分,而不是根据这个人的本身来判断。

(4) 投射心理。"以己之心,度人之腹。"自己善良认为别人也善良,自己自私就认为别人也自私。

(5) 泛化心理。把对方的某一优点或缺点无原则地加以泛化,所谓"一好遮百丑""一丑遮百好"。

(6) 随意(做戏)心理。过于放纵自己的情绪,随心所欲,情绪变幻莫测,使人难以适应。交朋友是逢场作戏,往往朝秦暮楚、见异思迁。

(7) 自私(贪财)心理。以自我为中心,以满足自己的欲望为目的,不顾他人的利益和需求。交友目的是"互相利用",只结交对自己有用、能给自己带来好处的人,且常常"过河拆桥"。

(8) 支配心理。以满足支配欲为目的,拉帮结派,惹是生非,一旦对方不听其支配,便拒绝交往或施以惩罚。

(9) 敌视心理。仇视他人、厌恶他人,产生报复和攻击行为。

2. 错误认知观念的调整

造成人际交往中心理障碍的,除了以往生活中的挫折、个性缺陷、人格障碍、缺乏人际交往经验尤其是成功经验之外,错误的认知观念是主要成因。

(1) 绝对化,乱贴"标签"。由于一次挫折便感到前途暗淡,一着失算,脑子里想的是"这下我毁了""我是个笨蛋",而不是"我走错一步棋,下一次会成功"。事实上人生就是在一连串的挫折和失败中累积成功的,人的一生怎能与他所做的一件事相提并论呢?

(2) "有色眼镜"和草率结论。抓住一点点消极念头翻来覆去在脑中纠缠。这副眼镜过滤掉了事物的各种积极方面,得出的结论是消极的;始终认为别人看不起自己,总认为将来凶多吉少。

(3) 两个极端。看问题像玩望远镜,把望远镜正过来看,不足之处越看越多,越看越大;想想自己的能力时,又将望远镜倒过来看,将能力无限缩小。

(4) 不合情理,强加于己。内心经常感到不安,总以为一定是自己做了什么坏事,情绪似乎成了这种念头的依据。无论发生何事,不管何人所为,总以为是自己的错,整日在虚幻的内疚感中折磨自己。需知情绪和事实无太大关系,认知才会产生恶劣情绪,而且他人的事终究应由他人负责,与自己无关。

(5) "应当"论者。"我本应当这样做的""我要那样做就好了"。这种想法只能使自己感到不安和内疚,无助于激发自己真正做好一件事。

 案例

极端化、过度概括化的思维

一个太太下班回家时,下起了倾盆大雨。太太跑回家,看见丈夫在家里看电视,太太说:"你看下雨了,我都淋湿了,你还在这儿看电视,你就没想着我。"

先生觉得很委屈,因为他在看电视,没注意窗外。他不知道下雨了,先生就说:"你怎么不给我打个电话,我好给你送把伞。"

太太:"我不给你打电话,你也应该知道下雨了去接我。如果你不接我,就说明你心里没有我。我就成心做这么一个测试,通过今天的测试证明,你从来就没爱过我。"

分析：

太太的这种表达就是不断极端化、不断高度概括，这是一种非理性思维方式导致的非理性情感表达方式。

思考题

1. 试举例说明幽默感在职场人际交往中的重要性。
2. 解析自卑心理在职场人际关系中的作用，并探讨如何克服自卑心理在职场人际交往中的消极影响。
3. 案例分析：

有个开出租车的"的姐"把一男青年送到指定地点时，对方掏出尖刀逼她把钱都交出来，她装作害怕，交给歹徒300元钱，说："今天就挣这么点儿，要嫌少就把零钱也给你吧。"说完又拿出了20元找零用的钱。见"的姐"如此爽快，歹徒有些发愣。"的姐"趁机说："你家在哪儿住？我送你回家吧。这么晚了，家人该等急了。"见"的姐"是个女子又不反抗，歹徒便把刀收了起来，让"的姐"把他送到火车站去。见气氛缓和，"的姐"不失时机地启发歹徒："我家里原来也非常困难，咱又没啥技术，后来就跟人家学开车，干起这一行来。虽然挣钱不算多，可日子过得也不错。何况自食其力，穷点儿谁还能笑话我呢！"见歹徒沉默不语，"的姐"继续说："唉，男子汉四肢健全，干点儿啥都差不了，走上这条路一辈子就毁了。"火车站到了，见歹徒要下车，"的姐"又说："我的钱就算帮助你的，用它干点正事，以后别再干这种见不得人的事了。"一直不说话的歹徒听罢突然哭了，把300多元钱往"的姐"手里一塞说："大姐，我以后饿死也不干这事了。"说完，低着头走了。

问题："的姐"用了哪些说服技巧让歹徒放弃了抢劫，同时还感化了他？

第三章
职场人际关系和人际认知

第一节　职场人际关系处理的意义

　　职场，就是工作的场所。身处职场中的人，相互之间必定会产生各种关系，如上下级关系、同事关系、客户关系等。如何处理这些关系，不仅考验着职场精英和普通员工，对初入职场的新人来说，更是一种巨大的挑战。大部分职场人士每天工作八小时，除了睡眠和往返交通时间，可以这么说，工作中的同事是陪伴我们时间最长的人，因而，职场人际关系需要我们花费相当多的时间和精力去应对。如果职场人际关系出现问题，我们会感觉工作时间变得特别漫长，工作环境也让人感到窒息。倘若是生活中其他人际关系出现问题，我们还可以选择回避或其他手段来应对，但在职场上，我们无法逃避，如果处理不当，我们的内心将面对较长时期的煎熬。

　　职场人际关系不仅决定着我们的心理舒适度，也影响着我们的工作表现和工作业绩，更影响着我们的个人职业生涯。掌握职场人际关系的处理方法，提高应对职场人际冲突的心理技巧是我们保证职业生涯成功的必修课。

 相关链接

个人成功要素中 80% 要靠人际关系和沟通技巧
　　西方现代人际关系教育的奠基人戴尔·卡耐基曾说过，个人成功的要素中专业知识只占 20%,80% 要靠人际关系和沟通技巧。现实中我们经常可以看到有些职场人士工作业绩优异,但因忽视职场人际关系的构建和维护,以致久久不能加薪和升职。在当今社会,人们的基本工作能力、知识水平都相差无几,如何发挥自己的天赋、获得各种资源并取得成就,实现自己的理想才是关键,这其中,职场人际关系的有效处理将起到重要的决定作用。

一、处理好职场人际关系的意义

(一) 职场人际关系的定义

职场人际关系有广义和狭义之分。广义的职场人际关系是指在职工作人员之间各类关系的总和,包括与上级、下级、同级间的人际关系,与客户及有业务往来者的人际关系,与异性同事的人际关系等。狭义的职场人际关系专指与同事之间的人际关系。本书所研讨的是较广义的职场人际关系。

(二) 处理好职场人际关系的意义

良好的职场人际关系是一种生产力,因为它具有信息功能,通过信息沟通、思想沟通和情感沟通,使职场人士在交往中获得发展;可以给企业带来商机,打开商品销路;营造和睦的工作氛围,极大地影响员工的创造力和工作效率,通过集体效应(个人在集体活动的效率要比单独活动的效率高)和头脑风暴(在群体环境中思维碰撞,创造性地解决问题的一种方法),能产生经济效益和社会促进作用。

对初入职场者,大学中学到的知识本身并不能保证在职场中脱颖而出,而应将知识化为相应的能力才有可能成功。每个人在基本能力、人格和生活境遇等方面存在着很大的差异,应根据具体情况学习人际关系的知识和技能,并将相关知识运用到自己的工作和生活中。

1. 了解行为处事的基本规律

理解一般人思考和行为的规律,学会有关人际关系的技能,就能够在工作和生活中与人和谐相处,给人留下好印象。例如自尊的获得、冲突的解决办法等将帮助职场人士更好地了解自己,适应环境。

2. 培养与人相处的技能

如果我们想获得高层职位,或者拥有丰富的社会生活,就需要学会与人沟通,与团队成员友好相处;随着国际化时代的到来,我们还要学会与不同地域、不同文化背景的人打交道,而这也将是我们获得的宝贵的人生财富。

3. 积累人际交往经验,应对工作中出现的问题

任何职场人士都会在工作中遇到人际关系问题,了解这些问题以及相关的处理方法可以避免混乱纷争,在职场中更好地生存和发展。比如,如何应对强势人物、办公室政治,如何缓解工作压力等。

4. 提高处理各种问题的能力

不管是工作还是生活,每个人都会遇到问题,成功者和失败者的差别在于,成功者知道如何应对这些问题。学习职场人际关系处理的知识和技能,就能比较自如地应对挫折和困扰,提升自信心,有足够的勇气和能力去处理工作或者生活中出现的各种问题。

5. 学会利用机会发展自己

每一个关心职业发展的人都想利用有限的机会发展自己,都希望在工作上有所突破,以获取更多的回报,而不是一味地解决日常问题。掌握了职场人际关系处理的知识和技能,能够让我们更好地了解如何规划职业发展,了解如何晋升成为一个领导者。

二、职场人际关系中的责任

(一)职场人际关系的特殊性

与一般生活或社交场合的人际关系不同,职场人际关系有其特殊性。

1. 功用性

职场人际关系的功用性是指职场人际关系比一般人际关系具有更多的功能和价值意义,它强调个人必须遵循职场中的规则制度,符合特定的企业文化,扮演好相应的职业角色。个人在职场特定的人际关系氛围中,必须高效地完成工作任

务,为企业的发展尽自己的最大努力,并以此来提升组织的经济效益和社会效益。

2. 团体合作性

职场中每个员工个人的工作表现与他人的工作绩效密切相关,一个人的贡献不仅仅是个人的,也是部门或小组的。职场人际关系更强调团体合作性,必须与同事友好相处,共同提高团队的生产力。现代职场中,个人的工作业绩与你和上下级、同级间的关系融洽度成正比,企业管理者通常也喜欢奖励那些工作高效又懂得关心同事、营造良好工作氛围的员工。

3. 学习适应性

初入职场的新人遇到较多的困惑是,走入职场是让环境适应自己还是自己去适应环境,应该怎么做? 职场中有明规则还有潜规则,有正式工作关系还有非正式小团体关系,有权力利益关系还有情感合作关系,有同事伙伴关系还有友谊爱情关系……这些都需要职场新人慢慢去学习,去适应,在实践中学会处理好各种关系,既融入环境,又保持自己的个性,求得工作和生活、事业和感情等多方面的平衡。

 案例

职场中,顾及交情,还是坚持原则?

公司的总经理又换了,王雪在这家公司工作三年来,就赶上换了两次总经理。俗话说"一朝天子一朝臣",新来的总经理上任的第二个月,身为人力资源部主管的王雪就接到了10多位主管经理级人员解除劳动合同的指示,其中有王雪的好朋友刘紫薇。当王雪把解聘信交到刘紫薇手上时,刘紫薇用一种怪怪的眼神看着她,那射向王雪的冷冷的眼神似乎是责问她为什么会有这样的决定。看着刘紫薇和离职的同事们漠然地整理自己的物品,王雪感到很难过。

总经理知道王雪和刘紫薇的私人关系很好,他担心王雪做薪水福利结算时违反公司原则,或者打擦边球,因而对王雪的报表特别注意,还提出了几点疑问。其实,王雪是个公私分明的人,如果是处理普通职工的离职手续,部门经理上报时会打擦边球,她在不违反制度的前提下也就批准了。但在这件事上,王雪却不能有丝毫的偏差,因为她面对的是总经理。

王雪给了总经理一个很满意的解释,可是刘紫薇却很不满意了,然后刘紫薇和王雪联系很少了。不久,刘紫薇到另一家公司做行政管理工作,由于没有太多的经验,她向王雪索要一份公司的机密文件做参考。因为要出借的是机密文件,王雪拒绝了她。刘紫薇很不高兴,说了一句"真是人走茶凉"就挂断了电话,以后王雪打电话给她,刘紫薇不是说忙就是其他原因,渐渐地两人不联系了……约一年以后,刘紫薇才再次联系王雪,告诉王雪她现在也在做人力资源管理的工作,她现在也不得不像王雪一样坚持公司的原则,也会因执行公司制度伤害了员工的感情而难过,她说她现在完全理解了王雪当初对她的做法。最后,两人相约一起聚聚好好聊一聊。王雪心里溢满了欢乐,因为她的友谊回来了。

分析:

王雪在面对制度和友情的冲突时,她选择了坚持公司的原则,得罪了好友。最后王雪和刘紫薇的友谊又恢复了,这是比较庆幸的结果,反映出刘紫薇对人力资源管理工作的深刻理解,也说明真正的友谊是经得起挫折和磨难的。

此案例告诉我们,职场生存和发展最重要的考量因素是规则、制度和利益。生活中的好朋友,可以情感为先,但职场中是同事关系,必须以规则制度为先。只有分清生活、工作的界限,才能收获事业和友情的双赢。

(二)职场人际关系中的责任

建立良好的人际关系,努力改善人际关系,对于任何一个职场人士都是极其重要的。职场人士在人际关系中应保有积极的态度,承担相应的责任。

1. 营造积极高效的工作氛围

职场人士应该掌握人际交往的知识,不断提高交往能力,与周围同事和谐相处,共同营造一种积极高效的工作氛围,从而得到上下级、同级人员的肯定和赞赏。

2. 用积极的态度影响同事

在职场中,最受欢迎的职场精英通常都有着极大的个人魅力,能够用正向能量影响周围同事。他们有幽默感,人生态度积极,能够使整个团队士气高昂、工作高效。他们的积极态度不仅能得到上司的赏识,还能感染身边的每一个人,使得周围的同事也因此对未来充满希望,更加尽心尽力地工作。

3. 掌握工作绩效和人际关系的平衡

职场中,人际关系虽然不可缺少,但个人的工作绩效也同样重要。因为在市场经济环境下,员工的工作绩效反映着一个企业的竞争力,两者平衡才能有助于未来的成长和发展,有助于实现自己的职业理想。职场人士若想取得事业的成功,必须承担两大责任:

(1) 关心你的同事。在出色地完成自己的本职工作之余,还需要经常关注自己周围同事的需要,互相帮助,才能共同提高。此外,应避免在同事面前过分炫耀,高高在上,而应该以自己的魅力感染大家,带动大家一起进步。

(2) 与他人有效合作。职业的发展需要专业技能和其他综合能力,还需要使自己的知识、经验实现价值最大化。要做到这些,必须具备良好的人际关系,必须学习与他人有效合作。如果你不得不与不怎么喜欢的人共同工作,而仍然能够保持较高的工作绩效,那么你的工作是真正有价值的。

第二节 职场人士的人际认知

古希腊哲学家苏格拉底曾经说过:"认识你自己。"仅仅五个字道出了一个千百年来困扰着一代又一代人的命题。自我意识的健康发展是心理健康的核心,也是建立良好职场人际关系的重要条件。

 相关链接

心理问题大都与"自我意识"密切相关

不管是"自卑"、自我贬低,还是"自大"、自我夸张,都是由于缺乏基本的自我认知能力。我们怎么判断他人,怎么与他人沟通和交往,也会受到我们对自己看法的影响。

一、自我与自我意识

(一) 心理学家关于自我的理论

我们每个人在出生时并没有自我的概念,要到两岁左右才会使用"我""我们"这样的词汇。在成长过程中,我们才开始逐渐意识到别人也有各自的自我,也有着与自己不同的需要和看法。关于自我的理论,主要有以下几种:

1. 弗洛伊德的人格理论

弗洛伊德认为,人格可以分为本我、自我和超我三个相互作用的部分。一个人在社会化过程中要想保持心理健康,三个部分必须始终是和谐的。

(1) 本我即原我,是指原始的自己,包含生存所需的基本欲望、冲动和生命力。本我是一切心理能量之源,本我按"快乐原则"行事,它不理会社会道德、外在的行为规范,它唯一的要求是获得快乐、避免痛苦,本我的目标乃是求得个体的舒适、生存及繁殖,它是无意识的,不被个体所觉察的。

(2) 自我,原意即是"自己",是自己可意识到的执行思考、感觉、判断或记忆的部分,自我的机能是寻求"本我"冲动得以满足,而同时保护整个机体不受伤害,它遵循的是"现实原则",为本我服务。

(3) 超我,是人格结构中代表理想的部分,它是个体在成长过程中通过内化道德规范,内化社会及文化环境的价值观念而形成的,其机能主要在监督、批判及管束自己的行为,超我的特点是追求完美,所以它与本我一样是非现实的,超我大部分也是无意识的,超我要求自我按社会可接受的方式去满足本我,它所遵循的是"道德原则"。

2. 库利的"镜像自我"理论

美国心理学家库利指出,所谓"镜像自我"是指人们通过观察别人对自己行为的反应而形成自我概念。每一个人对于别人来说犹如一面镜子,反映出它面前走过的别人,这正如人们可以在镜子里看到自己的面容、身材和服饰一样。在细细观看时,总以一定的标准来衡量其美丑,如果符合标准就会感到高兴,否则就会表现出不高兴的样子。同样,个体在想象他人心目中关于自己的行为、态度、性格等时,也会时而高兴时而悲伤。可见,镜中我就是他人对自己的评价与判断所形成的自我概念。这正如库利所说的"人与人之间相互可以作为镜子,都能照出他面前的人的形象"。

(二) 自我意识的内涵

现代心理学界普遍认为,自我意识也称自我,是我们对自己存在的觉察,即自己认识自己的一切,包括认识自己的生理状况、心理特征以及自己与他人的关系。自我意识就是自己对于所有属于自己身心状况的认识。由于我们对自己的了解,就能对自己的行为加以控制和调节,而且也形成了对自己固有的态度和情感,如自爱、自怜等。因此,可以这么说,自我意识是一种多维度、多层次的复杂心理现象,它由自我认识、自我体验和自我调控三个心理成分构成。

1. 自我认识

自我认识的内容涵盖了对有关"自己"的一切属性的认识。

(1) 对物质自我的认知。从生物学意义上看,人是一个动物实体(有复杂的解剖结构和生理功能的动物)。对物质自我的认知指对自己外部特征的认知:身体的高矮、胖瘦、相貌的美丑;解剖结构的认知:各器官组织的正常与异常;生理功能的认知:各系统功能的健全与疾患等。

(2) 对社会自我的认知。对自己在人际关系和社会群体中的地位和作用,包括对自己所扮演角色的名声、人缘、权力、义务等的认知。社会角色的自我知觉,决定着人们做出与社会角色相应的行为;而对自己在人际关系和社会群体中地位的看法,影响着人们的自我体验。特别是那些具有外部价值取向的人,往往把获得这些作为人生唯一的目标。

(3) 对精神自我的认知。这主要指自我的精神世界,包括对意识层的智力水平、气质类型、性格特征等的认知,也包括对潜意识层的认知。

自我认识主要解决"我是一个什么样的人"的问题,比如有人观察自己的形体,认为自己属于"健壮型";分析自己的为人处世,认为自己是热情友善的;用批评的眼光审视自己时,觉得自己脾气暴躁、容易冲动等。因此,自我认识的内容涉及个人的自我感觉、自我观察、自我分析和自我批评等。

正确的自我认识和自我评价,对个人的心理活动及行为表现、对协调人际关系都有较大的影响。人们倾向于把自己看作是一个有价值的、令人喜欢的、优越的、能干的人。如果一个人看不到自己的价值,觉得自己什么都不如别人,就会丧失自信,产生自卑情绪;但如果一个人只看到自己的长处,就会盲目乐观、自以为是,也不能很好地处理人际关系;而如果树立了与自己能力不相称的过高的目标,也会在现实中遭遇挫败。

美国心理学家约翰和哈里提出了关于人自我认知的窗口理论,称为"乔韩窗口理论"。"乔韩窗口理论"把自我划分为四个领域:公开的领域、盲目的领域、秘密的领域和未知的领域,见表3-1。

表3-1 自我的四个领域

	自 知	自 不 知
他 知	A 公开的我	B 盲目的我
他 不 知	C 秘密的我	D 未知的我

A格中代表我们自己知道,也会让别人知道的领域,这是一些我们不能隐藏或者我们愿意公开的。例如,我是公司职员,我自己清楚,别人也知道。

B格中代表别人知道而自己却不知道的领域。我们自己没有意识到或无意识地在别人面前表现出来的部分。比如生理或言语上的姿态、习惯动作等。例如,某人说话很快,自己不觉得,但别人很清楚。

C格中代表我们自己知道而别人不知道的领域。我们不愿在别人面前显露出来,属于个人的隐私。例如,惭愧的往事、内心的痛楚等。

D格中代表我们自己不知道、别人也不知道的领域,属于无意识的部分,它们是基于某些原因而没有被意识到的动机,可是它能驱使我们去做某些事情,而我们自己却无法了解受哪些动机在指使,一般需要运用梦的解析和箱庭疗法等特殊方法才能逐渐了解。

"乔韩窗口理论"认为,每个人的自我都由这四部分构成。但每个人四部分的比例是不同的。而且,随着人的成长及生活经历的增加,自我的四个部分发生着变化。因此,人们并不能够实现达到对自我的完全认知。

2. 自我体验

自我体验是通过认识和评价而表现出来的情绪上的感受,其中包括满意或不满意、自尊、自爱、责任感、义务感、优越感、羞怯、自卑等。在人的生活体验中,不仅有积极肯定的情绪体验,也有否定的情绪体验。而且还要按照自己在社会中的地位或角色体验多种不同的情绪。

自我体验的产生是环境与个人内部的心理因素相互作用的结果,并不完全来源于自我认识,而是受到外在环境的变化的影响。外在环境能引起一定的情绪状态,又是与情绪经验的积累与概括相联系的。

对自我的评价和体验主要来自个体对自己的认知,这是获取自我认知的主要手段和途径,但难免有主观性和片面性,个人从社会对自我的看法(即社会自我)中修正了个人对自我的看法的主观性和片面性,并在个人自我和社会自我结合的基础上设计出现实的自我。进而设计和构建自己所期望的理想自我,以达到现实自我(个人自我与社会自我的结合)和理想自我的统一。

3. 自我调控

自我调控是对自己思想、行为的控制,以达到自我期望的目标,是实现自我意识调节的最后环节。它包括自强、自立、自律、自制、自控等,涵盖自我检查、自我监督、自我控制等方面。自我检查是个体将自己的活动结果与活动目的加以比较、对照的过程;自我监督是一个人以其良心或内在行为准则对自己的言行实行监督的过程;自我控制是个体对自身心理与行为的主动掌握。自我调控是自我意识直接作用于个体行为的环节,它是一个人自我教育、自我发展的重要机制。

一个具有坚强意志的人,在自我调控方面会表现出自立、自主、自制、自强、自信、自律,能发挥独立性、坚定性和责任感;做事果断而有韧性,遇到挫折时沉着冷静,不半途而废,不哗众取宠;而一个意志薄弱的人则缺乏主见,易受暗示,随波逐流,情绪不稳定;或面对困难时畏缩不前,缺乏竞争意识。

二、正确认识自己的方法

"我真的可以吗?""我行吗?"这是很多人在工作时经常说的话。从心理学的角度来解读这两句话,这种对自己的怀疑,是为了满足其"想得到他人的认可"的深层次的渴望。但如果自己都不能充分地认识自己、肯定自己,那如何能得到他人的认可呢?因此,认识自己,肯定自己,清晰准确地了解自己的深层渴望,是调和情感需求、建立适度人际关系、保持心理健康的第一步。

 相关链接

认识自我的三条渠道

比较法——从我与人的关系中认识自我。他人是反映自我的镜子,与他人交往,是获得自我认识的重要来源。

经验法——从我与事的关系中认识自我,即从做事的经验、选择与判断中认识自我。

反省法——从我与自己的关系中认识自我。"吾日三省吾身",从我与自己的关系中认识自我,看似容易实则困难。

(一)应用心理测量技术了解自己

认识自己、了解自己的方法很多,本书前几章内容中有关气质、性格和人格的介绍可以帮助你了解自己,本书附录中的九型人格简易测试表也能够帮助你在较短的时间里,初步判断自己是属于九型人格中的哪一种人格类型。学习九型人格的意义在于了解自己、接受自己、发展自己、体谅他人、欣赏他人、支持他人。统计的结果只是一个参考的结论,更准确的判断还需要对九型人格深入了解和揣摩分析后才能获得。在学习和运用人格评价技术探索自己的过程中,我们要注意的是:

1. 勇敢接受自己是任何一种人格的可能

我们总是被所谓的人格缺陷或不足所阻碍,归根到底是我们不愿意面对内心的恐惧。人格学说中没有对人格的好坏之分的评价。要时刻明确,我们所看到的每一个描述都只是人格上的不同,仅此而已。不要被自己内心的好与坏的评价干扰,否则,有可能因此错失发现真我的机会。

2. 明确"理想中的我"和"现实中的我"是不同的

越是想成为理想中的人,越是有可能陷入人格误区或恶性循环中。首先要明白,努力想成为的那个人究竟是自己的理想还是别人的理想。

当我们了解自己的人格类型之后,会迫不及待地应用人格评价技术去判断身边的人。正确的做法是:先默默地观察,慢慢地体会。有可能对同一人今天判断的感觉在明天就发生了变化,如果你反复修改,会让身边的朋友对你产生太浅薄的印象。因此,不要应用人格类型对他人进行好坏的评价,更不要用所谓的人格弱点去操控别人。

3. 不要以人格特点作为行为借口或对别人定性

比如:"我是九型人格中的九号,所以不要让我加班,因为我关注自我存在的状态并且不愿改变习以为常的存在感。"有这样想法的话,你就执著于行为现象本身了,内心真正和谐存在的价值感则可能与你失之交臂。你愿意发现真正的内心渴望还是永远逃避恐惧、自欺欺人呢?

更不要用人格类型把人绝对定性,比如:"他是九型人格中的四号,因此他不能胜任高端职位,因为他总是处事情绪化。"这样的话,你仍旧被人格标签所影响,并因此限制了自己和他人可能出现的成长。

 案例

无须完美

小张是个有完美主义倾向的大学生,做任何事前总是要分析得非常透彻,恨不得把一切可能出现的问题都想到,这使他基本没出现过大的错误,但这样做浪费了他很多时间,有时甚至因犹豫过多一事无成。小张的人际关系好像也因这个处理得不好,他总是对别人和朋友奢求太多,认为他们都有令人讨厌的缺点。小张的形象和气质不错,也比较善于和人交流。他对女孩要求不高,但只要有一点不合心意就不再考虑和她有进一步的发展,一直坚持"宁缺毋滥"原则,所以一直也没有稳定的女朋友。他不知该怎么改变这种状况。

分析:

心理学中,完美主义是一种人格特质和思维方式。持完美主义的人,对任何事都要求达到毫无缺点的地步,难免只按理想的工作标准苛求,而不按现实情境考虑应否留有弹性或余地。完美主义人格的突出特点表现为:

① 辛苦工作,注意细节,做事务求尽善尽美;② 认为自己在智力上和道德上高于别人;③ 要求规矩、缺乏弹性,容易陷入定势思维;④ 行事谨慎,力图成功,不能宽容自己与他人的失误;⑤ 非常在意生活中重要人物的评价和期待。

建议案例中的小张读一读谢尔西尔弗斯坦著的《丢失的那块儿》。故事讲的是一块圆环被切掉了一块,圆环想使自己重新完整起来,于是就到处去寻找丢失的那块儿。可是由于它不完整,因而滚得很慢很慢,它欣赏路边的花儿,它与虫儿聊天,它享受阳光。它发现许多不同的小块儿,可没有一块适合它,于是它继续寻找着。终于有一天,圆环找到了一块非常适合的小块,它高兴极了,将那小块装上,然后就滚起来,它终于成了完美的圆环。它能够滚得很快,以至于无法注意到花儿和虫儿的聊天。当它发现飞快的滚动使它的世界再也不像从前那样时,它停住了,把那小块又放回路边,缓缓地向前滚去。

一个有勇气放弃无法实现的梦想的人是完整的,一个能坚强面对人生坎坷遭遇的人是完整的,因为他们经历了缺憾和磨砺,抵御了人生的冲击,积淀了人生经验,获得了心灵的成长。

(二) 正确认识自我

1. 全面了解和正确评价自我

我们只有对自我有一个全面、正确的认识和评价,才能扬长避短,完善自己,把握自己,依据自己的实际状况,选择相适应的目标并为之奋斗。

(1) 客观评价自我。首先,应当学会正确地认识社会、认识人生,这样,在评价自我时,就能找到合适的社会尺度;其次,应将周围世界获得有关自我的信息进行分析、综合和比较。既可进行纵向比较——将现实自我与过去自我、理想自我进行比较;也可进行横向比较——和各种人比较,经过分析、综合和比较,自我评价就会较为客观;最后,不以一时一事下结论,不把与别人相比较或别人的态度作为唯一的衡量标准,也不把成就和成绩作为评价自己价值的唯一尺度。

(2) 全面了解自我。我们要努力拓宽生活空间,打破自我封闭,积极参加社会实践和社交活动,增加生活阅历,这样有助于找到正确的参照系来了解自己。既要了解自己与别人的差别,也要了解别人是如何评价自己的;既要从周围环境来了解自己,也要了解自己把握周围事物的能力,这样才能全面地了解自己。

(3) 不断反省自我。个人自己的观察与思考是自我认识的重要方面。他人对自我的评价不等于自己对自我的评价,两者之间有时较一致,有时却存在一定的差距。因此,要对自己做冷静的分析,必须经常反省自我。

2. 积极地悦纳自我

悦纳自我是发展健康的自我体验的关键和核心。具体要做到:

(1) 接受自己,喜欢自己,自己要具有价值感、自豪感、愉快感和满足感。

(2) 心胸开阔,对生活乐观,对未来充满憧憬。

(3) 平静而理智地看待自己的长处与短处,冷静地对待自己的得与失。

(4) 树立远大理想,并以此激励自己,不断克服消极情绪。

(5) 不以虚幻的自我补偿内心的空虚,也不以消极回避漠视自己的现实,更不以怨恨、自责以致厌恶来否定自己。

3. 有效地控制自我

有效地控制自我是健全自我意识、完善自我的根本途径。要控制自我应该做到:

(1) 建立合乎自身实际情况的抱负水平,确立适宜的理想自我,也就是面对现实确定自己具体的奋斗目标,把远大的理想分解成一个个远近高低不同的子目标,由近到远、由低到高,循序渐进,逐步加以实现。这里的关键是每个子目标都应适当、合理,是经过努力可以达到的,以免失去信心。

(2) 增强自尊和自信,使自己有为实现理想自我而努力的更强大的动力,激励自己不断奋进。

(3) 培养顽强的意志和坚强的性格,发展坚韧性和自制力,增强挫折耐受力,使自己能自觉主动地认清目标,为实现目标而努力排除干扰,克服困难,能正确地面对成功和失败。

4. 塑造自我并超越自我

健全自我的过程是一个塑造自我、超越自我的过程。塑造自我、成为自己,是我们按照社会需要和个人特点来发展自我、实现自我。成为自己,就是做一个自如的、独特的、最好的"我"。"做一个自如的我",是指不给自己提出脱离实际的过高要求,使自己陷入自责、自怨、自恨的境地,而是坦然面对自己的客观存在,愉快自在地生活;"做一个独特的我",是指不一味追求时髦、在刻意模仿中失去自己,而是接受自身、注重自身,积极地生活;"做一个最好的我",是指立足于现实而又不甘落后,充分利用大自然的禀赋,积极发挥自己的特长,根据自身的条件规划自己的未来。

塑造自我亦是不断超越自我、成为新的自我的过程,即用今日之我战胜昨日之我,用明天之我战胜今日之我,成为自己只是人生的一个断面,而超越自我才是人生的全过程。塑造自我、超越自我是从"小我"走向"大我"的过程,即健全的自我既注重自我又绝不固守自我,而是积极主动地为社会服务,担当历史重任;既注意自我价值的实现,又不仅仅局限于追求个体自我价值的实现,而是把自我价值实现的过程与为祖国现代化建设做贡献的过程统一起来,在为他人和社会的服务中实现自我的价值。

 相关链接

伤痕实验

美国科研人员进行过一项有趣的心理学实验——"伤痕实验"。他们向参与的志愿者宣称,该实验旨在观察人们对身体有缺陷的陌生人有何反应,尤其是面部有伤痕的人。每位志愿者都被安排在没有镜子的小房间里,由好莱坞的专业化妆师在其左脸做出一道血肉模糊、触目惊心的伤痕。志愿者被允许用一面小镜子照照化妆的效果后,镜子就被拿走了。

关键的是最后一步,化妆师表示需要在伤痕表面再涂一层粉末,以防止它被不小心擦掉。实际上,化妆师用纸巾偷偷抹掉了伤痕。对此毫不知情的志愿者,被派往各医院的候诊室,他们的任务就是观察人们对其面部伤痕的反应。规定的时间到了,返回的志愿者竟无一例外地叙述了相同的感受——人们对他们比以往粗鲁无理,不友好,而且总是盯着他们的脸看!可实际上,他们的脸上与往常并无二致,什么也没有改变,他们之所以得出那样的结论,是错误的自我认知影响了他们的判断。

这真是一个发人深省的实验。原来,一个人内心怎样看待自己,在外界就能感受到怎样的眼光。"别人是以你看待自己的方式看待你。"不是吗?

一个从容的人,感受到的多是平和的眼光;

一个自卑的人,感受到的多是歧视的眼光;

一个和善的人,感受到的多是友好的眼光;

一个叛逆的人,感受到的多是挑剔的眼光。

有什么样的内心世界,就有什么样的外界眼光。一个人若是长期抱怨自己的处境冷漠、不公、缺少阳光,那就说明,真正出问题的,正是他自己的内心世界,是他对自我的认知出了偏差。这时需要改变的,正是自己的内心,而内心世界一旦改善,身外的处境必然随之好转。

(三)在认识自我的基础上进行职业定位

1. 职业选择的主要步骤

美国职业指导专家帕森斯认为职业选择包括了三个主要步骤:

(1) 认识自我。即清楚地了解自己的兴趣、爱好、志向、能力、性格等因素。

(2) 了解职业环境。即清楚各种职业所需要的知识,不同职业成功的必要条件,各种职业的利弊、报酬和晋升机会。

(3) 决策。即在对前面两个因素进行明智思考的基础上做出合理的选择。

良好的自我认识,是指人们应该对自己有一个全面恰当的认识,既了解自己的理想、价值,同时也了解自己的特质,即个人的气质类型、兴趣爱好、能力倾向等。拥有良好的自我概念,就可以在选择职业时,选择那些符合自己的价值观需要、与自己的个性品质及能力相适应的工作,在工作中更有效地发挥个人潜能,实现自我价值。

2. 从学生角色向职业化发展

有些大学生在思考自我与社会的关系、自我与职业的关系时,将社会化等同为"丧失自我",并从内心排斥社会化。从学生向职场员工的角色转化,表面上表现为职业化,但深层内涵是对于社会和自我的正确认识,是一个社会化的过程。如果自我认识高于或低于实际的自我或别人的评价,就会产生自我认识的偏差,在工作中表现为缺乏自信或者过于自傲,不利于职业的发展。

三、有效认知他人的策略

(一)认知他人的方法

现代社会的人际交往,只有在了解他人的外在行为和内在心理的前提下才有效。双方在相处过程中要做到既不违背自己的意愿,又互相得到满足,才能建立和维持良好的人际关系。我们可以通过对他人的外部特征的知觉,进而推测他人内在的需要、动机、兴趣、情感和个性等的心理活动特点。这是一个由表及里、由浅入深的知觉过程。

1. 通过外表认知

观察外表,即通过观察一个人的容颜相貌、服饰打扮和仪表仪态等外在特征探知其内在的心理特性。虽然俗话说"不可以貌取人",但外表是心理的外化,是心理活动的外在表现,而且在人际交往之初,我们也只能通过外表信息来了解对方。

(1) 外貌与人格有一定的关系。古语中说"相由心生",不无道理。人体由骨骼、皮肤、毛发、血液等组成,骨骼是支撑,而心则维系着生命,如同自然界的动植物一样,人的心情、心念主导着人的身心,它是生命支配者、是中枢的中心,身体的其他器官受它支配并相互影响着,内在的心理状态会通过外在的器官表现出来,并通过时间的累积影响改变着外在形态。从心理学层面来说,每个人的面相都反映着与其相对应的身体和心理的状态,比如一个身体健康、身心愉悦的人,通常在相学中天庭饱满、红光满面、神采奕奕。相反,一个身体有病或苦恼忧愁的人,通常愁云密布、眉头紧锁,其多半是很难有顺心的事。

(2) 仪表仪态是一种无声的语言。仪表即人的外表,由服饰、容貌、姿态组成;良好的仪表仪态可以给人留下美好的印象,它是一种先入为主的印象,也是人际关系沟通的第一步。

穿衣打扮可以反映一个人的性格和修养。比如,喜欢穿正装的,通常脸上比较严肃,行事比较规范,计划性很强,在什么场合,需要准备什么样的上衣、裤子、腰带、表等,都有计划性。这样的人还非常守信用,注重口头承诺。和这类按规矩穿着的人打交道时,要认真坦诚,注重细节,比如说话时尽可能地看着对方的眼睛,坐下来时,如果对方没有跷腿,而你跷二郎腿,对方会觉得你不尊重他。

随意穿着的人比较随性,时间观念不强,比较注重自己的感受,对于艺术或美有独特的敏感性。随意搭配的效果是要显示其优雅或从容、与众不同。这类人通常不太喜欢被别人约束,对细节和数字不感兴趣。随意穿着的人因为与众不同,他们的内心特别需要别人认同,因为很少有人懂得。和他们交往时,可以营造自然、亲切的人际关系环境,配合他们注重感受层面的特点,谈谈音乐、美、艺术、品味、追求等,理解他们、欣赏他们。

喜欢居家穿着型的人,他们在家里和户外的穿着都差不多,不在乎品牌,且喜欢穿棉质服饰。这样的人注重人际关系,从容,有点懒散,不喜欢有压力,给人的感觉很舒服。与这种类型的人说话,语速要慢一些,不能大声命令他们或强烈督促他们,否则他们会有抵触情绪。

(3) 颜色也反映了性格的特点。一般而言,喜欢不同色彩的人拥有不同的性格。喜好红色的人,通常比较热情,而且充满自信;喜好绿色的人,拥有无限的活力,且时刻充满希望;喜好蓝色的人,比较理智,让人觉得宁静;喜好紫色的人,高贵中带着些许神秘;喜好白色的人,天真单纯,心灵纯净;喜欢粉红色的人则多在相对富裕的环境中长大,家庭环境优越,性格比较温柔,依赖性比较强,做事缺乏自信。

2. 通过表情认知

表情是一个人内心世界最直观的外在表现形式,它具有跨文化性和后天习得性两种特性。人的表情一般分为面部表情、身姿表情和言语表情三个方面。表情虽然不是正式意义上的语言,但却比任何口头和文字语言来得丰富,更具生命力和真实感。表情常常会在不知不觉中反映出人们最真实的感受和最内在的需求。只要我们留心观察,细心体会,就能破解他人内心的真正奥秘。

(1) 面部表情。整个面部表情是由脸色的变化、肌肉的收展以及眼睛、眉毛、鼻子、嘴巴的动作共同组成的。

相关链接

情感表达＝7％的言词＋38％的语音＋55％的面部表情

美国心理学家艾帕尔·梅拉别斯总结了这样的公式：情感的表达＝7％的言词＋38％的语音＋55％的面部表情，从中可看出面部表情对他人影响的比重之大。而根据美国社会心理学家埃克曼的研究，来自不同国度的人们能够比较准确地从面部辨别出六种表情：快活、悲哀、惊奇、恐惧、愤怒和懊恼。他和华莱士·V.法尔森教授经过多年研究，设计出一套识别面部表情的编码系统，能够成功破解人们的真实表情，包括真笑和假笑。

从脸部特点来看，真笑时，面颊上升、嘴角会向眼睛的方向上扬，眼周围的肌肉堆起产生皱纹、眉毛微微倾斜；假笑时，只有嘴角上提，一般是被平拉向耳朵的方向，眼中没有任何感情。从嘴巴和眼睛的动作时间来看，真正的笑容，一般都是先从嘴角开始，然后再带动眼睛，前后有时差；虚假的笑容，嘴巴和眼睛则是同时动作的，没有任何时间差。要想知道别人是真心的笑还是虚伪的笑，眼睛和眉毛是最重要的线索。可以试着遮住一个人面部的其他部位，只露出眉毛和眼睛，若是真笑，依然能看出来他在微笑；若是假笑，就只能看到一双无神的眼睛。

实验还表明，人们视线相互接触的时间，通常占整个交往时间的30％—60％。如果视线交往的时间超过60％，则表示彼此对对方本身的兴趣可能大于交谈的话题；如果视线交往的时间低于30％，则表明一方对另一方的谈话不感兴趣。而视线接触的最适宜的时间，除关系十分密切的人外，一般连续注视对方的时间不超过3秒，否则会让对方感到不适和无礼。

每一种眼神都有其特定的含义。例如，视线频频乱转，给人的印象是心不在焉或心虚；视线向下，则表示害羞、胆怯、伤感或悔恨；视线向上，是沉思、高傲的反映。在交谈时，目光自下而上注视对方，一般有"询问"的意味，表示"我愿意听你讲下一句"；目光自上而下注视对方，一般表示"我在注意听你讲话"；头部微微倾斜，目光注视对方，一般表示"哦，原来是这样"；眼睛光彩熠熠，一般表示充满兴趣；每隔几秒偷看一下手表，表示催促、不耐烦的意思，是希望对方结束谈话的暗示。

(2) 身姿表情。又称身体语言，包括手势语和体态语。手势语包括手指语、握手语、手掌语、挥手语等。一个人的身体姿态能够传递多种信息，而手所表达出的语言信息是最为丰富的，它不仅能辅助有声语言，有时甚至还可以代替有声语言。手势语的速度、范围，反映了所要表达的感情的强弱。一般而言，掌心向上表示诚实、谦逊、屈从；掌心向下则表示抵制、支配、压制。

不同的站、立、行及其他姿态，代表不同的信息。比如，缺少自信、消极悲观、甘居下位的人站立时往往弯腰驼背；充满信心、乐观豁达、积极向上的人站立时总是背脊挺得笔直，有时还会把双手插在腰间。

心理学家解读了人们表达爱情的身体语言，一位坐着的女孩和一位站着的男士说话时，如果女孩的头微微侧着，睁大眼睛，身体向前靠，双臂张开，说明女孩对男士所说的内容感兴趣，而且深信不疑；假如男士一边弯腰对女孩讲话，一边用扶正领带的动作来修饰自己的仪容，男士的右脚尖正对着女孩，则说明男士对女孩非常中意。

而女性表达对对方感兴趣的姿势通常是理顺或抚摸头发，理理衣服；转身注视着镜子中的自己，或瞥向一旁望着自己的影子；优雅地移动臀部；慢慢地交叉或放开在男性面前的腿；注视着小腿的内侧、膝盖或大腿；或巧妙地让一只鞋吊在一只脚的脚趾头上，仿佛在告诉男士："你坐在我的旁边，我感到非常舒适。"男士也会用修饰的姿势来表达他们对对方的兴趣：扶正领带，调整袖口，整理衣服；坐着时把袜子拉高；查看手指甲，在和人见面前先对自己做一次大略的检查等。

(3) 言语表情。言语表情又称辅助语言，它不是指言语本身，而是指说话时的音量、声调、节奏特征。现实生活中，人们往往倾向于把说话语速较快、口误较多的人看作是地位比较低且紧张的人，而把说话声音响亮、慢条斯理的人知觉为地位较高、悠然自得的人。说话结结巴巴、语无伦次的人会被认为缺乏自信或言不由衷。一个人激动时往往声音高且尖、语速快、音域起伏较大，并带有颤音；而悲哀时又往往语速慢、音调低、音域起伏较小，显得沉重而呆板。

我们在收听球赛广播时，尽管看不见播音员的面容和动作，有时也不能完全听清说话的内容,但却能从尖锐、短促,乃至声嘶力竭的语调中知觉其兴奋或紧张的心情;而从低沉、叹息声中知觉出惋惜之情。意大利著名的悲剧影星罗西在一次欢迎外宾的宴会上应邀用意大利语念起了一段"台词",尽管客人们听不懂台词内容,却为他动情的声调和表情而流下同情的泪水。可这位明星念的根本不是什么台词,而是宴席上的菜单。这个事例表明言语表情确实是一种知觉别人或被别人知觉的手段。

3. 通过行为认知

人的许多行为与人格特质有密切联系,我们可以通过观察言行来认知他人。比如在心理评估中,观察内容常常包括仪表、体形、人际交往风格、言谈举止、注意力、兴趣、爱好、各种情境下的应对行为等。

美国通用汽车公司一次招收新雇员,招聘的最后一道程序是面试。面试房间很大,应试者需要走过长长一段距离才能来到主考官面前。而一排六个主考官拿着应试者的情况介绍表并不提任何问题,只是注视1分钟后即示意应试者出去,面试就结束了。应试者都觉得十分诧异,怎么没有提问题就结束了呢?其实,根本用不着提问题,一切尽在不言之中。主考官从应试者进门伊始的走路姿态、神态以及在主考官前的坐姿、举止,到注视之下的表情、心理变化直到最终出门时的速度、动作,就基本可以断定出这个人的气质、性格、自信心、创造性,难道还需要再问什么问题吗?

 相关链接

通过握手了解别人

握手是见面的礼仪,亦是友好的表现,想在交往前摸清某人的底细,与对方握个手便可见端倪:

(1) 握手握得紧、强而有力的人,优点是做事认真、热诚,一丝不苟,偏重理性,但不足之处是欠缺圆通,可能因不懂得随机应变而碰壁。

(2) 握手无半点力度,好像连手都不稳的人,反映其温和、柔顺、谦卑的个性,但自信心不足,可能妄自菲薄,未开始做事已打退堂鼓。

(3) 握手时感到对方手掌富有弹性且肌肉结实,代表其进退有据,做事能屈能伸,他既有自信,又有头脑。与之交往,可以在他身上学到不少东西;如果合作的话,更容易取得成功。

(4) 握手时表现夸张,双手紧扣且不停摇晃的人,做事可能喜欢虚张声势,自我吹捧又爱出风头,往往令人望而却步。

(5) 蜻蜓点水式握手,即握完很快便缩回手的人,生性比较洒脱,做事快刀斩乱麻,不会拖泥带水;另一方面,由于对事情满不在乎,感情进退快速,很容易和人混熟,也很容易导致关系生疏。

(6) 握手动作静止、良久不放的人,表明为人热情又持久,朋友有难会出手相助。但由于其比较感情用事,也可能公私混淆,稍微受到冷落,便会不悦。

4. 通过笔迹和作品认知

这里的作品主要是指人的心智活动的成果或结晶,如书写留下的笔迹、书法、绘画、日记、著作、艺术品及其他作品。

美国心理学家爱维认为:"手写实际是大脑在写,从笔尖流出的实际是人的潜意识。人的手臂复杂多样的书写动作,是人的心理品质的外部行为表现。"通过笔迹或作品认知他人,实际上是运用了心理学上的投射原理。弗洛伊德认为投射是一种防御机制,自我会将不能接受的冲动、欲望和观念转移到别人身上。一个人真正的动机、欲望以及其他心理活动,可以通过此人的其他心理过程或心理活动产品间接地表现和反映出来,亦即投射出来。

笔迹作品反映了作者长期以来形成的书写习惯,而这种书写习惯与作者的视觉、动作协调、情绪、注意、思维,乃至个性和能力等密切相关,其中含有很大的信息量。弗洛伊德的潜意识理论认为人的绝大多数行为是由潜意识决定。笔迹书写的动作并不是杂乱无章的,有其自身的规律,数次重复的书写已经成了无意识的、自发的动作。书写时,人们通常注意的是文字结构和文字内容,书写线条不是我们意识控制的中心,它在个性心理的无意识暴露的同时成为一种无意识的记录。这种现象称为笔迹线条的双重无意识,即笔迹线条既是无意识的表露,同时又是可供观察的无意识的记录。

相关链接

常见的笔迹特征

（1）书写的压力反映了人的精神和肉体的能量。重压力者表明其生命力强、自信、专横、顽固；轻压力者则说明书写人敏感、主动性差、缺少勇气和抵抗力。

（2）笔画的结构方式代表了书写人面对外部世界的态度。一笔一画的标准型结构反映了办事认真、通情达理、纪律性强的心理特点；笔画有过分伸展、夸张则反映了爱慕虚荣和随时想引起别人注意的心理特点。

（3）书写的大小是自我意识的反映。大字型的书写是情感强烈、善于表现和以自我为中心的体现；小字型则反映了精力集中、细致、焦虑和自我压抑的心理特点。

（4）连笔程度反映着思维与行为的协调性。连笔型反映出书写者有较强的判断、推理能力和恒心；不连笔型则体现出有分析能力、比较节制和独立性强的个性特点。

（5）字和字行的方向是人的自主性及与社会关系的反映。字行上倾表明书写者热情、有勇气、有抱负；字行下倾则反映了情绪低沉、悲观、失望、气馁的心理特征。

（6）书写速度与人理解力的快慢有关。缓慢型是小心谨慎、遵守纪律和思维速度慢的反映；快速型则表明反应快，观察、抽象、概括能力强和恒心不足。

（7）整篇文字的布局反映着书写人面对外部世界的态度和占有方式。它包括字距、行距和页边空白几方面。如果整篇字向左页边靠，反映出书写者留恋过去，追求安全感和对未来勇气不足的心理状态；整篇字向右页边靠，则是向往未来和有勇气面对未来的心理特点。

与笔迹类似的另一种了解他人的方法是分析其画的图画(比如画中的房树人)。房树人测验也是一种心理学投射测验，让被测者画房、树和人，以此来检测被测者的人格、性格、压力、承受力等心理状态。通过潜意识去探索他人的动机、观感、见解及过往经历等,与被测者互动,可帮助我们了解事件的本质,被测者与外界的接触方式及生活模式等。

5. 通过背景认知

认知他人还可以通过考察他的出身经历、家庭背景、生活环境、教育和工作经历、社会角色来进行。家庭出身和生活环境对人格的影响重大。一个从小家庭生活井井有条的人,在以后的环境中也会形成良好的生活习惯。"体育世家"的孩子喜欢体育,"文艺世家"的孩子爱好文艺……这些现象在生活中很常见。生活在逆境中的人,一般易形成孤僻倔强或软弱顺从的性格,但也可能磨炼出顽强坚韧的个性;生活中备受宠爱的人,对家庭和父母严重依赖,可能会形成自我中心、自私任性、好逸恶劳的性格特点。

受教育和工作的经历基本上决定了一个人的知识结构、学识才能、思维方式和为人处世的风格。了解这些,我们不仅可以知晓其扮演的社会角色,还可了解其心理活动和行为表现以及比较深层次的基本价值观。比如一个接受过国外学校 MBA 教育的公司部门经理,他的社会角色决定了他需要为所在公司的利益考虑,在个人情感与公司利益有冲突时,他往往会选择放弃感情需求;而他的教育背景也决定了在面对跨文化冲突事件时,他可能更能理解中外文化的差异及由此导致冲突是由于双方观念的不同,从而做出比较恰当的决定。

6. 通过其他方法认知

对他人的认知除了以上各种方法外,还可以用自由写作法、个案调查法、工作评估法、比较鉴别法、激励鉴贤法、标准对照法、心理测验法、动态环境知人法(即时间考验、危难考验、利益考验、诚信考验、世态炎凉考验)等多种形式。

我们与他人的直接、多方面的接触,察其言观其行,可以全面、真实地了解他人,做到知人、知面、知心。例如《吕氏春秋·季春纪第三·论人》中提出,认知人外用"八观六验",内用"六戚四隐"。"八观六验"即通则观其所礼,贵则观其所进,富则观其所养,听则观其所行,止则观其所好,习则观其所言,穷则观其所不受,贱则观其所不为。喜之以验其守,乐之以验其僻,怒之以验其节,惧之以验其持,哀之以验其人,苦之以验其志(意为一个人发达了,要看他是否还谦虚谨慎、遵守规则;地位高了,要看他推荐什么人。他提拔什么样的人,他就是什么样的人;有钱了,要看他怎么花钱,给谁花,花在什么地方;听完他的话,要看他是不是那样去做的;通过他的爱好,能看出他的本质;初次见面说的话不算什么,相处久了再听听他跟你说什么,是否跟当初一致;穷的时候是否不占小便宜;地位低时是否不卑不亢、保持尊严。让他高兴,以检验其节操;使他快乐,以检验其有无邪念;激他发怒,以检验其气度;使他恐惧,以检验其有无卓异的品行;引他悲哀,以检验其仁爱之心;置他于困苦,以检验其意志)。"六戚四隐"即通过父、母、兄、弟、妻、子、朋友、故旧、邻里和左右等途径了解其人。这样,人的"情伪贪鄙美恶"就没有看不清楚的了。

(二) 人际行为的归因

现实生活中,我们对周围发生的事情、人们的行为总会问"为什么会这样?",以探究其原因。通过推测和查找原因,分析其影响及意义,判断行为的性质,进而预测将来的发展。比如,总经理在公司中高层会议上狠狠批评他的得力干将,原因是什么?可能是总经理那天心情特别不好,也可能是他的得力干将突破了他的底线,还可能是总经理借批评得力干将敲山震虎,震动其他高层干部……在处理人际关系过程中,我们常常需要对他人或自己的行为进行分析、推测,以此解释其原因或动机。归因就是根据人的外部行为特征来分析、解释和推测人的内部心理特征及其行为成败原因的一种心理过程。

1. 海德的归因理论

美国心理学家海德在1958年提出归因理论,他认为人有两种强烈的动机:一是形成对周围环境一贯性理解的需要,二是控制环境的需要。要满足这两个需要,人们必须有能力预测他人将如何行动。他认为归因理论包括三个步骤:第一,对行为的知觉;第二,对行为意图的判断;第三,对个性的归因。他把行为原因归为内因和外因两种:

(1) 内因,也称个人倾向归因。主要包括人格品质、个性特征、道德、情绪、能力和智力、动机、努力程度等;

(2) 外因,也称情境归因。主要包括他人、奖惩、工作任务的难易程度和运气(机会)、社会舆论、宏观形势等。

海德还指出,在归因的时候,人们经常使用两个原则:一是共变原则,是指某个特定的原因在许多不同的情境下和某个特定结果相联系,该原因不存在时,结果也不出现,就可以把结果归于该原因,这就是共变原则。比如一个人老是在年终考核前焦虑、愤愤不平,其他时候却很愉快,我们就会把焦虑和考核连在一起,把焦虑的原因归于考核而非人格。二是排除原则,是指如果内外因中某一方面的原因足以解释事件,就可排除另一方面的归因。比如某人已离婚五次,这次又离婚了,在对他的行为进行归因时就可排除外部归因,而归于他的本性等内在因素。

2. 凯利的归因理论

美国社会心理学家凯利认为人的行为的原因十分复杂,只凭一次观察很难推断他人行为成败的原因,往往需要在类似的情境中多次观察,并根据多种线索,才能正确地做出社会行为的个人归因、他人归因或是情境的归因。他认为行为原因有三种解释:第一,归因于从事该行为的人;第二,归因于行为者的对手;第三,归因于行为产生的情境。例如,刘经理批评了下属小王,就可以有三种归因:① 是因为小王工作责任心差,不敬业;② 是因为刘经理一贯待人严苛,爱批评人;③ 是因为这次任务特别艰难,刘经理误解了小王。也许刘经理批评小王,这三种原因都存在,问题在于找出哪个才是真正的原因。

凯利认为要找出真正的原因,可使用三个方面的参照点,即一致性、一贯性和特殊性(见表3-2):

(1) 一致性。是指行为者的行为是否与其他人的行为相一致。如果每一位经理都批评了小王,则刘经理的行为一致性高;如果只有刘经理一个人批评小王,则一致性低。

(2) 一贯性。是指行为者的行为表现是否与平时的行为相似。如刘经理总是批评小王,则一贯性高,否则一贯性低。

(3) 特殊性。是指行为者的行为指向是否具有持续性。如果刘经理每次批评总是针对小王,而不对别人,则认为特殊性高;如果刘经理不只批评小王,还经常批评其他员工,则特殊性低。

根据以上三个参照标准的不同组合,可以做出三种判断。凯利的理论强调了三种信息的重要性,他的理论又被称为三度理论。

表 3-2 刘经理批评小王的归因

组合情况	提供的信息			归因类别	判 断 结 论
	一致性	一贯性	特殊性		
1	低	高	低	归于行为者本身	刘经理爱批评人
2	高	高	高	归于行为对象	小王表现不好
3	低	低	高	归于环境	具体情境使刘经理误解了小王

3. 维纳的归因理论(表 3-3)

美国心理学家维纳研究认为,在现实生活中,一般人根据内因与外因、稳定与不稳定原因、可控与不可控原因,对行为的成功或失败常常会做出四种归因:

(1) 归因努力或不努力的程度;
(2) 归因能力的大小;
(3) 归因工作任务的难易程度;
(4) 归因个人运气和机会的好坏程度。

表 3-3 维纳的归因

	稳 定	不 稳 定
内因	能力(不可控) 成功:我很聪明 失败:我很笨;我不是这块材料	努力(可控) 成功:我下了工夫 失败:我没使劲
外因	任务的难度(不可控,有时可控) 成功:这很容易 失败:这太难了	运气(不可控) 成功:我运气好 失败:我运气不好

对成功与失败的原因做不同的归因判断,可能产生不同的结果和影响。对激发人的成就动机,促进人们继续努力的行为有着重要的作用(见表 3-4)。

表 3-4 成功与失败的归因效果比较

	稳 定		不 稳 定	
	内 因	外 因	内 因	外 因
成功	使人感到满意和自豪,提高以后工作的积极性	使人产生惊奇和感激,提高以后工作的积极性	使人感到满意和自豪,积极性提高	使人产生惊奇和感激,积极性降低
失败	使人产生内疚和无助感,丧失今后工作的积极性	可能降低行为者的自信心、成就动机、努力程度和持续性	提高今后努力的程度,增强今后工作的积极性	不会影响人的积极性,可能增强今后的努力与持续性行为

(三) 人际认知的归因原则

1. 归因偏差

我们在对行为进行归因时,并不总是正确的,由于受到许多主观和客观因素的影响,归因会出现错误和偏差。心理学的研究表明,成功时人们的正常心理反应是感到自己有能力,失败时则都力图把责任推诿给外界和他人。这样归因对于人的心理调节和自我防卫是有利的,因而无可厚非。常见的归因偏差有这样几种:

(1) 基本归因错误。人们在探究某些行为的原因时,倾向于低估情境性的因素,而高估个人或内因的因素。

(2) 认知性归因偏差。表现在旁观者和行为者有归因分歧。行为者往往把自己的失败归因于情境因素,而旁观者则强调行为者自己的原因;相反,行为者对自己的成功常常归因于个人内部因素,而旁观者则强调行为者的情境因素。例如,员工申请项目失败,自己归因于项目难度太高,申报条件苛刻,而管理者则强调员工不够努力或能力差;反之,员工将取得好业绩归因于自己的努力或能力,而管理者则强调是由于管理水平和环境条件好促成的。

(3) 动机性归因偏差。一种是利己性归因倾向,即人们往往把成功归因于自己,而把失败归因于情境;另一种是涉及个人利益的归因偏差,如果某人的行为失败,会影响大家的利益,则大家都归因于这人的能力差;而如果他的行为失败不会影响大家的利益,则大家会综合考虑内外因各种因素。

(4) 其他归因偏差。包括性别的归因偏差、文化差异的归因偏差和人格差异的归因偏差。有关研究发现了性别的刻板印象,即男性管理者一般认为女性无论在技术动机或工作习惯上都比男性差。对一个男子的成功,人们通常认为是其能力强的缘故;而对一个女子的成功,则被看作是其运气好或过度努力的结果。人格差异归因也称为乐观或悲观归因,这种归因往往会降低人的动机水平。一般而言,自尊心强与高内部控制性的人更可能积极地评价自己的行为,并把好的行为归因于内因,把行为失败归因于外因;自尊心弱与高外部控制性的人则相反。

2. 人际认知的归因原则

由于归因偏差的出现是一种在某些条件下必然出现的心理反应,因而,要对自己和他人的行为进行正确的归因并非易事。我们应该遵循如下的一些原则,才有可能做到更加客观、公正地归因。

(1) 斟酌多种因素综合归因。人的行为是在特定的时空背景下出现的,不仅关乎行为者的个人倾向,而且受制于其他人和情境等条件。因此,有必要对行为者、其他人和情境条件进行综合考察,否则就不可能获知他人行为的真正原因。

(2) 参照"大数定律"客观归因。统计学中的"大数定律"是说有些随机事件无规律可循,但不少却是有规律的,这些"有规律的随机事件"在大量重复出现的条件下,往往呈现几乎必然的统计特性,这个规律就是大数定律。我们把这种规律运用到人际行为的归因上,说明大多数人的意见,往往是客观的,有一定的可信度,可以作为对他人行为进行归因的重要参照系。我们在评价他人行为时,应尽可能多地听听他人的意见,兼听则明,偏信则暗。

(3) 考虑利益关系有效归因。这里所说的利益不仅是指经济利益或物质报偿,也包括精神利益(如知识报酬、心理慰藉)和社会利益(如社会地位、声誉、前途等)。趋利避害是人的本性与本能的反应,利益是考察人的行为及人际关系的根本元素,利益关系会影响到旁观者对行为者的归因判断。人际交往中,人们在对他人行为做评判时,常常因涉及自己的利益而缺乏客观的态度。从利益关系角度出发对行为者的行为进行归因,才是把握了问题的实质,才可能客观、有效。

思考题

1. 结合你的实际情况,试述怎样才能做到职场人际关系的协调和平衡。

2. 分析你在人际关系中的自我觉察和认知,运用本章所述认识自我的知识,对自己重新进行评价。

3. 找一例生活中的重大事件,试着对其中的人物行为进行归因,并分析归因的结果。

第四章
职场人际关系与事业发展

从学生到职业人士,是人生一个大的转折,不仅是身份角色的转变,还意味着要逐渐学会经济独立和人格独立,获得经济的支配权,获得社会和家庭的地位。

工作和事业是我们生存和发展的基础。从工作中获取物质和财富,可以满足我们的衣食住行;从工作中我们能学到技术、融入集体、走向社会;工作也是我们实现梦想的途径。工作中我们的能力得以提高,可以发展自己的兴趣,实现自己的价值;工作还是我们生理的基本需要,如果一个人长期缺乏体力运动和思维锻炼,会导致身体的异常,甚至可能诱发"三高症"、肥胖症;更重要的是,工作是我们心理的基本需要,一个人如果长期缺失和谐的人际关系,会导致情绪障碍、寂寞、空虚、焦虑、抑郁、痛苦、精神崩溃……

良好的职场人际关系为个体事业的成功打下基础。因为人际关系是心理发展的土壤,人的各种能力是在交往的过程中形成的,职场人际关系让我们更适应社会环境。职场中,人际交往是了解自己的一个重要途径,让我们认识到自己的需要、兴趣、能力、个性、行为及心理状态。良好的人际关系能满足个体安全、归属和自尊的需要,能增强个体的力量感,还能使我们获得友谊和社会支持。

 相关链接

面试是日后构建职场人际关系的第一步

要进入自己心仪的企业,成为职业人士,面试既是给企业留下的第一印象,也是日后构建职场人际关系的基础。在面试中,不仅回答问题的好坏会给面试官留下深刻的印象,个人形象和举止行为也会被格外注意。给面试官留下良好印象的面试方法有:

(1) 比约定的时间提前10分钟到达。如不能按时到达,一定要事先通知。有的公司可能把这项也列入考核内容。

(2) 进公司之前,要确认着装整洁。注意领带和衬衫是否平整、上衣扣子是否扣完整、鞋子是否有污渍、头发是否凌乱等。如果是大型办公楼,有自由进出的洗手间,请照着镜子整理着装。

(3) 进入公司前台,要把访问的主题、有无约定、访问者的名字和自己的名字报上。如要求填写面试时间和姓名,要以简单易懂的字填写工整。

(4) 进入接待室被接待者引路的时候,距离接待者3步远在斜后方行走。

(5) 在面试前将手机关机。

(6) 在接待室,要注意座位的位置。被安排到接待室或会议室后,一般要坐距离门口最近的椅子。随身物品要放在身后、椅子的旁边或自己的膝盖上,桌子上不能放任何东西。

(7) 在接待室如有烟缸放置,也不要吸烟。

(8) 面试官从后门进入面试室后,一定要礼貌性的站立问候,等面试官入座后方可坐下。

(9) 进入面试室的时候,先敲两三下门,听到"请"后,要回答"打扰了"再进入房间。进入房间后,转过身轻轻把门关上,门关上后转过身行个礼。不仅要领首,还要将上半身前倾30度左右鞠躬。

(10) 面试刚开始的时候,报上自己的名字。听到"请坐"后坐下,并把随身物品放在椅子的旁边。

(11) 面试时,坐在椅子上,背要挺直。双手平放在大腿上或轻轻握拳放在腿的附近。要看资料的时候,除了必要的动作之外一定要保持这种姿势。交谈很投机时,可适当地配合一些手势讲解。

(12) 回答问题时,要看着对方的眼睛明确回答,思路清晰。遇到不会答的时候,要坦率地说"不知道"。

(13) 面试结束后,站在椅子的旁边说"谢谢,请多关照",并有礼貌地行礼。然后拿好随身携带的物品,如果关门的话,在出去之前要转向屋内,边点头边转过身轻轻地退出面试室,确认门已关上。

(14) 面试结束后,不能马上在走廊等地方打电话,不能无精打采地走出办公大楼。在接待处归还来宾证等时,要向接待人员致意"谢谢"。

第一节 塑造自己的职业人格

一、初入职场的准备

"好的开始是职场生存的第一关""良好的开端是成功的一半"。从学生转变为职场人士,应该从企业文化、业务流程、公司制度、仪态仪表、接人待物、为人处世等多个方面进行,在知识和技能、生理和心理等各个层面做好准备。

(一) 身份角色准备

从学生到职场人士,社会角色不同,社会要求及评判标准也有很大不同,在入职之初,对职业角色的认同显得尤其重要。

1. 身份角色的转变

学生到职场人士身份的转变具体表现在活动方式的变化、社会责任感增强、要求个人完全独立等方面。具体有:

(1) 重个性转变到重标准,讲独创转变到讲协作。以自我为中心、个人为衡量标准转变到职场人士的个人与整体结合,以集体为衡量标准;利用个人资源转变到依托组织的资源平台;独立发展转变到与企业共同发展。

(2) 重成长转变为重绩效。学生主要考虑自己的成长,衡量标准是成绩;而职业人考虑的是企业的成长、经营绩效和利润。

(3) 重思维转变到重产品,从理论家转变到实干家。想到就行要转变到做到才行,注重是非分析要转变到注重是否合适。

(4) 重个人利益转变到重企业利益,重兴趣转变到承担责任。学生身份的个人好恶应转变到具备敬业精神,注重游戏规则;追求快乐应转变到追求个人的完全独立和全面发展。

2. 根据企业需要培养职业能力

据调查,中国企业对职场人士的要求是:具备职业能力(专业技能)、独立解决问题的能力、团队合作精神、为人处世的能力、综合素质和职业道德品质。

用人单位最喜欢的工作态度是:准时、诚实、可靠、稳定、主动、合作、学习、幽默、乐于助人;用人单位最不喜欢的工作态度是:懒惰、迟到、缺席、不忠实、精神不集中、太少或太多野心、被动、不诚实、不合作、没礼貌、不守规则、破坏、不尽责、无适应能力、虚假报告。

事实上,不管什么企业,都需要谦虚谨慎、好学上进的员工;都需要员工具备勤奋刻苦,把远大志向落到实处、树立责任感、执着追求事业的态度。

 相关链接

美国企业认为职场人士必备的能力

- 基础能力——知道如何去学习、掌握新的学习方法和策略;
- 基本能力——有阅读、书写、电脑、数学的能力;
- 沟通能力——有口头表达、主动聆听能力;
- 适应能力——有创新思考能力;
- 发展技巧——有自尊自信、意志坚强的心理素质,有订立目标的能力;
- 小组效能——具备人际关系、团队合作能力,胜任谈判;
- 影响技巧——懂得企业文化、能够分享领导的思想。

(二) 心理心态准备

职场新人来到陌生的工作环境,面对不同的规则要求、纷繁复杂的社会现象,必须保持适度的心理弹性。学会如何判断、如何取舍、如何决策,更重要的是,要学会如何面对失败,这些都是心理心态准备的重要内容。每一位职场新人的角色转变成功与否,取决于工作心态的调整。

1. 调节心理预期,保持乐观心态

(1) 学会心理适应,适当调节心理预期。新人刚跨入职场总是从基层做起,首先要学会适应艰苦、紧张而又有节奏的基层生活。刚开始可能会做错事情,但只要能虚心学习、吸取教训,在同事、前辈的帮助下,就可培养出协作意识、独立意识及自信心;此外,做事要有耐性,脚踏实地,遇事具体分析,充分发挥自己的主观能动性和创造性。

心理预期过高会导致理想与现实之间的巨大落差,影响工作的积极性。因此,要能够根据现实的环境调整自己的期望值和目标。如果能够明确自己的职业目标是什么,在职场中扮演什么角色,塑造自己的职业角色,并在这个行当上钻研下去,就能得到较好的发展。

2. 入乡随俗,适应新环境和新角色

职场新人不能适应新环境,大多与其事先对新岗位估计不足、不切实际有关。应该脚踏实地去体会所在行业和岗位的特点和要求,而非按照书本知识去理解。遇到问题或想在新职位上脱颖而出,要学会跳出部门框架去看问题,从公司领导者、管理者的角度去考虑问题。设想如果你是公司的老板,你会怎么做?

另一个适应环境的方法是对企业资料的研究学习,尤其是到快节奏企业,有很多信息要理解和掌握。这时,你需要时间来整理、消化这些资讯,正视和接纳现实,恰当地评价自己,不要过早下结论认为自己不胜任或不喜欢这个工作。要制定时间表,每天都有计划地学习一些知识和技能,不断积累,就会熟悉新工作,融入工作角色。

努力工作,适当表现自己,得到上司和同事的认可是必需的。职场新人不但要完成好自己职责范围内的每一项工作,还要做好自己不愿做的事,学会妥协,向职场妥协、向现实妥协。能否做好那些自己不愿意做的事是一个人成熟与否的标志,也是能否取得人生成功的主要因素。

3. 进行有效的心理调适,学会释放心理压力

职场新人在工作中遭受挫折或失败后,心理压力较大。工作中的任何错误

都可能造成组织的经济损失,小失误也会招致同事、上级的批评或斥责。这些心理压力如果得不到有效释放或化解,有可能转化成对企业或同事的抱怨,自己的知识技能无法提高,也无法同他人建立良好的人际关系,并造成严重的心理失衡。

当遇到挫折时,不能就此放弃,要冷静、客观地分析失败的原因,进行正确的受挫归因,学会乐观面对现实。挫折虽然带来不愉快,但经历失败能够锻炼你面对失败的意志,也可积累工作经验。因此,调整好目标,认真反思,吸取经验教训,努力去争取新的机会,才能获得下一次的成功。

(三)专业知识的准备

这里所说的专业不一定是你在大学所学的专业,而是指你的工作专业。职场人士的专业知识好比是事业上的一把梯子,充足与否决定了你的专业高度。

学生在校期间学到的知识有限,而且有些书本知识在工作中可能已过时,很多工作所需知识需要在实践中不断更新和提高。因此,职场新人需要摆正心态,重新去学习,掌握了丰富的业务知识,才能完成上司交代的工作,胜任现有的工作。

 相关链接

终身学习是职场人士实现自我价值的必然选择

相关研究表明,一个大学毕业生的"创造年龄"不超过4年,工程技术的有效期只有3年,而计算机软件等知识更新的周期只有18个月,美国人平均一生中大约变更工作7次。因此,不学无术、止步不前、仅凭"一技之长"就想拥有体面人生是很难想象的。不断更新专业知识、不断给自己"充电",才能适应瞬息万变的社会。从"学校人"到"职业人",接受再教育是职业人生不可分割的组成部分,终身学习是职场人士适应工作和社会、体面生存和实现自我价值的必然选择。

(四)人脉关系的准备

如果说人脉关系也是一种资本的话,那它就是一种最重要的无形资本。你的职场领路人是谁,会在很大程度上影响你的职场生命。

1. 学会人际沟通和职场规范

职场新人要想融入环境,建立人脉的一个重要因素是懂得人际沟通。比如要学习基本的礼仪知识,无论对领导还是同事,无论是否有好感,都要彬彬有礼,给予恰当的称呼和问候。但单纯讲礼貌是不够的,职场有职场的规则,身处其中,一言一行、一举一动都要符合职场规范。从进入企业的第一天起,周围同事或多或少都会关注你,而建立良好人际关系的第一步,是要从自身做起,懂得自律,遵守企业的规章制度。要避免上班迟到、早退、长时间打私人电话等不良习惯,以免给人留下工作不用心的最初印象。

在新环境中听比说更重要。刚到工作单位,首先要"眼观六路,耳听八方",熟悉工作环境,熟悉领导和同事。不要随便开口评论,也不要将以前的工作习惯与新工作比较,即使认为自己很有道理,也不要轻易提出批评或建议。

2. 与领导同事友好相处,找出职场领路人

人脉关系准备最基本的是要积极处理好周边的人际关系。职场人际关系的基本原则是:对上司先尊重后磨合、对同事多理解慎支持、对朋友善交际勤联络。与领导相处,要尊重领导,服从领导的工作安排;根据领导风格不同选择适当的沟通方式;能够与领导坦诚相待、主动沟通、把握尺度。还要尊重企业的老员工,为人谦虚,多请教多沟通。积极主动的工作态度会让同事更快地接纳你,你也能更快地融入企业。你可以试着在10天内认识你同部门的所有人,在30天内认识与你工作有关的绝大多数人,以20人为底线。不仅是你认识他们,更重要的是让他人认识你,在这个过程中观察工作流程、组织环境等,找出你的职场领路人。

面对职场中的是非曲直,因缺乏完整信息,你可能无法做出正确判断,职场新人应该多看多想、多做少说,而非卷入是非,否则,既容易受伤也无益于问题的解决。在论功行赏时,应展现一个新人的宽广胸怀,赢得职场人缘,尤其不应居功自傲、擅做主张、越权越位。

3. 积累自己的人脉资源

世界首富比尔·盖茨在他20岁时签到了第一份合约,是跟当时世界第一电脑公司——IBM签的。当时,他还是大学生,没有太多的人脉资源。他怎能

做到?原来,这份合约的中介人是比尔·盖茨的母亲。他母亲是IBM的董事会董事,妈妈介绍儿子认识董事长,理所当然。比尔·盖茨签到IBM的这个大单奠定了他事业成功的第一块基石。

人脉资源根据所起作用的不同,可以分为:政府人脉资源、金融人脉资源、行业人脉资源、技术人脉资源、思想智慧人脉资源、媒体人脉资源、客户人脉资源、高层人脉资源(比如老板、上司)、低层人脉资源(比如同事、下属)等。人脉是通往财富、成功的入门票。检视成功人物的成长轨迹,大都因拥有一本雄厚的"人脉存折",才有之后辉煌的"成就存折"。

 相关链接

关注以下四类人物,他们对你的事业发展将起到关键作用

(1) 人力资源部总管。让你洞悉公司的内部职位空缺,有了第一手资料更容易调到满意的部门,他们更有可能影响职员的薪酬调整和职位调配等重要决定。

(2) 部门的主管、助理和秘书。在大公司工作,入职时所属的部门未必是自己心目中最理想的。这时你可与这些人物建立良好关系,他们可能有助于你调职。有时助理、秘书甚至比部门主管更重要,尤其当他(她)为你安排面试的时候。

(3) 员工培训主管。这些人对你的称赞和嘉许比其他职员更有说服力,而且他们通常了解各部门的职位空缺,当他们知道你有哪些公司需要的专长时,你的价值将会大大提高。

(4) 高级管理者。他们是公司的最高决策人,对你有很大帮助,但切记不要阿谀奉承,以免弄巧成拙。

4. 重视企业文化及其氛围

企业文化不仅指企业中形成的某种文化观念和历史传统、共同的价值准则、道德规范,还包括同事间关系、上下级关系、工作环境等。职场新人要观察同事的行为,尽量使自己融入这个环境中,成为集体中的一员。具体做法可以是尽快搞清一些细节:同事是如何沟通的?用电子邮件还是直接对话?同事的衣着是传统正式还是张扬时尚的？谁爱传闲话(离他远一点)？你的小组里有没有"背后的推手"(多给他些注意力)？了解越多，你的适应时间就越短。

（五）职业技能准备

职场新人要提升自己的职业技能，以适应岗位需求，或为今后的职业道路打下基础。比如，你要成为优秀的财会人员，你就应该具备宏观形势的理解能力、综合分析能力、职业判断能力、财务管理能力、内部控制能力，乃至内外协调的能力等。是否拥有职业技能、水平如何，事实上是在考验你的解决问题的能力，决定着你的职场特色和核心竞争力。

通常，企业对新员工都会进行入职培训，面对快速的工作节奏、机会稍纵即逝的环境，要掌握扎实的专业技能，积累丰富的工作经验。要求你勇于实践，勤于锻炼，不怕犯错误，善于反省，从实践中总结经验教训。此外，在工作实践中要善于利用资源，向那些比你年轻的、毕业学校比你差的、穿着比你土的、网络词汇没你多的，但比你更有工作经验，效率比你更高的同事虚心学习。只有多学多看多做，才能看得更远，做得更好，否则，缺乏技能和经验就很难谈到长远的发展。

（六）经验扩展准备

如果你曾经在学校或其他工作岗位上学习、工作很出色，不等于在新的岗位上也很优秀。不应沉湎于过去，而应以开放的心态重新积累经验，但也不必事事都要亲身经历，你可以通过他人的经历，深入地思考来扩展你的经验，用你的直觉和创造力来激活心灵创意，让自己更为独特，并有所成就。

经验的扩展要求职场新人明确自己的职业角色，即了解"我该做什么？"了解岗位的具体工作内容；其次，问问自己"怎么做？"和"怎么做好？"；树立目标，有耐性，根据轻重缓急，积极主动去做，掌握工作规律，逐步成为业内精英。

此外，如果你能学着做好很多基础工作或处理意外情况，就可以使自己既能提升各种能力，也能积累丰富的经验。如工作环境内的打杂、加班，处理客户非难、意外事故等。这些事情处理得好，能为你带来操作经验和成功体验，也带来表现的机会，这为今后的职业发展打下了良好的基础。

职场人际关系处理

 案例

毕业生走进办公室的第一课

从小我就被父母教导,要埋头苦干不要夸夸其谈,这招儿在学校挺灵验,到大学毕业,我的成绩是班上最好的,去的单位也是最好的。我刚到新单位的时候,依然不怎么跟人说话,我相信事业是干出来的。结果还闹了一个笑话,第一天中午大家都三三两两出去了,我一个人愣是没动,也不去问别人,结果我饿了一整天。我还以为中午吃饭会有一个通知什么的。

干了有半年,我提议了一个项目,部门经理觉得还行,就让我和另外一个同事任项目负责人。我们那里实行的是项目负责制,由项目负责人在四十来号人里组建一个团队小组,结果,大家都不认识我,不愿意来。我拿着策划案到处去跟人家讲,好几次都是人家打断我问:你是我们部门的吗?我都快疯了。后来还是我的搭档召集了一帮人,我们的项目才按时开工。不过,我没太在意。至少,领导还很肯定我吧。

这个项目快结束的时候,我有了一个更好的想法,我雄心勃勃地提交了一个方案,不料,领导觉得这个方案"华而不实",让我放弃。我觉得他根本没有看懂我的方案,当然我不能直接这么说,但是这会儿我跟他说什么呢?结果我们上马了两个别的项目,在我看来太蹩脚了。

新的项目上马,我参加了其中的一个团队,我在这个项目组认识了比我大四五岁的老李。我以前一直以为,一个人干了这么多年还窝在这里,一定不怎么的,结果一接触,我发现低估了他。我把我的方案给老李看了,老李也说好。我就更不理解了,为什么领导不同意呢?结果老李说,你去递方案时,领导为给上面汇报,刚上交了两个还能做、上面也满意的方案,你才拿出捂了半天的宝贝,领导难道说之前的项目是为了凑数?当然只好毙掉你的项目。最后,老李拍了拍我的肩膀说:年轻人,要跟领导多沟通啊,领导也是人;不要像我现在这样,领导都不想跟我说什么了。

我逼着自己去跟别人交流,一开始当面还开不了口,就通过邮件和领导、同事交流工作进程、对项目的一些想法、对市场的判断,让别人知道我在做什么。渐渐的,有重要问题时我也敢去敲领导办公室的门,面对面地交流意见了。

沟通真的很重要。领导现在也很关心我有什么新想法,还在部门会议上说我是"金点子",而且,现在再做项目负责人,起码振臂一呼,响应者众,弄得我自己感觉挺好的。

分析:

职场欢迎真金白银,但还需要"自我推销"。案例中的"我"通过教训,懂得了这样的道理:不能要求别人都来了解你,不管是对你的领导还是你的同事,大大方方地站出来,没有人会笑话你不谦虚。即使有真才实学,还要学会主动、有效的沟通,才能在职场中收获成功。

二、塑造自己的职业人格

职场新人塑造自己的职业人格,拥有积极的信念,培养和形成职业素养和职业伦理,是拥有职场和谐人际关系的基石,也是事业成功的必要条件。应该学习企业中卓越人才必备的八大基本素质,即创新能力、学习能力、自信自立、自律、积极乐观、执着追求、责任感、合作开放等素质,将社会化、职业化的要求落实到工作、生活的言谈举止上,通过改变行动来改变自己,顺利实现角色转变。

 相关链接

人力资源管理的职能和系统

进入职场的新人对职场规章制度了解得越多,职业化的过程就越顺利。其中,熟悉人力资源管理的构成、职能和管理方法等,对职场人士来说意义尤其重大。

人力资源管理的职能:包括人力资源规划、职位分析、招聘录用、绩效管理、薪酬管理、培训与开发、员工关系管理等。

现代人力资源管理主要包括以下几大系统:①人力资源的战略规划、

决策系统;②人力资源的成本核算与管理系统;③人力资源的招聘、选拔与录用系统;④人力资源的教育培训系统;⑤人力资源的工作绩效考评系统;⑥人力资源的薪酬福利管理与激励系统;⑦人力资源的保障系统;⑧人力资源的职业发展设计系统;⑨人力资源管理的政策、法规系统;⑩人力资源管理的诊断系统。

(一)塑造职业人格,坚定职业信念

1. 职业人格的定义

职业人格是指作为职业的权利和义务的主体所应具备的基本素质和心理面貌。它是一个人为适应社会职业所需要的稳定的态度,以及与之相适应的行为方式。良好的职业人格一经形成,往往能使职业观落实为自觉的行为表现,体现出自制力强、创造力丰富、坚定、果断、自信、守信等优良品质。健全的职业人格是求职和就业后顺利完成工作任务、适应工作环境的重要心理基础。

2. 职业人格的构成要素

(1) 正确的职业观。职业是人们由于特定的社会分工而形成的具有专门业务和特定职责的社会活动。职业观就是人们对这一特定的社会活动的认识、态度、看法和观点,是一个人的世界观、人生观及价值观在职业生活中的体现。

(2) 良好的职业性格。职业性格是一定的职业对从业者在性格上的要求。高度的责任心、团结协作、勇于创新、认真细致、勤奋好学、坚毅自信、严于律己等特点,是现代社会要求每一个从业人员必须具备的基本性格特征。而每一种特定职业又要求从业者具有适应本职业特点的职业性格,如服务行业要求从业者具有耐心、礼貌、热情等性格特征,如果欠缺这些性格特征,就很难胜任这项工作。

(3) 积极的创新意识。创新意味着不断追求职业中的新局面和新发展,不仅给企业带来新成果,也是个人潜在价值的充分体现。积极主动的创新意识、创新精神和创新能力是健康职业人格不可缺少的一部分。

(4) 较强的实践能力。实践能力大致可分为职业能力和社会能力,职业能力是指本行业必备的专业技能,是上岗后胜任工作的保证;社会能力是指从事职

业活动所必需的社会行为能力,如环境适应能力、人际交往能力、团结协作能力等,是一个人生存与发展的必备条件。

3. 职场中的信念

心理学研究发现,每个人的行为背后都有自己的一套信念系统,它与家庭环境、品格特征和认知体系有密切的关系。信念是一种心理功能,是人们在一定的认识基础上,对某种思想理论、学说和理想所抱的坚定不移的观念、真诚信服与坚决执行的态度。信念极端的内在表现为世界观、人生观、历史观、学术观等方面的信仰,而信念极端的外在表现为如夸父追日、精卫填海、愚公移山等坚定不移的行为志向。

个人的信念系统决定了个人的行为标准和原则。信念系统作用在职业选择上,是要清楚自己是什么样的人,要追求什么样的职业和生活方式,要成为什么样的人。可以说,这些人生观、价值观的问题会贯穿一个人的一生。

信念系统作用在个人的职场人际关系上,是要明白职场上建立良好人际关系的首要目的,是为了更好地发挥人际关系的作用,实现个人职业生涯目标,同时为企业创造更大的价值;其次,在构建人际关系网络时可能出现不同的情况,需要以坚定的信念、良好的心态去面对,并用积极的态度来解决问题。

(二) 提升职业素养

职业素养是学生角色向职场人士转换的重点。多数单位在招聘员工时,希望应聘者具有一定的工作经验,而大学生在学校所学的专业知识和经验离社会实际要求有很大差距。用人单位真正看重的并非成绩单和学历、学位,而是职业意识和职业素养。十几年的学习经历让你积累了丰富的学习经验,工作后的岗位专业知识、工作经验也能不断积累,但是职业态度、职业意识、职业道德、职业行为、职业技能等职业素养才是职场新人的"软肋",这些方面的欠缺在职业适应阶段都会表现出来。

1. 职业素养的内涵

具备职业素养也就是职场新人职业化的过程,就是个性的发展要适应共性的要求,将外在要求内化为自我修养,按照职业要求改造自我的过程。

职业素养包括职业资质、职业态度、职业意识、职业道德、职业行为、职业技能等方面,要求充分符合工作的需要,其中知识、技能、态度尤为重要,而所有外在的表现都是由内在的价值观决定的。因此,职业素养的通俗说法,第一层次看穿衣戴帽,第二层次看待人接物,第三层次则是看价值观。

2. 培养良好的职业素养,向职业化转变

要成为具备高度职业素养的员工,就必须按照企业的价值观行事,遵守职业道德,遵守企业的规章制度,成为对企业、对社会有用的人才。职场新人要培养的八种职业素养是:

(1) 敬业。珍惜自己的工作机会,爱惜自己的工作环境。要能吃苦,沉得住气,善于动脑筋想办法,注意工作方法,提高工作效率。

(2) 服从。接受企业和领导安排的工作,不讨价还价,也不过分依赖他人。

(3) 感恩。感恩企业和同事,感恩你身边的所有人包括你的竞争对手。

(4) 超前。有超前思维、预警意识,高标准、严要求进行自我管理。

(5) 注重人品。人品有时比能力更重要。应追求德才兼备,有自省、自知、自觉的意识和理念,能够发现不足,弥补不足,并落实到行动中。

(6) 学会包容。遇到挫折或受到领导、同事批评时,要学会控制自己的情绪,不随便发脾气,学会包容和换位思考。

(7) 培养团队意识。主动帮助他人,目标统一、相互协作。能够用工作热情和人格魅力去激励、感染、影响、愉悦周边的人。

(8) 保持竞争意识。主动寻找差距、创新完善、追求卓越,朝着设定的目标不断努力。

 相关链接

职场新人的八大禁忌

- 拒绝承担个人责任,过多关注自我利益,习惯上推下卸,敷衍塞责;
- 借口太多,不能自动自发地努力表现;
- 自认为是"天之骄子",清高孤傲,不能委曲求全;
- 不主动去发现问题,思考、解决问题;

- 没有危机和竞争意识,兼职影响本职工作,上班时处理私人事务,请过多的事假、病假;
- 被动心态,对同伴和工作没有兴趣和激情;
- 事不关己高高挂起,独善其身,不愿主动帮助他人;
- 打工心态,当一天和尚撞一天钟,时刻准备跳槽,不能和企业同舟共济。

(三)形成职业价值观,遵循职业伦理

1. 形成职业价值观

职业价值观是指人生目标和人生态度在职业选择方面的具体表现,也就是一个人对职业的认识和态度以及他对职业目标的追求和向往。理想、信念、世界观对于职业的影响,集中体现在职业价值观上。

美国心理学家洛特克在其所著《人类价值观的本质》一书中,提出13种价值观:成就感、审美追求、挑战、健康、收入与财富、独立性、爱、家庭与人际关系、道德感、欢乐、权利、安全感、自我成长和社会交往。我国学者阚雅玲将职业价值观分为如下12类:

(1) 收入与财富。工作能够明显有效地改变自己的财务状况,将薪酬作为选择工作的重要依据。工作的目的或动力主要来源于对收入和财富的追求,并以此改善生活质量,显示自己的身份和地位。

(2) 兴趣特长。以自己的兴趣和特长作为选择职业最重要的因素,能够扬长避短、趋利避害、择我所爱、爱我所选,可以从工作中得到乐趣、得到成就感。很多时候,会拒绝做自己不喜欢、不擅长的工作。

(3) 权力地位。有较高的权力欲望,希望能够影响或控制他人,使他人照着自己的意思去行动;认为有较高的权力和地位会受到他人的尊重,从中可以得到较强的成就感和满足感。

(4) 自由独立。在工作中能有弹性,不想受太多的约束,可以充分掌握自己的时间和行动,自由度高,不想与太多人发生工作关系,既不想治人也不想治于人。

(5)自我成长。工作能够给予受培训和锻炼的机会,使自己的经验与阅历能够在一定的时间内得以丰富和提高。

(6)自我实现。工作能够提供平台和机会,使自己的专业和能力得以全面运用和施展,实现自身价值。

(7)人际关系。将工作单位的人际关系看得非常重要,渴望能够在一个和谐、友好甚至被关爱的环境中工作。

(8)身心健康。工作能够免于危险、过度劳累,免于焦虑、紧张和恐惧,使自己的身心健康不受影响。

(9)环境舒适。工作环境舒适宜人。

(10)工作稳定。工作相对稳定,不必担心经常出现裁员和辞退现象,免于经常奔波找工作。

(11)社会需要。能够根据组织和社会的需要响应某一号召,为集体和社会做出贡献。

(12)追求新意。希望工作的内容经常变换,使工作和生活显得丰富多彩,不单调枯燥。

职场新人应该把个人的价值观与企业的职业价值观联系起来,在为企业创造效益的同时,也实现自己的个人价值,形成双赢的格局。

2. 遵循职业伦理

职业伦理是对从事某种职业的群体或个人的总体性价值要求,要求遵循社会伦理和社会主导价值观。在很多时候,职业伦理体现为遏制否定意义上的东西,着力于解决职业领域内的伦理失范和价值混乱问题。如果把从业者看作是某职业中特定的社会角色,在此基础上规定其权利与义务,那么职业伦理也就是角色伦理。

在企业中,管理者和普通员工或多或少都会遇到以下的伦理问题,如何处理这些问题,是每个职场人士需要认真思考的。

(1)非法复制计算机软件。非法复制计算机软件是全球范围内比较普遍存在的伦理问题。据商业软件联盟(Business Software Alliance,简称 BSA)的调查,在正在使用的商业软件中,有大约35%是非法的。非法复制软件侵犯了软件拥有者的知识产权,剥夺了软件开发商应得的利润,还可能使很多软件工作者失去工作。每个职场人士都应该在加强版权保护方面做出自己的努力,为营造良好的软件产业环境而努力。

(2) 就业歧视。就业歧视是没有法律上的合法目的和原因,而基于种族、肤色、宗教、政治见解、民族、社会出身、性别、户籍、残障或身体健康状况、年龄、身高、语言等原因,采取区别对待、排斥或者给予优惠等任何违反平等权的措施,侵害劳动者劳动权利的行为。企业人力资源管理的政策应该是根据员工的资质和绩效,而不是根据诸如性别、年龄、学历、长相等条件来制定。破除就业歧视,意味着应平等、互惠、不偏不倚。在公平的工作环境下,绩效是唯一的标准。企业管理层和普通员工应该理解彼此的期望,并努力消除偏见,达到互惠互利。

(3) 性骚扰。性骚扰是指以某种利诱或威胁为要挟,将自己的性要求强加于他人,迫使他人服从自己的性意志。包括语言上的侮辱、威吓、猥亵和性的引诱、挑逗,违背本人意愿的拥抱、接吻、抚摸等身体接触,最严重的是性侵害。性骚扰一般有口头、行动、人为设立环境三种方式。

职场性骚扰是引起企业内人际冲突,导致非法行为的一个原因。男女两性都可能在职场中遭遇性骚扰。在道德上,性骚扰是错误的,也是不公平的,还会给被害方的心理带来严重压力或创伤。如果遭遇性骚扰,应该保持头脑冷静,采取自我保护措施,寻求专业人士协助,向信任的人倾诉,做好证据的搜集保全工作,为进一步维护自身权利创造条件,如果情节严重可向上级部门及公安机关报案,公安机关如果不予受理,可向人民法院提起刑事自诉。防范或应对性骚扰的方法有:

① 工作态度认真踏实,不浮夸,不取巧;穿着打扮朴素优雅,不艳丽,不新潮;言谈举止端庄大方,不卖弄,不轻佻。

② 对人态度真诚礼貌,既不冷漠,也不过于亲昵。态度鲜明不暧昧,坚决而明确地告知对方你不喜欢那样说或那样做。

③ 不接受分外的报酬和贵重的礼物;不参与同事关于男女情事的谈论,不理睬同事故意对自己讲的黄色笑话;不聆听异性上司或同事婚姻不幸的倾诉;不过度介入异性上司或同事的家庭事务或个人应酬。

④ 不在异性上司办公室有非工作性的逗留;单独进异性上司办公室应保持开门状态,举止大方自然,若上司示意关门,应虚掩着门,尽量不要锁上。

⑤ 不让对方误解你的关心和帮助是爱情；不接受异性上司或同事的单独邀请；尽量避免与异性同事单独出差，差旅中尤其要注意言行细节。

⑥ 如果到了不得不撕破脸的时候，可以当着同事尤其是老板的面大声喝止对方，当众警告，让其颜面扫地。

⑦ 不得已时可提出辞职，以摆脱纠缠；必要时保全证据，依靠法律寻求保护。

（4）利益冲突。利益冲突是指由于受到利益的影响，我们在选择和判断时不能做到客观和公平。比如，某家企业的经理收了一位销售代表的重礼，那么他就很难在进行采购决策时保持客观。如果一家会计事务所既对一家公司的财务状况进行审计，同时又为其提供咨询服务，那么这家事务所会很不情愿对这家公司做出不利的财务评估。曾经轰动一时的美国安然公司破产，就是利益冲突造成的。该公司持续多年精心策划乃至制度化系统化的财务造假丑闻，使得"安然"已成为公司欺诈及堕落的象征。

（5）处置机密信息。如果公司中的一个同事悄悄告诉你他对公司感到不满，并正在找新的工作。作为一个有道德的且尊重他人隐私的人，你不会把这一消息告诉你的上司，即使这么做能够帮助你的上司及早做好人事安排。但假设情况发生了变化，你的同事接着还告诉你他非常恼火，准备在最后一天上班时销毁公司电脑中的文件资料。那么你就应该提前警告公司采取相应的防范措施，这是作为公司员工应有的职业道德。

（6）履历造假。有些人在应聘求职的简历、申请表中伪造履历，或在面试时过于夸大自己的业绩，粉饰自己的经历，这些行为是不道德的，而且一旦被发现可能导致做假者立即被解雇。因此，从长远来看，诚实、诚信永远是职场的通行证。

 案例

应对职场性骚扰

阿丽的老板总是"亲近"她，不是把手搭在她肩上，就是在开会时偷偷在办公桌下用腿摩挲她的腿，有一次还把脸俯在她头发间嗅来嗅去，有人进来了，老板就假装问"你用什么牌子的洗发水？"搞得阿丽很恶心，也很担心。她应该怎么办？

分析：

国家已经出台了相关法律，明确禁止以语言、文字、图像、电子信息、肢体行为等任何形式对妇女实施性骚扰。

研究报告表明，女性遭遇性骚扰时，真正因为反抗而导致进一步实施甚至报复的比例非常少，那些保持退缩和沉默的女性反而因为丝毫不反抗而使自己陷入更危险的境地。但如果"人在屋檐下不得不低头"，还是应该巧妙回应。如果你也遇到和阿丽相似的情况，你可以请男友或丈夫来接你下班，要保证老板看见你们恩爱的样子；没有男友或丈夫的，请朋友帮忙或找健身教练来撑场面，用壮硕的肌肉和凌厉的眼神给男上司压力；没事练练跆拳道、空手道，把"单手劈砖"的照片（当然可以 PS 的）给老板看看。如果老板单独约你，就带上朋友或让朋友给自己打电话，手机频频响起也会令对方兴致大减；小巧的录音笔也可以随身携带，必要时录下不堪的话语，把录音放给老板听听或作为起诉的证据。

收集性骚扰的证据，除了录音笔，还可以考虑摄像工具。如果是短信和网络性骚扰，应尽可能保留证据。如果有对方写给你的便条、送的淫秽画片或书刊、录像等，应该把骚扰发生的日期、时间、地点和对方的行为、语言记录下来，作为日后投诉的证据。如果对方的行为隐蔽，被骚扰者难以取得证据，就应该直接报警，即使警方也难以取得证据，但至少可以避免继续被伤害。

第二节 职场中人际关系的定位

一、职场不良人际关系的表现及障碍

不同性格类型的人，在处理职场人际关系的风格上也有所不同。比较正常和自如的人际关系应该是既考虑别人的需求，也顾及自己的需要，要自尊自信、温和谦让、有礼有节、有情有理。不良的人际关系则缺少了上述的一些内涵，在

交往中,不仅给别人留下了不良印象,也给自己设置了障碍,非常不利于职场的发展。

(一) 职场不良人际关系的表现

1. 不适当的职场人际关系

(1) 缺乏人际关系。这类人在职场中尽量避免亲密关系,他们表面很友好,却与人保持一定的心理距离,群体的喜怒哀乐与他们也没有太大的关系,别人似乎很难走进他们的内心,他们也很难融入工作的人际圈子中。他们常常表现为冷漠、疏离或强调个人风格,会使身边的人产生紧张、尴尬、焦虑等不舒服的感觉。

(2) 过度人际关系。这类人在职场中希望与人有密切的心理联系,态度极其积极、热情,试图与每个人建立亲密关系。但他们的情感不易专注,不太容易获得真挚的情感。在职场中,他们可能过度关注其他人私生活的部分,希望与周围的人有比较深的交往,表面看来与很多人有交情,实际上很难较好地处理各种关系。由于过度热情并不自觉地泄露他人的秘密,他们常常给人带来一些阻抗的情绪甚至是不安全、厌烦的感觉。

 案例

季勇的努力为什么没有效果

季勇刚刚从分公司调到总部来,领导认为他业绩突出,也很努力。季勇想着总部领导那么多,这次职位变动对于自己的职业生涯发展有着重要意义,自己还有继续往上升的机会,一定要抓紧机会多表现。

季勇每天的日程基本上是看着部门总监来安排的,他用一个月的时间了解了总监的工作习惯。上班的时间是9点钟,总监一般在8点50分到办公室。季勇要求自己每天8点45分之前坐到自己的位置上;而下班时间则是依据总监办公室的灯熄灭的情况而定。

在开部门会时,季勇总是试图用一些独特的观点来吸引总监的注意,有时通过对同事报告的质疑来达到这个目的,这让同事对他很有看法,不愿意和他有过多的交往。为了让大家知道自己取得的工作成果,他发邮件给总监汇报工作时,同时抄送给负责他们部门的高管,这一点就连总监也觉得他有些过分。

时间久了,季勇渐渐感到总监并没有在会议上表扬自己,而自己设定的那些预期结果也没有达成,这让他有些沮丧和失落,是不是自己做得还不够呢?于是他变本加厉地表现,换来的却是周围同事的集体疏远,季勇陷入了极度的痛苦中。

分析:

季勇的作为属于职场中不适当的自我表现,这些表现给人留下了过分炫耀、急功近利的印象,同时也会给周围的人带来压力,让人认为他有太多的野心,引起职场人际关系的不和谐。由此,他遭受排挤或责难,并因此导致心理困惑和情绪困扰也就不奇怪了。

2. 职场不良人际关系的表现

在工作环境中,不良人际关系的表现有三个层次:

(1) 主要特征是自我封闭,缺乏与人交往。有些人因缺乏人际交往能力,不知如何与别人交往;或天生不爱说话,自我封闭。在工作中沉默寡言,很少与同事沟通交谈;面对新同事或客户会退缩;与领导、同事或客户交流时说话紧张,无法完整表达自己的意思;独来独往,没有可以交心的同事;每天孤独地坐在办公桌前,把自己封闭在自我的小天地里。

(2) 主要特征是以自我为中心,自我意识强烈,容易与人产生误会和引发争执。有些人在与领导、同事和客户交往时很少考虑对方的想法,不顾忌对方的感受,总认为自己的想法最正确,决不对人妥协;或主观意识过于强烈,忽视事实基础,在人际交往中强词夺理。遇到挫折或阻碍时,他们会对上级、同事的意见特别挑剔,或针锋相对争执不休;因此,与领导或同事的关系非常疏远,形同陌路。

(3) 主要特征是言行偏激、态度傲慢,不听安排、顶撞领导、极度自负,看不起同事,与同事关系极不和谐,有时会发生严重冲突。原因主要来自个人特质方面,比如人格发展不健全,包括有强烈的自我中心倾向,冲动易怒,缺乏同情心;把抗拒权威当作英雄主义的表现,或作为肯定自己的方式;或挫折承受能力低,疑似精神疾病等。

(二) 职场人际关系的障碍

除了以上三个层次的划分方法,还可以把职场人际关系障碍划分为人际交往障碍和人际相处障碍两种。

1. 人际交往障碍

职场最常见的人际交往障碍有人际羞怯、人际恐怖和人际逃避三种。

(1) 人际羞怯。与人交往或在大庭广众之下讲话时,有些人会出现脸红心跳,结结巴巴、口干舌燥、手足无措的现象,这些都是羞怯心理引起的。具有这种心理的人渴望与人交往,但往往无功而返,逐渐发展为对人际交往的失望和排斥,在交往中失去积极性和主动性。

(2) 人际恐怖。当某员工鼓起勇气与领导、同事或客户讲话时,却感觉惊慌失措、局促不安、无所适从,产生自我迷失的现象,无法完成与他人的沟通和交流,这种反应被称为人际恐怖。

(3) 人际逃避。职场中有人会刻意逃避各种人际交往活动,原因有二:一是人际交往的对象或情境让他感到非常不舒服;二是他可能已患上了社交恐惧症。这或许是因为人际恐怖没有得到缓解,进而导致社交恐惧症,或是在过去的交往活动中有过不良体验,持续影响并泛化到所有人际交往活动中导致的。

2. 人际相处障碍

如果由于更严重的人格缺陷,有些人的人际相处更为艰难。在人际相处中,常常会出现人际紧张、人际敌视的情况,严重者甚至发展为人际冲突。

(1) 人际紧张。这些人可能会感到自己与领导、同事的关系不正常,人际压力较大,很紧张。这种紧张是因为他们在言谈举止、行为习惯等方面存在差异,因而彼此不能接受、悦纳对方。

(2) 人际敌视。如果人际紧张长期持续,可能会引起与领导、同事关系的进一步恶化,逐步发展为相互敌视的人际僵局。

(3) 人际冲突。人际敌视让某些人的人际关系处于随时可能触发的雷区，而人际冲突正是爆发的导火索。人际冲突指的是双方偶然发生的在言语、行动上的直接而强烈的对立乃至殴斗，这是一种非常强烈的人际关系障碍，有可能使交往双方做出极具伤害性的行为，导致心理创伤或生理创伤。

二、职场良好人际关系的定位

职场人士只有在和谐的人际关系、群体协作中才能生存和发展，并由此获得快乐和满足。职场人际关系是否要开始、建立或维持，要看交往各方的情感需求、工作需求的配合程度，其中个人的情感需求对职场人际关系的建立和发展起着重要作用。

情感需求是指个人有付出情感与获得情感的期望，并运用语言和非语言的方式表达情感，和他人建立和维持情感。良好的情感需求所带来的是职场中适度的人际关系状况，即在正确自我认知的前提下，无论关系密切与否都能恰当地看待自己，依据具体情况与他人保持合适的心理距离，既可与人建立较亲近的关系，也可根据对方需要将关系维持在双方认可的程度。这样，给人一种和谐、从容的良好感觉。

 相关链接

适度人际关系的前提是客观、科学地看待自己

适度人际关系的前提是客观地、科学地看待自己，承担在职场中应有的责任，发挥自己的天赋和长处，补足自己的短处，掌握人际关系心理学的知识、技能，不断提高与人相处和情感交流的水平。适度的职场人际关系能够让人的情绪保持在积极、正向的状态，让人觉得被尊重、被接受、被认可，并因此满足内心的归属需要。

进行良好的职场人际关系定位，并以此为基础构建适度的人际关系，收获心理健康的方法主要有适当的自我表现和适当的自我保护两种。

（一）适当的自我表现

美国人力资源管理学家科尔曼说过："职员能否得到提升,很大程度不在于是否努力,而在于老板对你的赏识程度。"工作中一味埋头苦干是无法得到理所应当的赞赏的。适当的自我表现是出于对工作的热爱,通过工作表现和职场沟通显示出自己的才能和优势,充分发挥自己的潜能,以此得到领导的认同和同事的赞赏,这也是适应竞争的必然选择。适当自我表现的方法是：

1. 表现自己的工作能力

掌握机会,用适当方法表现自己的才能,让领导、部门同事迅速认识自己,同时做到不躁进、不矫情、胜不骄、败不馁。

2. 表现自己的修养

与领导、同事互动交流,树立自己诚实可靠、稳重大方的良好形象,同时也显示自己的渊博知识和聪明才智。

3. 适当表现自己的个性

在职场上进行自我宣传,用适当方式表现和伸张自己的个性,这是现代社会的一种趋势。只要不违背法律和道德,个性的展现既可以是独特的创意和想法,也可以是与众不同的生活方式和态度。

4. 懂得包装自己

个人形象是职场中的一张名片,包装成功与否与职场前途息息相关。包括内包装和外包装,内包装指提升自己的品格修养；外包装指外表装扮符合企业文化,穿着得体、有品位。

5. 经常给自己寻找机会

伯乐相马的故事告诉我们伯乐的重要性,而韩愈在《马说》中指出："千里马常有,而伯乐不常有。"一方面我们苦于找不到良马；另一方面真正的良马又被埋没。既然世上"伯乐"稀少,那么,"千里马"们为何不来个"毛遂自荐"呢？主动出击,适时抓住机会,或有智慧地创造机会发展自己,这样才能在职场上实现自己的人生价值。

第四章 职场人际关系与事业发展

 案例

刘大川的低姿态

某公司招聘了一位新主管刘大川,为了更好地融入新公司,总经理安排他和各部门主管一起吃饭。聚餐那晚,刘大川主动给各部门的同事敬酒,一圈碰杯之后,刘大川喝醉了。在座的有的主动搀扶他,有的给刘大川倒茶,还有人扶他去洗手间。第二天,刘大川恢复得很好,精神抖擞地上班了,为表示昨晚大家对他的照顾和体贴,他逐个拜访各主管的办公室,一一表示感谢。在一天的时间内,刘大川成功地加深了各部门同事对他的印象,与同事们开始了友好的交流。

老总询问秘书刘大川他们聚餐的情况,秘书悄悄地说:"新来的刘主管人很好,就是酒量差了点儿……"老总说:"别开玩笑了,刘大川的千杯不醉是我平生罕见的。"

分析:

刘大川以低姿态向新公司的人示弱,接受帮助,既满足了同事被需要的快乐,也增进了交往,刘大川赚足了人气,在新公司的发展有了很好的基础。

职场中关系不是很熟的人向自己求助,可能一口回绝,更不必考虑优先办理。而如果是熟人求自己办事,即使难办的事情,有时候也"抹不开脸面",这就是人情的关系。关系就像一把刀,常常磨才不会生锈。因此,你平时遇到公司同事时,无论是哪个部门的,都要记得主动打招呼,当其他同事有求于自己时,应该热情予以帮助,甚至可以主动创造机会保持接触。如果同事热情地请你吃东西或参加活动,不要轻易拒绝。可以借此增进和同事的了解,也可以通过答谢拉近关系。

 相关链接

"高调做事、低调做人"永远是最佳自我表现的金科玉律

在职场中自我表现要恰到好处,适可而止。有的人急于让老板看到自己的卓越之处,用尽各种方法,完全不顾同事的感受,结果赢得了老板的

表扬但却得不到同事的好评。不能为了引起老板的注意而忽视与同事的关系,毕竟成绩是靠团队共同创造的,老板不会因为一个人而放弃一个团队。

你与同事的关系既是竞争对手,也是合作伙伴。刻意表现在短时间内可能赢得老板的称赞,但却破坏了办公室的和谐,而个人将会面对职场人际关系恶劣带来的压力。比如,你获得升迁的机会,不仅需要得到老板的支持,也需要得到同事的拥戴。尽管同事和你是同级的员工,但是他们对你塑造好口碑有着重要的影响。

(二)适当的自我保护

职场中处理人际关系除了适当的自我表现之外,自我保护也必不可少。适当的自我保护是指人们在适应环境过程中自发调动的一种对抗压力和冲突的心理防御或保护机制。

1. 自我保护的心理机制

人们在心理冲突、挫折和应激后会产生焦虑和痛苦,为了减少或避免这种焦虑和痛苦,人们在心理上会产生一种自我保护的方式,这种方式即心理防御机制。心理防御机制可以避免引起心理上太大的紧张和痛苦,以保持心情安宁。但是过分依赖某些防御机制,或使用超过一定限度,则对身心无益,甚至成为病态。所以,我们在利用心理防御机制对自我进行保护的同时,也应该积极寻求解决问题的方式。常见的自我保护机制有压抑、否认、退行、反向、合理化、抵消、隔离、幻想、置换、投射、内射、补偿、升华、幽默等。

(1)压抑。压抑是指一些为社会道德所不容的、不被意识接受、超我所不允许的冲动和欲望,在不知不觉中被抑制到无意识之中,使自己不能意识到其存在。这是最基本的心理防御机制。例如一位中年男主管面对刚进公司的漂亮女下属,刹那间想入非非,可是马上想到这样的念头是不好的,也对不起自己的妻子,所以打消了不应有的邪念,这就是压抑的表现。可以说,我们之所以能保持正常的人际关系、社会秩序,很大程度上是依靠每个人的压抑作用来约束自己的行为的。但如果过分使用压抑作用,把自己正常的欲望或本能都压抑了,以致无法自由行动,就是一种病态反应了。生活中过分谨慎、严肃、呆板的强迫性性格异常者,就属于这种情况。

(2) 否认。指拒绝承认那些使人感到焦虑、痛苦的事件,似乎从未发生过一样。某人因长期高强度紧张工作又不善于舒缓情绪,得了癌症,第一反应是"不可能";有人在听到亲人突然遭遇车祸去世后说"这不是真的"等都是否认防御机制的具体表现。这种防卫术能使个体从难以忍受的思想中逃避,也同样可借此逃避个体难以忍受的愿望、行动、事故,以及由此引发的内心焦虑。

(3) 退行,又称退化。当遇到挫折和应激时,心理活动退回到早期水平,以原始、幼稚的方式应付当前的情景。如某女员工被主管狠狠批评后,她又哭又闹,一气之下第二天不来上班了。有些心理健康者也时常采用退行来减轻焦虑,比如,发脾气、咬手指甲、说傻话、破坏财物、进行不正常的性活动、咀嚼口香糖和烟草、化装成儿童、不顾后果超速驾驶、相互殴斗、反叛或顺从权威、冲动行事以及像孩子似的做出各种各样的傻事,诸如此类的行为都是成人退行的表现。成人有时难免想重回未成熟时代以重温旧梦获取满足的时候,只要无伤大雅,均可用退行来进行心理调节。

(4) 反向。反向是把潜意识中不能被接受的欲望和冲动转化为意识之中的相反行为。这种矫枉过正的反向行为,在日常生活中常可以观察到。比如,一个人如果很厌恶、害怕他的领导,他反倒可能对领导特别友善,甚至用"拍马屁"来讨好领导。反向机制如果使用得当,不仅无害,而且可能有助于人们的社会适应能力;但如果过度使用,不断压抑自己心中的欲望或动机,且以相反的行为表现出来,轻者不敢面对自己,活得很辛苦、很孤独,重者将导致心理异常,形成严重的心理困扰。

(5) 合理化。又称文饰作用,指用一种似乎有理的解释但实际上站不住脚的理由来为其难以接受的情感、行为或动机辩护,以使其可接受。合理化是人们运用得最多的一种心理防御机制,其实质是以似是而非的理由证明行动的正确性,掩饰个人的错误或失败,以保持内心的安宁。

相关链接

合理化的三种表现

一是酸葡萄心理,即把得不到的东西说成是不好的。例如,有员工错过了一个大客户,就说是自己不想做这单生意,是因为这个客户脾气太臭,不想伺候。

二是甜柠檬心理,即把已经接受了的不好的东西说成是好的,以此减轻内心深处的失望与痛苦。比如,年度考核得了三等奖,而原来指望得一等奖的,就说那些得一等奖的人都是"工作狂",只顾工作不顾家庭生活,而自己的工作生活都兼顾了,很幸福。

三是推诿,即将个人的缺点或失败,推诿于其他理由,找人担待其过错,以使自己保持心灵的平静。例如,打人说是自卫;喜欢应酬、饮酒作乐,说是为了生意或工作在联络感情。

(6) 抵消。以象征性的事情来抵消已经发生了的不愉快的事情,以补救其心理上不舒服的一种心理防卫术。人们常使用此法以解除罪恶感、内疚感或维持其人际关系。如一个丈夫因在娱乐城玩得太晚回家很迟,他也许会为妻子带回较贵重的礼物来抵消他内心的愧疚。

(7) 隔离。指把事实中的一部分从意识领域分离出去或把它遮掩起来,不让自己意识到,以免引起不快。通常被隔离的是与事实有关的感觉部分。例如,不说人死了,而说过去、仙逝或长眠等。

(8) 幻想。指一个人遇到现实困难时,因无法解决而借助于幻想使自己脱离现实,在幻想中解决心理上的困扰,以求得内心的满足,这种现象也可称为"白日梦"。例如,一位男士才貌均一般,但常常幻想将来有一天成为知名人士,追求的女孩子络绎不绝。

理想化是幻想机制的表现之一。指当事人对某些人或某些事物给出过高的评价。这种高估的态度,很容易将事实的真相扭曲和美化,以致脱离了现实。例如:刘助理常常在朋友面前称赞他的女朋友如何貌若天仙,以致大家都渴望见见他口中的美人。某周日公司组织去旅行时,刘助理拉着一位又矮又瘦、相貌平平的女孩出现了,当他热烈地向众人介绍那就是他的女朋友时,每个人都失望了。这里,刘助理是将自己的女朋友理想化了。

(9) 置换。又称为转移,是因为某事物引起的强烈情绪和冲动不能直接发泄到这个对象上去,就转向发泄到另外的较安全或较为大家所接受的对象上去,即找"替罪羊"。例如,有的员工看到中国足球队输给其他队时,满肚子的委曲、恼火情绪不能向足球队发泄,就拿酒瓶出气,狠狠地砸一通。

(10) 投射。指把不被超我接受的动机、意念、情绪等归于他人,断言他人有此动机、愿望。"我见青山多妩媚,料青山见我应如是。"关系紧张的同事,彼此常会把敌意归咎于对方,认为"我对他确实不错,是他对我不怀好意"等,都是典型的投射现象。某些投射行为可认为是常用的、自然产生的心理防御,以此来保持个体的心理平衡,但若将责怪他人成为一种习惯,总是将自己的过错归咎于他人,就会妨碍我们与他人之间建立良好的人际关系。这不仅干扰了我们看到真实的自己,而且容易把自己的过错投射到外界及怀疑他人而引起诸多麻烦。久而久之,甚至会形成多疑、敏感、敌对等人格特征。

(11) 内射。指把外界的东西吸收到自己的内心里,变成自己人格的一部分。如人们受早期婴幼儿时期父母行为与语言的影响,逐渐形成自己的人格。它与投射相反,投射好比放电影,内射好比照相。"近朱者赤,近墨者黑"便是内射现象。内射通常是毫无选择性地、广泛地吸收外界的东西,但有时却是通过特别的心理动机,有选择性地吸收、模仿某些特殊的人或物,这在心理上称为"仿同作用"。比如,有些大学生非常敬佩比尔·盖茨,模仿他的一些行为,甚至希望像他一样辍学去创业。

(12) 补偿。个体试图用各种方法来弥补其因生理或心理缺陷而产生的不适感,以减轻其焦虑,建立自尊的一种心理防御机制。这种引起心理不适感的缺陷,可能是事实,也可能仅仅是想象而已。补偿分为消极性的补偿与积极性的补偿。例如,有的员工专业知识不精,便在社交能力上下工夫,以弥补业务能力的不足。还有的女孩外表容貌不美,转而致力于培养内在美,去追求成就感,所谓"失之东隅,收之桑榆"。补偿作用可形成一种强有力的成就动机和有效能的力量,以适应人们改正自己的缺陷。补偿作用还可以增进安全感、提高自尊心以及维护心理健康水平。但是过分的补偿则害多益少,不利于心理健康。

(13) 升华。将一些本能的行动如饥饿、性欲或攻击的内驱力转移到一些自己或社会所接纳的范围时,就是"升华"。例如:有打人冲动的人,借锻炼拳击或摔跤等方式来满足;喜欢骂人,以成为评论家来满足自己。西汉文史学家司马迁,因仗义执言得罪皇帝,被判处宫刑,在狱里,他撰写了《史记》,为后人留下了艺术瑰宝。还有一种与升华类似的心理防御机制是利他,指个体采取的行动不仅能直接满足自己的欲望与冲动,同时又可帮助他人、有利于他人,受到社会的赞赏。许多从事社会福利工作的人,往往是应用了利他的机制,既满足了自己,又满足了他人。

（14）幽默。指用一种带有诙谐的幽默方式对付困境,既保护自尊,又不伤和气的自我防御机制。当一个人身处困境或陷于尴尬境地时,使用幽默来化险为夷、渡过难关;或通过幽默来间接表达潜意识意图。幽默也是一种高尚成熟的心理防御机制,可将大事化小、小事化了,能比较成功地适应环境。

相关链接

升华、幽默才是建设性防御机制

自我防御机制中,压抑、否定、退行是逃避性防御机制,反向、合理化、抵消、隔离、幻想是自骗性防御机制,置换、投射是攻击性防御机制,内射、补偿是代替性防御机制,升华、幽默是建设性防御机制。

案例

范文丽的自我保护机制为什么不起作用？

范文丽转职到一家网络公司做企划。老板在录用时很看好她,指望她短时间内能成为策划部的主管。范文丽面对喜欢的工作和欣赏自己的老板,信心百倍。但工作一段时间后,发现部门中有个叫董红的对自己很不友好。

董红是公司元老,因能力和工作态度问题始终升不上去。企划部主管空缺已很久了,董红觉得应该是自己的一个机会。可范文丽一进公司,工作表现总是得到老板的表扬,董红感到威胁很大,她不断地在暗地里排挤范文丽。其实,老板知道范文丽的加入会引发董红的反感,但董红毕竟是公司的第一批员工。于是老板私下找范文丽,要她"多多包涵"。范文丽最近已经吃了很多亏,但因为老板的交代,一直隐忍不发。这样却让董红认为范文丽是个好欺负的人,更肆无忌惮了。

某日,当设计部经理质疑董红的企划出了大问题时,她竟然撒谎说:"这是范文丽的主意,我只是照她的意思做罢了!"范文丽知悉后再也忍不住了,她当着很多人的面,将文件夹往董红桌上摔去,大声说:"你说谎!什么我的主意,你敢再说一次试试看!"董红没料到一向乖乖受欺负的范文丽发了这么大的脾气。同事一看苗头不对,赶紧报告老板。老板不怪范文丽发了脾气,但言语间有她没有"多多包涵董红"的意思。

这一次的矛盾没有解决,类似的冲突却愈演愈烈,范文丽再也无法忍耐。老板调解次数一多也心生厌烦,他虽然很欣赏范文丽的工作能力,但觉得她幼稚、脾气差,不懂得包容、笼络同事,渐渐地失去了对她的信任。由于范文丽与董红的冲突接连爆发,同事们也觉得她有才华却太自我。范文丽感到非常痛苦,连日来噩梦连连,惊醒后很难入睡,坏情绪已经严重影响到她的企划工作了。

分析:

范文丽本来只想规避冲突,而领导的暗示又成为她合理化忍耐的借口。但董红却认为她好欺负,终于引起尖锐的冲突,且愈演愈烈。最后,不会处理冲突的范文丽受到了伤害,等到情绪爆发反击时,却让老板以为她爱吵架、不成熟,并因此不再重用她。

倘若范文丽能够运用更有效的沟通手段,即使与董红的沟通不顺利,起码也让老板和同事看到了她的努力。更重要的是,她应该明确内心的渴望并坚持自己的立场和原则,把内心的渴望与工作目标和企业目标结合起来,将目标的实现作为自己一切行为的理由,其自我保护机制就能够从正面发生作用。如利用"置换"的自我保护机制,将董红的欺负及时置换成自己对工作目标达成的动力,再利用"升华"机制不断追求工作业绩的上升,这份动力和业绩的提高又会成为帮助她反击对方的有力武器,并因此得到其他人的支持进而有效地化解冲突。这样她不但可得到老板更多的欣赏,也会赢得团队的拥护和肯定。

范文丽应当与董红划清工作的责任和界限,同时要让挑衅的对方了解,她清楚自己的目标、企业的利益在哪里,会坚持原则、维护企业的利益和名

> 声,让对方投鼠忌器。对方也会尊重她,不再把她当成懦弱的笨蛋,而身边的同事特别是老板也会因为她的坚持原则而赞赏她。此外,范文丽应懂得处理好自己的情绪,当极端情绪来时要对其进行调节,当情绪解决后,才能更清晰、更准确地解决困扰事件,达到自己的目的。

2. 调动自我保护机制进行自我保护

职场人士可以调动自我保护机制,有效化解如下的职场人际关系问题:

(1) 职场中的人际冲突。要积极面对可能的人际冲突。除要保持积极向上、严于律己、宽以待人等态度之外,还应采取有效措施解决冲突。很多人认为"以和为贵"总是好的,但一味追求表面的和谐只会让矛盾被压抑,使冲突发生得更加激烈。日常生活中可以通过阅读、座谈会或观察职场事件、模拟演练等方法来构建积极的自我保护机制,提升自己解决冲突的能力。

很多人习惯了受欺负不声张、独自忍耐,结果却导致了更为严重的职场冲突。面对冲突,应该先解决情绪,再解决问题,只有事件解决了,冲突才能自然化解。

① 欢迎不同的意见。如果有些地方自己没有想到,而有人提出来的话,应该衷心地感谢对方。不同的意见是弥补缺失、避免重大错误的最好机会。

② 不要轻易相信直觉。当有人提出不同意见时,出于人的本能,潜意识会自我保护,肯定自己而否定他人。这时需要慎重,要冷静反思,这可能是自己最差劲的地方,而不是最好的地方。

③ 控制自己的情绪。控制情绪是一种修养和艺术,根据一个人在不同情况下的情绪反应,可以测定这个人的度量和成就究竟有多大。

(2) 职场中的男女关系。现代职场,办公室里的男女同事交往要掌握分寸,情感不超出友谊的范畴。办公室男女在正常情况下只是同事,再进一步才是朋友,而因利益关系所限,能够成为朋友的同事并不多见,因而友谊就更可贵了。再好的同事,情感也应到"友谊"为止。谈话不可超出工作范畴,尤其是不能让对方帮你了断你在家庭生活和社会生活中遇到的一些私事。如果自己的工作与私生活产生混乱,会出现焦虑情绪。

(3) 职场中的竞争关系。竞争让人们满怀希望、朝气蓬勃,这是一种健康的心理。但竞争也容易使人在长期紧张生活中产生焦虑,出现心理失衡、情绪紊乱、身心疲劳等问题。如何扬长避短,保持心理健康?

首先,应该对竞争有正确的认识。正确对待失败,要有不甘落后的进取精神;其次,对自己要有恰如其分的评估,努力缩小"理想我"和"现实我"的差距,制定目标时,要把长远目标与近期目标有机地结合起来,脚踏实地一步一个脚印地做起;最后,在竞争中要能审时度势、扬长避短,以增加成功的机会。

第三节　团队协作与事业发展

一、加强团队协作,与不同背景的同事相处

团队是指行为上有共同规范的介于组织与个人之间的一种组织形态。团队成员在心理上有联系,有共同目标,通过相互依存、分工合作,追求集体的成功。团队中的每一个人都自觉担负起责任,就能够有效发挥自己最大的潜能。

在传统的部门组织结构中,部门主管位居金字塔顶端,他管理或控制着整个部门的运行,要对部门及其成员负责。他既要鼓励下属参与部门决策,又必须监督下属的工作。在以团队形式运作的部门中,部门主管管理着整个团队,他用大量时间和团队成员共同制定整个部门的工作目标。他在部门中是权威和责任的象征,相信下属能够进行自我管理。在这样的团队中,项目的成功取决于每位成员的精诚合作,提高业绩的压力不是来自主管,而是来自其他部门。团队组织形式要比传统形式具有更高的生产率。

(一) 优秀团队成员的基本素质

1. 坚持四项原则

一个合格的团队成员应遵守以下四项原则:

(1) 尊重团队成员共同做出的所有决定。

(2) 与其他团队成员精诚合作,避免不必要的冲突。

(3) 将自己的所有才能无私地奉献给团队。

(4) 为了将某个有价值的想法变成现实,积极配合其他成员工作,不计较个人得失。

2. 共同营造高效的工作氛围

为了保持团队的高效,团队领导必须对成员的需求有所回应,努力创造一种良好的团队工作氛围,使全体成员都乐于为团队工作。而成员也应该理解领导,即使他在工作中出现失误,也应该全力配合。

3. 在任何组织形式下都表现出色

并非所有工作环境都适宜采用团队组织形式,例如,快餐店工作人员流动性大,就很难形成一个稳定的工作团队,而在一个需要高度创新的科研部门采用团队管理模式则非常合适。

对组织而言,无论采用传统的、团队的还是其他的组织形式,生产率最大化才是关键。为此,管理者应在充分评估组织性质和发展的基础上,选择最合适的管理模式。职场人士则需要多了解不同的组织形式,不管是作为个体还是团队中的一员,都需要努力提高个人的生产率,学习成为职场精英。

(二)适应人员结构多样化的团队

当团队成员在一起精诚合作时,团队的总业绩将远远大于各位成员单独工作的业绩总和。如何适应和促进团队协作是职场人士需要认真考虑的重要问题。

1. 良好的人际关系促进团队和谐

团队成员间友好相处、关系融洽,团队才有可能实现业绩最大化,这点对于那些具有多民族、多种族人员结构的团队来说更为明显。现代社会各种文化交织、碰撞,工作和生活环境中有来自不同国家、不同民族、不同地区的人员。我们需要在不同文化的差异中学会求同存异、互相适应。

(1) 帮助新同事融入团队。假设你是团队主流文化群体中的一员,有一位来自其他文化背景的新同事要加入你的团队,你可以向新成员解释团队主流文化中一些常见的俚语、行话或俗语;告诉他一些小细节,使他能更好地适应整个团队并高效工作;帮助他了解团队的员工协议,在他工作取得进步时给他鼓励和支持等。

(2) 将重心放在团队工作上。在新成员需要时"雪中送炭",不仅会得到他们的感激,你的人生也会变得更有意义。但是,你的重心应该始终放在团队工作上,而不是仅与新成员建立亲密的人际关系。如果是这样,新成员会越来越依赖你,不重视与其他成员建立良好的关系;你与新成员走得过近,其他成员可能会与你对立,或者与那位新成员对立,这是需要引以为戒的。

2. 团队成功个体也会获益

心理学研究表明,你怎样对待别人,别人也会怎样对待你。然而,很多职场新人可能直到需要其他同事帮助时才意识到这一点。新人刚加入团队时,主要任务是辅助经验丰富的老同事工作,新人的付出可能并不能立即获得回报,这时,你应以团队的利益为先,服从团队安排,在工作中尽心尽力。这样,当团队成功时,你也会获益,并且获得更多的自我满足感。

二、发挥自身优势,实现事业发展

阿拉伯作家纪伯伦有一句名言:工作是看得见的爱,通过工作来爱生命,你就领悟了生命中深刻的秘密。职场中,一个人要想单枪匹马获得成功几乎是不可能的,必须在人际关系的氛围中,整合各种资源,抓住各种机会,才有可能实现自己的理想。因而,人际关系的和谐是事业成功的必要条件,反之,事业发展也会促进人际关系的拓展。

职场人士事业发展和成功的重要方面是在事业蓝图和职业前景的指引下,规划自己的职业生涯,知己知彼,充分发挥自身的优势,实现自己的抱负,完成自己的使命,体验生命的丰富。一个比较完整的事业发展规划应该包括以下内容:

(一) 事业蓝图和职业前景

1. 事业蓝图

职场人士的事业蓝图规划是以国家宏观形势为背景,参考各行各业发展来进行的。我国目前仍然处于经济上升时期,可以参考我国在未来社会发展中发展前景较好的行业作为自己事业发展的领域,比如生物工程产业、光电子信息产业、智能机械产业、软件产业等代表我国未来比较领先的科技产业领域。

2. 行业前景分析

在事业发展领域选取一个比较适合自己发展的行业,分析其行业前景,使自己的职业目标朝向更有针对性。比如,IT 软件行业是未来比较有发展前景的行业,市场潜力比较大,它涉及全国各行各业,关系到人们生活的方方面面。

3. 职业前景分析

这个步骤是职业认知的部分。个人只有对社会环境诸因素充分了解,才能在复杂环境中避害趋利,使职业生涯规划具有实际意义。

要了解各种职业机会,了解不同行业、职位对人才素质与能力的要求,深入分析这些行业与职位的需求状况,结合自身特点评估外部事业机会,才能选择可以终生从事的理想职业。比如,如果选择了 IT 行业的话,可以考虑类似 ERP 实施顾问(指从事 ERP 软件安装、维护、咨询、培训的相关从业人员)等职位,因为 ERP 软件管理是企业进行管理信息化必不可少的部分。

4. 个人优势分析

这一步骤即自我认知部分,是客观认识自我、明确自己的核心竞争力。职业生涯规划最基础的工作首先是要知己,即要客观全面地认清自我,充分了解自己的职业兴趣、能力结构、职业价值观、行为风格、自己的优势与劣势等,可以利用人才素质测评等工具全面、科学地认识自我。只有正确地认识自己,才能进行准确的职业定位并对自己的职业发展目标做出正确的选择,才能选定适合自己发展的职业生涯路线。

在客观认识自我方面,至少需要了解以下几个方面的问题:

(1) 喜欢干什么——职业兴趣;

(2) 能够干什么——职业技能;

(3) 最看重什么——职业价值观;

(4) 适合干什么——个人特质(性格、爱好、特长、专业、信念等)。

 相关链接

自己的核心竞争力是什么?

规划职业生涯中最重要的是要了解自己的核心竞争力是什么,要问问自己:

- 我的人生使命是什么?

- 我的核心价值观和信念是什么?
- 我的性格特点是什么?
- 我有哪些好或不好的习惯?
- 我现在拥有的资源是什么?
- 我对自己心态的把握能力如何?
- 我对自己的人生道路有几分把握?

5. 职场规划和事业发展相结合

职业生涯规划是对个人职业选择的主观和客观因素进行分析和测定,知己(自我认知)、知彼(职业认知),择优选择职业目标和路径,并以最优策略、高效行动去实现职业目标的过程。

美国职业生涯管理专家舒伯将人生职业生涯发展划分为如下五个阶段:

(1) 成长阶段(0—14岁);

(2) 探索阶段(15—24岁);

(3) 建立阶段(25—44岁);

(4) 维持阶段(45—65岁);

(5) 衰退阶段(65岁以后)。

(二) 职业发展的实现

1. 职位需求和职业能力的养成

企业在招聘人才时,一般会发布职位需求信息,这些信息包括岗位描述、职位要求、薪酬待遇等,具体有学历、性别、年龄、语言要求、专业、外语能力、工作经验、管理经验、专业职称等要求。应聘者在选择具体职位时,可以参考以上信息,评估自己的专业、能力是否与之匹配。如果希望向更高层次的职位发展,就必须培养自己的各种职业能力。这些能力一般包括知识技能、自我管理技能和通用技能。具体到某些职位的特殊能力,以医药营销人员为例,则有学习能力、沟通能力、说服能力(特指营销中了解客户需求、制定说服计划等能力)、抗压能力等。

2. 职业发展的实现和对策

在确定了职业生涯方向后,就需要明确、建立、整合资源,帮助自己实现目标。人生职业的发展,实际上就是一个逐渐增加个人可动用资源的过程。这些资源包括:知识与智慧、优质人际关系、资金与优质资产、时间、客户名单、身心健康、幸福的家庭、良好的事业平台等。职场新人要学会接近和拥有这些潜在的资源,争取收获成功而幸福的人生。

(1) 个人优势利用。在评估个人具有的优势时,主要考虑这些方面的因素:

① 能力、专业知识、学历;

② 理念、创意、悟性。

(2) 环境资源利用。主要考虑客观环境资源及自身拥有的特殊资源。

① 人脉:包括成长过程中自己拥有的和周边积聚的人脉,如家庭成员、亲戚、朋友、同学、同事、客户、网友等;

② 资源:特指自己拥有的智慧、经验,如成功经验、失败教训等;

③ 环境:包括硬环境,如投资环境、产业生态;软环境,如企业文化、价值观;

④ 机会:在工作、生活、社交过程中提供的各种机会。

 相关链接

明确自己的职业价值观

做职业生涯规划之前,要清楚和明确自己的价值观和职业价值观。这些决定了哪些因素对你是重要的,哪些是你优先考虑和选择的。对自己的职业价值观进行分析时,可参照以下因素展开:

第一,发展因素。这些职业要素都与个人发展有关,包括符合兴趣爱好、机会均等、公平竞争、工作有挑战性、能发挥自身才能、工作自主性大、能提供培训机会、晋升机会多、专业对口、发展空间大、出国机会多等。

第二,保健因素。这些职业要素与福利待遇和生活有关,包括工资高、福利好、保险全、职业稳定、工作环境舒适、交通便捷、生活方便等。

第三,声望因素。这些职业要素都与职业声望地位有关,包括单位知名度、单位规模和权力大、行政级别和社会地位高等。

职业价值观是一个复杂的多维度的心理因素,对职业的选择和衡量有多种要素参与,但各要素起的作用是不同的。目前有许多调查显示,大学生的职业价值观越来越重视发展因素,而对保健因素和声望因素的重视程度则因人而异,差别较大。

在职业价值分析和测定过程中,个人必须处理好职业价值观不同要素之间的关系,并根据不同时期、不同情况明确自己的职业核心需求,以便合理制定自己的职业生涯规划和相关策略。

 案例

职场只相信实力

林飞是靠着家人的关系进入这家上市公司的,别人得悉他是靠关系进来的,多少对他有些想法。刚进单位不久,林飞就感觉到了差别:在同一部门,小张做成了一单比较大的生意,别人对他赞赏有加;而林飞做成了,大家觉得不以为然,"他是靠关系嘛!"普通同事心情不好,大家认为是因为公司的不公正待遇,而林飞情绪不好发脾气,在大家眼里就成了仗势欺人。

林飞想辞职,但想到找工作不易,况且自己是靠真才实干做出来的,为什么要轻易退下阵来呢?林飞狠下工夫,埋头苦干,处事低调,用了比别人多得多的努力,一而再再而三地拿到了不同客户的大订单,别人的眼光才渐渐地改变了,而这,花了林飞近三年的时间。

分析:

当职场中出现"关系户"时,人们更多地从负面角度去理解,认为这打破了公平竞争的平等规则,甚至觉得老天不公平,自己没有这样的运气。事实上,"关系户"有时候活得也不轻松,"关系"是一把双刃剑:他有了保护伞,没人敢得罪他,他还有很多资源可利用;但同时,他往往被默认为是靠关系生存的无能力之人。

> 所以，无论是不是"关系户"，都要有正确的心态接受现实。职场只相信实力，只有勤奋、努力加智慧，才能找到最适合自己的发展道路，才能真正建立起自己的职场形象和地位。

（3）职业发展的战略实现。这一步骤是择优选择职业目标和路径，逐渐明了自己的人生使命。职业生涯规划的核心是制定职业目标和选择职业发展路径，对自己的优势、劣势有比较清晰的判断，对外部环境和行业的发展趋势、人才素质要求有比较客观的了解，在此基础上制定出符合实际的短期、中期和长期目标。正确的职业选择至少应考虑以下几点：

① 兴趣与职业的匹配；
② 性格与职业的匹配；
③ 特长与职业的匹配；
④ 价值观与职业的匹配；
⑤ 内外环境与职业相适应。

职业目标确定后，再选择向哪一条路线发展。比如是向行政管理路线发展，还是向专业技术路线发展；是先走技术路线，再转向行政主管路线；在具体的岗位方面也需要做出选择，行政管理？市场营销？技术研发？服务支持？……由于发展路线不同，对职业发展的要求也不相同。

较高层次的职业生涯规划是要明确自己的人生使命。我们每个人都是带着使命来到人世间的，这个使命本身已经存在，我们只需要去找到它。因此，可以从使命开始建立目标体系，确立自己的人生目标体系。人生是一个不断自我超越、感悟幸福的过程，因而目标体系的建立要顾及工作和生活、事业和家庭的平衡，可以确定人生关键角色并为其设定目标。

行动是指落实目标的具体措施，主要包括工作、训练、教育、轮岗等方面的措施。例如，为达成职业目标，在工作方面，你计划采取什么措施来提高工作效率？在业务素质方面，你计划学习哪些知识，掌握哪些技能来提高业务能力？在潜能开发方面，你计划采取什么措施来开发潜能等，都要有具体的计划与明确的措施。

彼得·圣吉在第五项修炼中说,企业未来唯一持久的竞争优势是比竞争对手学习得更快和更好,个人也是一样。我们现在的时代是终身学习的时代,要取得事业上的成功,重要的是要不断更新知识、提升能力,才能保持自己的职业竞争力,逐步达到自己设定的职业目标。

3. 职业发展的调整和对应

这一步骤是与时俱进、动态反馈调整的过程。影响职业生涯规划与发展的因素诸多,有些可以预测,有些则难以预测。要使职业生涯规划行之有效,就应不断对其进行评估与调整。调整内容包括:职业的重新选择、职业生涯路线的选择、人生目标的修正、实施措施与计划的变更等。

职业发展过程中理想与现实的脱节几乎人人都会碰上,对职业人来说,有些是致命的,有些却能走通另一条路。发生这种情况时,最不可取的态度是急于求成,消极对待当前工作,正确的做法是——稳定中求发展。

当然,事在人为,再优秀、再动人的规划也取代不了个人的主观努力。职业生涯规划的目的是建立目标、树立信心,规划只是走向成功的必要手段,能否成功则主要取决于个人的努力。

(三) 职业规划中的人际关系

职场人士在进行职业规划时,需要认真考虑以下的建议,这些建议都涉及重要的人际关系问题。

1. 发现机会

你在一家企业坚守的时间越长,你将来升职的机会就越多。关键问题是你要善于在职场中维护良好的横向关系与纵向关系,并且愿意接受挑战,乐于接受改变,积极做好公司分配的所有任务。

2. 重视平级调动

平级调动(例如不同职能部门间的调动)是升职的另一条"捷径",相比加薪,平级调动能够拓宽你的视野,使你了解企业不同部门的运作,从而为今后的升职奠定基础。

3. 寻找最优升职渠道

尝试发现适合你的最优升职渠道,比如平级调动或直接晋升,同时注重发展良好的人际关系,为你的升迁之路开辟大道。

4. 充满自信

在工作中要保持自信乐观,不断进取,敢于提出自己成熟的工作想法,善于运用良好的人际关系技巧,积极与上层领导交流沟通,努力让管理者发现你、认可你。

5. 向上司表明心迹

当出现职位空缺时,找机会向你的上司表明心迹,让他知道你对该职位的需求。不要企图让领导揣度你的心思,大胆地说出自己内心的真实想法并不会影响你的职场人际关系。

6. 在公司外发展人脉

建立和管理好其他人脉关系网(非同事人脉)对于个人的职业生涯大有裨益。事实证明,当你所在的公司无法为你提供良好的展示平台时,你的人脉关系网将发挥重要作用。

7. 继续学习

现代社会创业渠道越来越多,电子商务、服务行业、医疗保健等的迅猛发展也给人们带来越来越多的工作机会。就业不是问题,而你的知识储备,你所接受的培训或正规学习都将成为你未来职业发展的资本。所以,无论身处何种职位,继续学习,不断充实自己才是最重要的事情。

 思考题

1. 对照本章初入职场所介绍的知识,分析自己的职场准备情况。
2. 如何结合个人优势和职场需求,促进个人事业的发展?
3. 案例分析:

李磊毕业于名牌大学新闻专业,毕业后进了某国家级刊物当记者。学校里春风得意的他到了单位并不如意。在工作一段时间后,他觉得一起来报到的人能力都很强,工作方式和观念存在比较大的差异,很难融合。

一次,主编派李磊和另一个同事一起做选题,但他觉得这个选题没有自己报的选题有价值,于是他敷衍同事的同时暗自做自己的选题。结果,同事没法按时交稿,而他自己的稿子也被主编"毙"掉了。李磊跑去找主编讨说法,事后还休了两天病假才回来。同事们觉得他的能力不错,但总是趾高气扬,如今得罪了领导,大家更不买他的账了。

"我有自己的想法,不喜欢天天被人指挥。难道我想把稿子做得更有可读性有错吗?为什么主编就不能多听听我的建议呢?同事们也不理解我,我真是太郁闷了!"李磊抱怨道。

问题:你觉得李磊为什么不被领导欣赏,不被同事理解?李磊如何更好地工作下去?他要改变吗?怎么改变?

第五章
职场人际关系与心理健康

第一节 职场中影响心理健康的因素及心理健康的主要途径

调查表明,造成常见职场心理问题的主要原因之一,是职场人士不能处理好上下级、部门之间的人际关系,觉得生活缺乏乐趣、自卑、孤独,在与人交往时表现出敌意。这类人常常感到孤立,自我心理压力较大,生活态度不乐观,遇事往坏处想,对自己的能力没有信心或过于自负,或对领导和同事的话过于敏感,时刻处于一种怀疑和焦虑的状态。

一、影响职场人士心理健康的因素

(一)社会环境因素

社会环境因素主要是指自然灾害、社会变动、经济危机、流行疾病、恐怖事件、安全事故等。此外,社会转型、变革加剧、信仰缺失,使我们的行为方式、生活方式、价值体系等都发生了明显的变化。这些因素的变化会给职场人士带来心理冲击,特别是同事在突发事件中的伤亡、被裁员会造成其他员工极大的心理震动,如银行抢劫、金融危机等,使许多员工产生恐慌、迷茫、焦虑的情绪,同时职场人际关系也会出现问题。社会环境因素导致的职场人际关系危机,主要是因为人际交往中的情感需要和工作需要被巨大的社会环境危机冲垮所致。此时的人们更为关注自身的生存问题,对于其他人的关注自然降低,人际关系冷淡甚至彼此防范和怀疑也就不难理解了。随着突发事件或危机的过去,人们的心理状态会逐渐恢复到平时的水平,视角也会慢慢回归到工作和生活上,职场人际关系也会随之恢复到正常状态。这时,同事间坦诚的交流,及时透明的分享信息,也会有效减少因信息不足而导致的猜疑。

(二)职业环境因素

职业环境因素,宏观方面是指企业并购重组(出现管理层更替、组织文化转变、工作岗位调整)、企业裁员(出现职业危机)、组织规模调整、缩减经营成本、用工方式转变(比如,合同制、社会化用工、口头约束)、职场人际关系微妙(比如,很少肯定支持、感受不到爱和信任、缺乏归属感)等;微观方面是指工作环境的舒适度、工作时间的稳定性、工作中体力消耗的程度和工作中产生的心理压力大小、工作环境污染等,这些都会对职场人士的心理健康造成较大影响。

职业压力是劳动者在职业生涯中受到令个体紧张、感受到威胁性的刺激情境或事件,由此而产生持续紧张的情绪或状态。职业压力是导致心理变化以及职场人际关系困难的重要因素。

案例

好哥们反目成仇

罗群和马志千在大学时就是同一宿舍的好同学,毕业后一起应聘到了汽车销售公司做销售工作。刚开始,他们依然是好哥们儿,他们一起找客户,一起分享工作经验和体会。但工作了一段时间后,他们明显感到来自业绩的压力。做销售工作底薪很低,主要靠业绩提成,如果推销业绩不好收入就很低。但是如果成为团队中的销售冠军,便可以拿到几万元的现金奖励。罗群和马志千都是初生牛犊不怕虎的新人,很能吃苦,业绩也都比较理想。渐渐地,他们发现市场与客户是有限的,而第一名一个月只能有一个。于是他俩开始分别打自己的小算盘了,先是对自己的客户资料严格保密,后来发展到互相争抢客户。有一次罗群的一份重要资料丢了,他跟主管说一定是马志千拿的,同时在公司到处宣扬并攻击马志千,闹得满城风雨。后来他在食堂找到了自己的那份资料,内心由开始时的愤怒转为极大的懊悔,但两个人的关系已经回不到从前了。

分析:

罗群和马志千是由于职场竞争压力过大而导致的冲突。罗群因丢失重要资料而无根据地怀疑马志千,是一种内心的猜想,是把竞争对手作为假想敌而产生的怀疑。解决的办法是可以在第一时间直接询问马志千,彼此坦诚沟通交流。罗群会因为自己真诚、直率的态度得到良好的回应,与马志千关系也不会那么糟。

最重要的是,无论是罗群还是马志千,面对快节奏的生活和高压力的工作,需要掌握并有效地运用职场减压放松方法,让自己在面对压力和负面情绪时可以用科学方法得以合理宣泄,不要因为压抑而导致恶性循环。

(三) 家庭和个人因素

家庭和个人因素包括家庭环境、个人因素两方面。前者指父母的婚姻、文化程度和职业、道德素质、家庭经济状况以及父母教育子女的方式等;后者指个人在职场中自我定位不合理、职业生涯缺乏规划、个人能力欠缺(比如,工作能力与岗位要求有差距,不能体验成就感、自尊心受打击)、就业压力、知识结构老化(使在竞争中处于被动)等。

家庭环境因素对职场人际关系的心理影响,是指由于家庭环境的变化或突发事件以及过往的经历而导致的心理变化,并因此带来的职场人际关系的变化。个人生活中的一些困境或不如意,如身体健康欠佳、恋爱失败、法律纠纷、家庭暴力、夫妻关系紧张、分居或离婚、家属疾病或伤亡、子女成长挫折、经济负担过重、家庭财务窘迫、对失业和收入下降的恐惧、对多样化选择的不知所措、来自家庭的过高期望、自我评价的标准及与人比较的方式有欠客观、工作占用精力过多而对家庭和朋友产生愧疚等,都会影响人们的心情。面对生活的困难,人们往往变得焦虑和恐慌。在这种心理状态下,如果不能处理好社会环境因素以及职业因素带来的压力,情绪就会失控,并会导致与同事的矛盾抑或发生冲突,影响职场人际关系的发展。

 案例

特别怕领导的龚霞

龚霞从小就比较内向,跟人交往时一般都会有些紧张。但她最怕的还是见领导。如果领导找她谈话,她会害怕得手脚直抖,很久才能恢复正常。龚霞知道,领导很不满意她这点,但她似乎很难控制。

龚霞小时候特别怕爸爸。家境不宽裕,爸妈整天在外奔波,对龚霞三姐妹没什么耐心。爸爸性格暴躁,姐姐好动,常挨打骂。龚霞乖一些,挨打也少。她从小就觉得,多一事不如少一事,安分守己最好。她上学后也特别听话,老师每学期给她的评语大都是文静、朴实、懂礼貌这些。

平时龚霞很注意别人对她的看法,关心同事们对她的态度。比如会想他们的话里有没有含沙射影,看她的眼神有没有蔑视怠慢等。事实上,龚霞跟同事的关系都比较淡,上班时她不参与同事之间的闲谈,下班后也很少参加同事间的聚会、吃饭、唱歌等活动。问题是,对同事可以不加理睬,对领导可不行。每次领导找龚霞谈话安排工作什么之类的,她就紧张得不得了,忐忑不安,心慌气短。有一次跟领导汇报完工作,她已经满身大汗。领导也不满意,说她语无伦次,思维混乱。龚霞也很懊恼,心想自己这辈子肯定不可能升职了。

分析:

从心理学的角度来看,造成龚霞这样表现的是一种叫"权威恐惧症"的心理疾病在作怪。恐惧的对象往往是具有管理权力和批评权力的人,比如领导者。对上司保持适度的害怕与畏惧能够确保一个组织内部有清楚的权力界限,有利于组织内部的管理。但像龚霞这样一看到领导就会心跳加速、手脚发抖、满身大汗,紧张得说不出话来,就不太正常了。

心理学研究表明,父母很严厉会使子女对权威产生恐惧感,形成一种对权威采取回避的应对策略。从龚霞的成长环境中看到,小时候她爸爸严厉暴躁的言行对龚霞形成这种"权威恐惧症"有很大的影响。

> 龚霞首先应该对领导有合理的认知,以赏识、理解的心态看领导。可用"角色更换法"来克服这一问题,就是将领导角色变成非领导者的角色——如朋友、兄弟、伙伴等,不断想象与更换了的角色亲近、游戏、逗趣;其次,今后无论生活和工作都要自信,要正确评估自己,遇事能以平常心对待,尝试改变自己希望处处讨别人喜欢、看别人脸色的心态。另外,龚霞以后可以积极主动多找领导汇报工作、征求意见、反映情况等。接触多了,熟悉了,相互沟通畅通,"惧怕上司的心理"也会减少或消失。

 相关链接

时刻明确自己的角色,有效平衡家庭和工作

职场人士应时刻明确自己所扮演的角色,这是有效平衡家庭和工作的关键。角色是人身处不同环境中所要从事的活动带来的。在家庭环境中,我们的角色是妻子、丈夫、父亲、母亲等,在工作中,我们的角色是领导、同事、下属、主管等。身份则是一系列角色的集合。我们不应把某一个角色误认为是自己身份的全部,这样就会迷失在角色之中,让自己的生活一团糟。

如果家庭中出现问题,应该在家庭中得以解决,不要将工作以外的问题带到工作之中。你能依靠领导、同事的只是向他们简要说明家庭问题,并要求假期或者请同事帮忙处理工作事务。

工作中的角色属于单位、组织、团队,属于同样依靠你的同事们。只有认真地对待工作,并保持工作业绩,才能使自己有精力和时间去处理家庭问题,否则在工作中整日迷迷糊糊,惦记着家里,导致工作业绩下降,而业绩和人际关系的恶劣又会成为工作压力影响心情,从此陷入恶性循环。

二、职场人士心理健康的主要途径

职场人士的心理健康对于适应职场环境、提升工作能力、构建和谐的人际关

系,乃至提高企业的经济和社会效益意义重大。

职场人士心理健康具体包括:正常的认知功能、积极稳定的情绪、恰当的自我评价、和谐的人际交往、良好的环境适应、深层渴望的明确和坚定、应对能力迅速、不良情绪科学调适等几个方面,这也是建立适度人际关系的关键。

(一) 建立健康的生活方式

要拥有心理健康,首要条件是要建立健康的生活方式。健康的生活方式即是指在环境、智力、情感、精神、生理和时间等方面养成良好的习惯。

1. 环境方面的健康习惯

意识到全球环境严峻的现状,意识到个体的日常习惯对周围环境所造成的影响;保持一种对环境危害最小的生活方式;承担起社会责任,通过参与各种活动来保护环境。

2. 智力方面的健康习惯

具有能够清晰思考和回忆的能力,很少受到情绪情结的干扰;可以独立并审慎地思考;具有推理的基本技能;有开放和包容的心态,善于对传统及现代文化兼容并蓄地吸收和继承。

3. 情感方面的健康习惯

在特定情况下能够意识到自己的情感,以恰当的情绪反应、稳定的情绪状态来应对生活事件;出现不同情绪状态时有能力进行掌控,并能通过积极情绪来抑制消极的情绪体验。

4. 精神方面的健康习惯

理解关心、价值、目的、信仰等问题,有健康高尚的世界观、人生观和价值观。

5. 生理方面的健康习惯

有良好的保持营养的习惯;经常有规律地锻炼,包括每周一定次数的有氧健身操;规律和充足的睡眠;不过量饮酒、吸烟和滥用药物;使用诸如安全带、安全帽和其他交通安全保护措施;有安全的性行为。

6. 社会方面的健康习惯

包括分享亲密关系、朋友关系和小组成员的关系;体验共情和积极倾听;关心他人并且接受他人的关爱;对社区、所在地区乃至国家的社会公益事业做出自己的贡献。

7. 时间方面的健康习惯

在大多数时间内,将生活节奏维持在个人舒适区间之内;能够有效控制自己的时间节奏;既能减少长期快节奏的生活,又可避免生活枯燥乏味;在活动和休息、工作和娱乐、独处和他人交往之间获得平衡。

 相关链接

健康的生活方式可以将不良压力降到最低限度

健康的生活方式涉及我们的工作、学习、家庭及所在社区并影响他人。我们可以尝试在每一领域中最大限度地挖掘自己的健康潜力。当你在某一方面取得进步时,其他方面也会自动获益,因为健康的各个维度是相互联系且相互促进的。

压力和健康是相互联系的,建设性的、适应性的处理压力的习惯将有益于健康;健康的生活方式也可以将不良压力降到最低限度。有效压力管理不仅要预防有害不良压力的负面效应,如情绪不良、头疼、心脏病等,而且要达到更高的目标,即促进健康,达到幸福和满足。

(二)达到和维护心理健康的途径

1. 调整观念

(1) 树立正确的人生观。只有树立了正确的人生观,才能正确对待工作和生活中出现的各种矛盾、困难和挫折,对外界环境产生适当的行为反应,保持良好的心理状态。

(2) 及时调整不良心理。职场人士应学会自觉调整和克服不良心理因素的影响,形成正确适度的行为反应,维护心理健康。积极参加有益的文体活动,对克服不良心理、维护身心健康大有好处。

(3) 确定适度的抱负水平。要在充分认识自己的基础上,将自己的抱负与所从事的工作结合起来,力求在完成工作目标的过程中实现自己的理想抱负。

(4) 创造良好的人际环境。只有清醒地认识到自己的人际关系状况,形成正确的自我意识,才能宽容待人、乐于合作,掌握并应用人际关系构建与发展技巧,科学地创造良好的人际环境,促进心理的健康发展。

2. 知己知彼,互动双赢

(1) 适宜的自我认知。应用科学的心理学方法了解自己的人格特征,并发现人格特性中的天赋与劣势,明确内在深层的渴望与恐惧,随时保持清醒的意识来对待环境。

(2) 准确地体谅他人。所谓"知己知彼,百战不殆",了解自己的同时,准确地体谅他人的立场和思维习惯,了解他人的人格特质,掌握有效应对他人的方法,将让自己始终在人际交往中处于不败之地。

(3) 有效地发展他人接受自己。以双赢的视角来看待工作中的人际关系,关注关系交往过程中的效果,不要执著于各自的道理。真正全然地接受自己,发展他人,成为工作生活的大赢家。

第二节 职场中的压力和情绪管理

职场人际关系给上班族带来的心理压力绝不亚于工作本身。随时保持与上司、同事、下级的良好关系,对于正常地开展工作、保护职场人士的心理健康十分重要。职场减压不仅涉及职场,还涉及自己的整个人格。只有当人格更成熟、更健康的时候,面对职场的压力,才能轻松应对、收放自如。

一、压力的含义及其影响

(一) 压力和压力源的含义

1. 压力的含义

压力的定义最早由舍利提出来的,他认为压力就是"身体为满足需要所产生的一种非特定性反应"或"生活环境不能满足个人需要、个人学习与经验无法与现实生活的要求相互配合,所导致的生理或心理失去平衡的一种紧张状态"。通俗地说,压力是人们必须接受的生活变化或刺激,包括坏的变化和好的变化,例如期盼已久的职位升迁对某些人来说也是压力。

2. 常见的压力源

当刺激事件打破了有机体的平衡和负荷能力，或者超过了个体的能力所及，个体就会体会到压力。这些刺激事件包括各种外界和内部的情形，称为压力源。常见的压力源主要有：

(1) 社会环境因素。包括经济景气因素、社会变迁的速度、噪音、空气污染、交通阻塞、拥挤的空间等。如果个人难以适应改革所带来的价值观念的变化，比如社会的不安定、社会资源分配不公、贪污腐化、个人或者家庭地位下降、人际关系太过复杂、治安不良等，就会感受到很大的压力。

(2) 工作环境因素。包括任务方面的因素，如资源条件不佳、任务过重、任务多样化、工作的安全、新技术的应用等；角色方面的因素，如角色负担过重、角色混淆；人际关系因素，如上下级关系、竞争问题、上司与同事的合作问题等；组织结构因素，如机械管理、沟通不畅等。一般来说，那些条件差、任务重、难度高、危险大、变动多，需要员工不断根据实际情形做出决定的工作容易造成过高的工作压力。此外，组织能否为员工提供教育培训机会，建立公正合理的考核、晋升制度也可能是压力源。当员工职业生涯发展受挫时，常表现为强烈的工作不满意感、低劣的工作业绩、缺乏生机活力、消沉抑郁等。

(3) 个人能力与期待因素。包括性格因素、教育因素等。如解决问题的能力、处理人际关系的技巧、个人的抱负与理想、对他人或自己的期待与看法等。

(4) 重大事件或生活因素。包括身心因素、家庭因素和经济因素等。具体如恋爱问题、夫妻关系、亲子教育、升学与就业、经济问题（没钱有没钱的压力，有钱有投资风险的压力）、疾病、肥胖、衰老、睡眠不良等。一般来说，和睦的家庭有利于员工消除工作的疲劳感，关系紧张的家庭不利于员工身心的放松，会影响员工的工作热情。

 案例

女经理的压力

陶卓是个37岁的女性，分公司经理，她的信条是要么不做，要么就做第一。总部共有三个分公司,对于各项指标,陶卓管理的分公司总是名列第一,而另两个分公司经理都是男性,个个都在积蓄力量想超过陶卓,所以陶卓不能有丝毫懈怠。

在他人眼里,陶卓是个了不起的成功女性,可她却常常暗地里伤心难过。她发觉回到家总是很难转换角色。儿子说妈妈太严厉他很害怕,丈夫也说老婆变了,什么事情都不和他商量,自己做决定不说,还容不得他和儿子有任何异议。

陶卓也想顾好家,做个好妻子和好妈妈,于是请了钟点工烧菜烧饭、打扫卫生,减轻丈夫做家务的负担,还为儿子请了家庭教师代替妈妈辅导,可丈夫和儿子并不领情。最近,公司里的工作气氛也非常差,业绩滑落了很多,陶卓的脾气更暴躁了,经常无来由地发火训人。

分析:

现代职场人都面临来自工作和家庭生活的压力,女性领导人感受到的压力更多,要平衡好工作和生活需要智慧、心态和有效的方法,其中包括塑造好在工作、生活中的不同角色。有领导力和权威感的经理人如果把职业角色带到家里就容易与家庭成员间形成矛盾。陶卓把领导角色带到家庭中去,自然会引起丈夫和儿子的不满。陶卓需要学习压力和情绪管理的有关知识和方法,有正确的认知,缓解过高的职场压力,妥善安排好工作和家庭生活。

(二) 压力的意义

美国心理学教授通过研究发现,压力会对我们的免疫系统产生影响,但是这些影响并非全是消极的。短期压力会促进免疫力,因为短期压力使人产生一种适应性反应,让身体做好应对受伤和感染的准备。比如,要准备进行一次公开演讲时就会形成短期压力;但长期压力会过度消耗机体,拖垮免疫系统;如长期失业就会产生长期压力,进而影响人的心理和生理健康。

1. 压力的正面意义

(1) 压力多是社会进步的另一种表现。我国社会发展的现状:一是变化快。人们都要去适应各种急剧变化,适应不良就会产生压力。二是竞争烈。市场经济的重要特点是竞争,残酷的优胜劣汰必然会带来巨大压力。三是选择多。政治民主,社会宽松,人们有更多选择的自由,选择多则冲突多,选择冲突也是很大的压力。四是欲望高。温饱问题解决了,精神需要便越来越多,欲望本身就是一种无形的压力。

(2) 适当的紧张有利无害。压力会调动身体的能量,使肾上腺素分泌增加、血糖升高、兴奋性增强,速度和效率提高。在适当的心理压力之下,我们能够保持较好的觉醒状态,更好地处理生活中的各种事件。有证据说明,当压力适度的时候,创造力最高。有一幅漫画很好地展示了压力给人的动力:一个人坐在文件堆积如山的办公桌旁边,右手拿着笔,左手拿着一枚定时炸弹,漫画的题目是"我只有在巨大的压力之下才能高效率地工作"。因此,我们可以说"每一次压力危机的背后都隐含着一次成长的机会"。

2. 压力的负面效应

不适当的压力会对我们的生理、心理、认知和行为产生不良的影响。表现为:

(1) 生理:压力可伤害人体的七个系统。神经系统受到压力后,会加快心率、升高血压、改变消化系统的活动、升高血糖;骨骼肌系统受到压力后可能触发张力性头痛、偏头痛和各种骨骼肌的疼痛;呼吸系统受到压力后会让呼吸变快,引起精神恐慌;心血管系统受到压力后,反复发作的急性应激可以引起冠状动脉的炎症,甚至可以导致心脏病的发作;内分泌系统受到压力后,会使身体中的血糖含量较低;胃肠道系统受到压力后,可能产生呕吐症状或导致便秘;男性受到压力后,会影响生殖系统的正常功能,女性受到压力后,会引起月经失调或闭经。

(2) 心理:压力引起的不良情绪反应可导致抑郁症、焦虑症、适应困难等应激性心理障碍,重者诱发精神病。比如被强暴者、幸存者、从战场回来的官兵,常不自主地回想那些可怕事件,一再重复体会那种恐怖及震惊,形成很大创伤,就会产生异常心理;还有些人遭遇压力后会出现心理崩溃,体会不到生命的价值和意义,甚至可能自杀。

(3) 认知:适度压力可提高思考效率,但过度压力会使思考认知功能下降,注意力不集中,记忆受影响,导致判断与决策能力、解决问题的能力下降。

(4) 行为:不良压力会出现逃学、破坏、攻击、向周围人发泄情绪、家庭暴力、性侵害等行为；或酗酒、滥用药物，产生进食障碍等现象，重者还可能轻生。

 相关链接

中国人压力生活事件影响

生活事件	均分	生活事件	均分	生活事件	均分
1. 丧偶	113	11. 失恋	56	21. 大额借款	43
2. 父母死亡	110	12. 子女行为不端	51	22. 突出成就	43
3. 子女死亡	102	13. 结婚	50	23. 严重差错事故	42
4. 父母离婚	73	14. 严重行政处分	49	24. 重病外伤	42
5. 离婚	65	15. 婚外两性关系	48	25. 复婚	42
6. 夫妻感情破裂	64	16. 政治冲突	47	26. 性生活障碍	42
7. 子女出生	62	17. 开始恋爱	45	27. 恢复政治名誉	41
8. 被开除	61	18. 怀孕	44	28. 升学就业受挫	41
9. 亲戚亡故	60	19. 下岗	44	29. 好友去世	40
10. 亲戚病重	56	20. 家庭不和	43	30. 名誉受损	37

未来两年内患与压力相关的疾病的概率：

0—149 分：有 10% 的概率；

150—199 分：有 40% 的概率；

200—299 分：有 50% 的概率；

大于 300 分：有 80% 的概率。

 相关链接

界定你的压力所在

（1）我目前最关切的担忧的事是什么？

（2）我目前所承受的最大压力是什么？什么时候我会有所感觉？我必须为此做些什么？

(3) 改变我命运的是什么?

(4) 我期望能在此生中达到的目标是什么?

(5) 我这一生寻求的最重要的报酬是什么?

(6) 我曾有过哪些强烈、令人满足又深具意义的经验?未来我还希望有哪些种类的经历?

(7) 现在我的生活中有哪些重大的约束和限制,以至于我很难取得我所寻求的目标或成绩?

(8) 我想停掉哪些事,不再去从事?我想开始去做或学着去做哪些事?

(9) 我能期望怎样的理想未来?希望去经历些什么?希望能一起生活或共事的人是怎么样的?

(10) 未来几年我必须要做的重要抉择是什么?

(三) 影响压力的因素

心理压力是由刺激引起的。不良的刺激会引起压力,愉悦的刺激也会带来压力。生活中压力是自然的、不可避免的,但每个人感受到的压力是不同的,即使是同样的刺激,不同的人压力感也不同。这些导致不同压力感的主要因素可以归结为以下几个方面:

1. 人格

不同人格特征的人对压力的感受不同。20世纪50年代,美国心理学家弗雷德曼和罗斯曼根据人们在时间匆忙感、紧迫感以及好胜心等方面的特点,将人们的人格划分为A型人格和B型人格。

A型人格的人时间感特别强,较具进取心、侵略性、自信心、成就感,生活节奏快;好激动,缺乏耐心,抱负水平高,喜欢争强好胜,对人一般怀有戒心和敌意,并且容易紧张。B型人格的人悠闲自得,不爱紧张,较松散,与世无争,对任何事皆处之泰然;一般无时间紧迫感,与世无争,沉着镇静,有耐心,能容忍人,人际关系和谐等。

心理学家发现,A型人格的人,由于对自己期望过高,好胜心强,竞争压力大,心理负担十分沉重,如果长期处于紧张压力之下,容易导致高血压、心脏病、心肌梗死甚至猝死。统计表明,85%的心血管疾病与 A 型人格有关,心脏病患者中的 A 型人格达 98%。心脏冠状动脉硬化的患者当中,A 型人格的人要比 B 型人格的人多 5 倍。

2. 准备状态

对即将面临的压力事件是否有心理准备也会影响压力的感受。心理学家曾对两组接受手术的患者做实验。对其中一组在术前向他讲明手术的过程及后果,使患者对手术有了准备,对手术带来的痛苦视为正常现象并坦然接受;另一组不做特别介绍,患者对手术一无所知,对术后的痛苦过分担忧,对手术是否成功持怀疑态度。结果手术后有准备组比无准备组止痛药用得少,而且平均提前三天出院。因此,有应付压力的准备也是减轻伤害的重要因素。压力事件的可预测性越小,压力越大;压力事件的可控制性越小,压力越大。

3. 认知

认知评估在增加压力感和缓解压力中有着重要作用。同样的压力情境使有些人苦不堪言,而另一些人则平静地对待,这与认知因素有关。当一个人面对压力时,在没有任何实际的压力反应之前会先辨认压力和评价压力。如果把压力的威胁性估计过大,对自己应对压力的能力估计过低,那么压力反应也必然大。例如,上司找你去谈话,如果你认为是上司要挑你的刺或批评你,就会反感恐惧;如果认为自己工作很努力,上司想要表扬自己或要给自己新的机会,就会轻松愉快。正如一位哲学家所说,"人类不是被问题本身所困扰,而是被他们对问题的看法所困扰"。

此外认为事件很重要或对自我期望过高,也会使自己的压力激增。自我期望过高的表现为:为自己设定太高的、常常是不可实现的目标;为了实现目标可以不择手段;不能够容忍反面意见,要求别人完全服从自己;喜欢夸耀自己的才能,显示自己的与众不同;对金钱、权力与地位抱有痴迷的梦想;渴望受到持久的关注和赞美;嫉妒那些胜过自己的人,缺乏同情心。

4. 经验

当面对同一事件或情境时,经验影响人们对压力的感受。对两组跳伞者的压力状况进行调查发现,有过 100 次跳伞经验的人不但恐惧感小,而且会自觉地控制情绪;而无经验的人在整个跳伞过程中恐惧感强,并且越接近起跳时越害怕。

同样的道理,一帆风顺的人一旦遇到打击就会惊慌失措,不知如何应付;而人生坎坷的人,同样的打击却不会引起重大伤害。可见,增加经验能增强抵抗压力的能力,应对技巧越佳,压力越小。

5. 环境

一个人的压力来源与他所处的小环境有直接关系,小环境主要是指工作单位或学校及家庭。工作过度、角色不明、支持不足、沟通不良等都会使人产生压力感,家庭的压力常常来自夫妻关系、子女教育、经济问题、家务劳动分配、邻里关系等。如果工作称心如意、家庭和睦美满,来自环境的压力必然小,则心情舒畅、身心健康。

二、情绪的含义及其作用

(一) 情绪的含义及类型

1. 情绪和情绪智力

情绪是指人们在内心活动过程中所产生的心理体验,或者说是人们在心理活动中,对客观事物是否符合自身需要的态度体验。人的情绪是一种复杂的心理过程,也是人们心理健康状况的指示器。情绪智力是个体准确而有效地加工情绪信息以及控制自身和他人情绪的能力。它具体包括以下五种能力:

(1) 清楚地认识自己的情绪;

(2) 妥善地管理自己的情绪;

(3) 激发自己的正面情绪;

(4) 认识他人的情绪;

(5) 安抚他人的情绪。

2. 情绪的成分及种类

情绪有三种基本的成分:情绪生理、表情和主观体验。情绪生理,即伴随情绪的产生,个体的心率、血压、皮电、皮温、脑电及内分泌系统都会发生相应的变化,例如,愤怒时血压升高,恐惧时心率升高;表情,即情绪产生时总伴随一些外显的行为表现及面部肌肉活动的改变;主观体验,即情绪产生时个体总能体验到是愉快还是不愉快,强度上是强还是弱。同一种刺激物,由于每个人的需要结构不同,其情绪体验的性质和强度也不同。

情绪还可以分为不同的种类:

(1) 积极情绪和消极情绪。古代人们按内在体验不同将情绪划分为喜、怒、哀、乐、悲、恐、惊七种。现代人则分为积极的和消极的两种情绪。积极情绪有愉快、满意、幸福、欢喜、眷爱等。愉快而适度的情绪能使人的心脏活动增强,呼吸频率和深度增加,引起热情、快乐、兴奋等机体激活状态,使人思维敏捷,效率倍增。消极情绪有悲伤、忧愁、愤怒、惊吓、仇恨、嫉妒、急躁、厌恶等。

(2) 健康情绪和不健康情绪。健康心理学依据情绪产生及对人的影响把情绪分为健康情绪和不健康情绪。健康情绪的特征:情绪产生诱因明确,能有效地进行情绪的自我调节,主导心境愉快。

(3) 基本情绪和社会情绪。基本情绪是指与人的生理需要相联系的内心体验。例如,人的恐惧、焦虑、满足、悲哀等。人的基本情绪在幼年时期就已经形成了,更多带有先天遗传的因素;社会情绪则是指与人的社会性需要相联系的情绪反应,表现为一种较为复杂而又稳定的态度体验。例如,一个人的善恶感、责任感、羞耻感、内疚感、荣誉感、美感、幸福感等,是后天随着人的成长而逐步发展和形成的。

(4) 心境、激情与应激。心境是指一种深入持久、亦比较微弱的情绪状态,具有渲染性和弥散性的特点,如忧郁、沉闷、松弛等。心境往往不具有特定的环境对象,但可以造成人的情绪的一般背景,来影响人的情绪体验。比如,当一个人心情舒畅时,他看什么都会觉得乐观积极,而当一个人郁郁寡欢时,则对许多事都会感到没有兴趣。

激情是指一种短暂的、强烈的、急风暴雨式的情绪状态。例如,一场球赛过后,或欣喜若狂,或垂头丧气。激情的特点是强烈的冲动性和爆发性,情绪作用时间短,往往会随着时过境迁而弱化或消失。激情也可以表现为积极的或是消极的。积极的激情能增强人的敢为性和魄力,激励人们克服艰险,攻克难关;消极的激情则会导致理智的暂时丧失,情绪和行为的失控。

应激又称为应激状态,是由于出乎意料的紧张或危险情景所引发的情绪状态。即当人处于巨大压力和威胁的情景下,而又要迅速做出重大决定时,所产生的一种特殊的情绪状态。应激有两种极端表现:一种是惊慌失措、目瞪口呆;另一种是急中生智、力量剧增。在应激状态下,人们能够尽快地转危为安,但也会导致知觉狭窄、行动刻板;过于强烈的应激情绪,会导致人的临时性休克甚至死亡,还会导致心理创伤。

(二)情绪的作用

情绪心理学研究表明,情绪活动本身可以影响知觉对信息的选择,监视信息的流动,促进或阻止工作记忆,干涉决策推理和问题的解决。

人们在感情交往中,往往通过面部、声调及身段表情进行信息传递,促进相互了解,因感情反响和共鸣,还会产生同情和移情。

积极愉快的情绪能加强人的免疫能力和康复能力,能使人获得满足与身心和谐。相反,消极情绪对人的身心健康则会产生损害作用。

情绪不可避免,无时不在,无处不有。情绪既可以作为我们适应环境的生存工具,人际交往的润滑剂,激发工作热情;也可以成为活力的弱化剂,甚至危及生命。要使情绪对我们的工作、生活发挥积极作用,关键就在于管理好自己的情绪。

三、压力和情绪管理的策略

当压力和不良情绪有可能对自己造成伤害时,可以用一些方法与技巧去应对,以减低其带来的消极影响。为了有效地管理压力和不良情绪,我们需要了解以下的解决问题的过程、策略和具体方法。

(一)压力的应对方式

1. 应激的三个阶段

有刺激就有反应,对压力的情绪反应就是应激。人如果经常处于应激状态,身体健康就会受到影响。加拿大心理学家塞立叶的研究表明,长期处于应激状态会使人体内部的生化防御系统瓦解,身体抵抗力降低,容易患病。他把应激分为以下三个阶段:

(1)警觉阶段。指对这个压力或刺激的关注。它可能是重大的生活事件,也可能是日常生活中的小事、琐事,所有这些都可能成为压力。压力来了或事情发生了,我们要警觉、要唤起,要调动自己的能量。

(2) 阻抗阶段。在应对压力的过程中,我们要消耗能量,体力、精力会慢慢地消耗,到了一定程度,可能把问题解决了,压力也就排除了。但也可能压力持续的时间很长,能量不断地消耗,就到了第三个阶段。

(3) 衰竭阶段。西方心理学对职业枯竭或职业倦怠研究得非常多,职业枯竭或职业倦怠最容易发生在和人打交道的职业中,像医生、护士、教师、警察等,这些同人打交道的职业更容易把能量消耗殆尽。到了这个时期,生理上会出现一些躯体症状,比如经常性的心慌、气短、头痛、头晕、失眠、血压升高、食欲不振、消化不良等,甚至还会得病;心理上可能情绪低落,变得烦躁、易怒;还可能意志消沉,成就感降低,变得不求进取;严重者甚至会变得冷酷无情、残忍、无人性,折磨虐待工作对象,如军人虐待战俘、警察折磨犯人、教师殴打学生等。

2. 压力应对的不同方式

(1) 支持式应对。主要是指通过环境和资源来应对压力。比如通过向朋友倾诉、参加体育运动、发展兴趣爱好等方式来应对。

(2) 回避式应对。是消极地忽略或回避压力,通过酗酒、性行为、抽烟、疯狂购物等不良行为来忘却压力事件,暂时消除压力感受。如服用一些镇静剂可以暂时减轻压力,但不能解决产生压力的根源,长期服用容易形成对药物的依赖,失去个人尊严,甚至引发其他疾病;抽烟喝闷酒等带来的副作用也是无穷的。其他不良的应对方法还有沉溺于幻想、攻击自己或他人等。

(3) 控制式应对。是个体面对压力时能主动适应和调节,比如通过提高自我能力、加强时间管理等方式来应对。

经有关调查表明,控制式应对是比较好的压力应对方式,如果与支持式应对相结合,则效果更好。

 相关链接

先解决情绪,再解决问题!

我们在应对压力时,应按照情绪应对和问题应对的顺序进行。

（1）情绪应对。这是应对压力的第一个阶段。感到有工作压力时，会出现负性情绪反应。我们大部分的能量和精力分布在情绪上面，去感受和试图控制这些情绪反应，会影响我们的理性思维。所以，面对压力时，第一步要调整情绪，让自己静下来，调节自己狂躁不安的情绪，冷静地思考问题。当人们遇到很大打击或承受巨大压力时，通常拒绝别人的安慰，会说："我想一个人好好静一静，希望你不要来打扰我。"甚至包括自己最亲密的人，如父母、爱人等。

（2）问题应对。经过了情绪应对阶段，人们能够用一种正常的心态去面对压力，把能量从纷乱的情绪中撤离出来，重新投入对问题的解决过程之中。在这个阶段，我们可以聚焦于具体的问题，发挥能力来思考解决问题的方案。

在应对工作压力时，先在情绪上冷静下来，才能心平气和地解决问题。

（二）压力和情绪的外在（调节身体）处理法

当压力源是持久的、而且是不可消除时，就需要发展个人的弹性来应对，这是抵制压力负面影响的根本方法，也是提升个人能力以适应环境的基础。这些弹性是有关压力和情绪的外在处理法。主要是调节身体素质以适应环境，提高身体的抗压能力。

1. 通过倾诉、运动等释放压力

（1）倾诉和宣泄。同亲朋好友或专业心理工作者讨论自己遇到的难题，以取得解脱、支持和指正。同时，要学会倾听，换位思考，唯有仔细倾听才不会产生疑问，从而远离诸多的不快与冲突。据研究，适时适地地大喊大叫大哭大笑有助于提升免疫力、降低压力，达到调剂身心的功效。日本心理专家认为，调整不良情绪最直接的方式就是发泄。日本很多企业里都有专门的"发泄屋"，里面放着不同大小和音质的鼓，员工情绪不好时可以到那里随意敲击，发泄情绪。

（2）运动和睡眠。无论是登山、快走、骑单车还是游泳、有氧舞蹈，适度的运动不但能强化心肺功能、活络四肢，还可以帮助大脑生成和分泌提升情绪、舒解压力的"快乐荷尔蒙",这是比较有效的减压方式之一。有旺盛精力才能抵制压力,而疲惫会在身体中释放压力激素,使血压和心率加快,只要多睡觉就能防止。

(3) 音乐、阅读和写作。在听音乐时大声唱,用力摇摆,会刺激脑部分泌某些物质,连接与愉快感觉有关的脑部组织。睡前听古典音乐或轻音乐,阅读书报、写作,可缓解压力,同时增加知识乐趣。据美国心理学家做的写作测试,一组专写压力烦恼;另一组只写日常话题,持续6周后,前一组人员心态积极、病症更少。

(4) 变换环境。压力很大时,可以到走廊或户外去,换换环境,呼吸新鲜空气,整理思路;或外出旅游,以沉淀思绪、增加见闻,让压力释放、心灵深呼吸。

2. 用生理减压法放松身心

(1) 胸式呼吸法。以肺的中上部分进行呼吸,感觉是胸部在张缩鼓动,腹部相对不动。先用鼻吸气,双肩不要上抬,充分扩展胸廓,然后用嘴吐气。在呼吸过程中,可以使用上腹部,但小腹一定要保持收缩状态。

(2) 腹式呼吸法。开始吸气时全身用力,此时胸部及腹部会因充满空气而鼓起,但还不能停止,仍然要使尽力气来持续吸气,然后屏住气息4秒,此时身体会感到紧张,接着利用8秒的时间缓缓将气吐出。吐气时宜慢宜长,不要中断。做完几次前述方式后,会有一种舒畅的快感。

(3) 想象放松法。例如,通过想象仰卧在水清沙白的海滩上的情景,使人似身临其境,进而放松身心。也可以先自己或请人用放松的语言朗读出情境然后录音,作为指导语,当需要放松的时候,播放出来效果会更好。

(4) 冥想减压法。找个舒服姿势坐下来,专注于自己的呼吸,一呼一吸。坚持一段时间就会见到成效。

(5) 自助按摩。一只手放在另一肩膀上轻轻按压,向脖子后颈压下去,压到发际,顺脊梁一路按摩到腰部,然后换方向做。全身压膝,放松身体。平跪在地上,两臂展垂放在两侧,身子往前探,将头放在前面的地上。保持两分钟,会感觉紧张的情绪渐渐平缓。按摩头盖,消除紧张。用手指从眉毛上开始,向上抚摩,穿过头发,然后重新抚摩回来。来回抚摩5次就能消除紧张与不适。

(6) 太极拳。有放松肌肉和神经系统的作用,可减缓压力,增强体质。

(7) 瑜伽。将心理、身体和呼吸结合,让内心平静,改进身体状态和身体健康。

3. 其他减压方法

(1) 食物减压。含有DHA的鱼油、鲑鱼、鲔鱼、金枪鱼、巴西栗和大蒜也能减压;维生素B家族的B2、B5和B6也是减压帮手,吃谷物能补充这些元素。

(2) 香精水疗减压。在洗澡水里加入熏衣草、玫瑰、香水树、天竺葵等具有镇静身心作用的芳香精油,有助于舒缓压力。

(3) 泡脚减压。在温热水中加入碱盐或者6滴香精油(熏衣草、柠檬油等),脚和脚腕浸泡其中可治疗失眠。

(4) 颜色减压。居住环境中尽量避免大面积的红色和黄色,绿色和蓝色用在穿着、墙壁或家中摆设上,最易稳定情绪,使人平静。

(5) 暴力减压。随身带小皮球、网球、小橡皮球,遇压力需宣泄时可偷偷挤一挤、捏一捏。

此外,还可以找到自己习惯的放松方式,培养健康的兴趣爱好来放松身心。如逛街、购物、恋爱、影视、宗教、园艺、刺绣等。

 案例

休假三个星期

李眉很坦然地向老板递上了自己要求休假三个星期的请示,老板两手一摊问:"为什么?"李眉早有准备,冷冷地说:"我最近一年的时间都感觉身体不适,胸口很闷,手脚发凉,中医说这叫气血亏损,积劳成疾。我需要时间检查、休养。"老板顿时换上一副无比同情关切的脸孔,大笔一挥,准假。

李眉并不是骗老板,这四年来做得没日没夜,体质一溃千里。每天晚上加班,几乎都能听见体内发出轻轻的断裂声。有时,李眉一边忍着颈椎的剧痛,一边飞快地做出中英文各一份的技术书,心里狠狠地骂自己:这是何苦呢,就算有钱能使鬼推磨,也不能先把自己变成了鬼啊。与其天天为自己的健康提心吊胆,还不如查个水落石出。顺便再办张健身卡吧,这回一定要坚持到底。

> **分析：**
> 工作压力过大的职业女性，常常忽略自身的健康状况。要注意定期做全面彻底的身体检查，制定相应的锻炼计划，并严格执行。一方面有助于健康，另一方面也是转移自己对工作过分投入的好办法。

（三）压力和情绪的内在（观念和心理）处理法

1. 认知、评估和处理

人们应对压力困境时会经历三个阶段：

（1）初步评估。将压力源整理归类，根据掌握的知识和具体情境，判断是否受到了潜在的威胁还是已经处于危险中了。要认识到压力的必然性与必要性以及积极面。

（2）次级评估。评估自己处理压力的策略，主要基于以前的经验、对自身和环境的信念、个人能力（身体状况和解决技术）和环境资源（如社会支持或金钱）的影响。针对上述情境，可以问问自己："假如我想在企业取得成功，假如我想拥有经验和知识，假如我希望现在的选择是正确的，那么我需要做什么才能得到这些？"这一阶段评估自己能在多大程度上控制局面。

（3）应对。包括行动或认知调节，或通过自我对话对环境进行再定义。

2. 改变观念、增加看法

（1）运用理性情绪疗法。心理学家艾利斯提出的理性情绪疗法，又称 ABC 理论。艾利斯认为，只有改变人的非理性观念、建立新的理性观念，才能消除人的原有心理障碍，为此，他提出了一个解释人的行为的 A—B—C 理论：

A：个体遇到的主要事实、行为、事件；

B：个体对 A 的信念、解释和观点；

C：事件造成的情绪和行为。

我们的情绪反应 C 是由 B（信念）直接决定的，可是许多人只注意 A 与 C 的关系，而忽略了 C 是由 B 造成的。B 如果是一个非理性的观念，就会造成负性情绪。若要改善情绪状态，必须驳斥非理性观念（D），建立新观念（E）。这就是艾利斯理性情绪治疗的 ABCDE 步骤。驳斥了非理性观念，建立起理性观念，压力和不良情绪就能得到缓解。

案例

理性情绪疗法的实际运用

张刚在一家证券公司担任副总,两个月前公司总经理位置发生变动,张刚一直在为升到总经理的职位而努力,员工也都认为他升总经理顺理成章,没想到总部却派另一人来担任总经理。张刚觉得这是一件非常丢人的事情,因而对领导非常不满,也失去了以往的工作热情。他觉得自己怀才不遇,并在暗暗寻求新的单位跳槽,但谈过几家后都不理想,开始认为自己一无所长、一文不值。

分析:

上述案例中,张刚因为没有被提升总经理(A)而感到非常失落、沮丧、寝食难安,想换工作的行为(C),是因为觉得没被升职失面子了,既对领导不满,又感到自己无能(B)。其实,假如我们重新对这一事件进行解释,也许张刚未被升职只是暂时的,领导想任命他担任其他更高的职位;也许领导想在现有岗位上进一步考察他;也许想给他其他机会如派他去国外培训等,如果是这样,张刚的沮丧和烦恼可能就不存在了。驳斥了以上的非理性观念(D),就可能建立新观念(E),即张刚的潜能只是暂时没有得到更好的发挥,但总有机会实现的。

(2) 改变对事物的观察视角,增加看法的多样性。人们对事物的看法不同,会引起不同的行为和情绪。因此,在受到情绪困扰的时候,可以通过改变对事物的看法,来达到调节情绪的作用。

日常生活中,因为长期的思维、做事习惯,会让我们进入一个死角,认定问题就应当是如此解决的。此时我们不妨尝试一下逆向、多向或发散思维的方法,打破原有的思维定式,反其道而行之,说不定就会眼前一亮,豁然开朗。成功者总是善于不断地拓展完善自己的思维模式,以适应千变万化的事物。在充满不确定性的环境里,不仅需要朝着既定方向的执着努力,在某些时候还需要对规则有所突破,需要在随机试错的过程中寻求生路。

 相关链接

"上司挑剔,所以我工作积极,因为……"

如果我们把"上司挑剔,所以我工作不开心"这个观点变化一下,并增加更多的观察视角,就能改变我们对事物的感受。

"上司挑剔,所以我工作积极,因为(这样可以)……"

- 使他无从挑剔
- 使我提升得更快,变得更能干
- 使他改变对我的态度
- 使我超越他的标准
- 使我更快升级,脱离他的管制
- 使我更有能力去寻找新工作
- 使我在同事中受到最少的挑剔,因而更有工作安全感
- 使我能更早创业
- 我要证明他不能控制我的情绪
- 我要证明我可以做到
- 使我能清醒愉快地工作
- 证明在最难相处的上司之下我仍能胜任
- 证明我能超越任何压力
- 使得其他老板注意我,因而主动提供转岗的机会
- 使我有更优良的表现

(3) 保持良好的心态。幸福和财富、幸福和成功往往不成正比,幸福与否完全取决于心态。在某些信仰宗教的国家,人们非常贫穷,但面容平和、感觉幸福;而拿破仑曾经拥有财富、权力和美女,他却说"我的一生中没有幸福过一天"。保持良好心态与正确的人生观、价值观密切相关,需要正确处理知足与不知足的关系,利己与利他的关系,物质需求与精神需求的关系。

要想从根本上减少消极情绪的产生,平时必须加强自我修养,培养乐观的人

生态度,增加积极的情绪体验。对于各种困境,只要从更长的时间范围内、更宽的区域里去考虑就会觉得海阔天空,就不会为无谓的小事而伤心,不会为无法改变的现实而烦恼不已。例如,中学时期对老师的批评容易愤怒至极,怀恨在心,但如果把挨批评这件事放在整个人生长河中去考虑,也许会对自己的成长产生重大积极的影响。

 相关链接

压力情绪管理的基本信念

每一个人生存的基本意义是:活下去,然后更好地活下去;帮助别人活下去,并帮助别人更好地活下去;

人与生俱来的天性都渴望拥有更好的明天;

每一个人都要为自己的一生负全责,自己照顾好自己;

人的改变由内而外,即首先是思想的改变,然后才是语言、行为和态度的改变;

任何事情的发生都是中性的,既无所谓好,也无所谓坏,事情的意义都是由具体的个人加上去的;

事情从不给人压力,压力来自一个人对事情的反应;事情也从来不带给人情绪,情绪来自一个人的信念系统;

没有人可以伤害你,除非你允许他这样做;也没有人可以控制你,除非你允许他这样做;

每一个人都具有无限的可能性,同时拥有无数次自由选择的权利。

3. 优化自身的人格品质

现代社会压力无处不在,但为什么面对同样的压力源,不同的人会有完全不同的后果? 有研究认为,最主要的原因是个体差异,是个人的能力、价值观念、经验和个性等不同导致的。比如,性情急躁的人,情绪变化大,易动怒,火爆脾气一点就着,常常会因为一点芝麻绿豆的小事而产生挫折感;心胸狭窄的人,气量小,好猜疑,喜欢斤斤计较,容易体验消极情感等。

个性既是天生的,也可以是后天塑造的。在平时的工作和生活中,努力提高个人能力和人格品质,比如提升自己的管理能力,在工作中力争得到更多的控制权,提升自己的自信心和控制情绪的能力,这些都是有效应对压力的方法。一般来说,能力强的人比较能抗压,对待生活始终积极乐观的人比较能抗压,个性开朗的人比较能抗压。而早年的苦难经历可能是一个人的抗压因素,但也可能给人留下永久的心理创伤,这需要转变认知、调整心态,把这些苦难变为资源和财富。

内控性格的人,深信能掌握自己的命运,认为自己的行为会影响自己的经历,他们倾向于将成绩归结于自己的素质;而外控性格的人很多时候由外界主宰。所以内控型的人更不易感受工作压力。因此,我们要学会对自己的行为负责,认识到压力是个人选择的结果,而不是不可控制的、反复无常的,甚至是严酷的外部力量的结果。

A型人格的人事业心强,大多能够有所作为,但A型人格的紧迫感不利于培养心理的坚强性,更易体验到压力,并且缺少弹性。因此,具有A型人格倾向的人应该在心理和生理上加以调适,为自己的心灵减负。可以制定一个符合自己实际能力的目标,不断追求小量成功以增加对压力的抵抗力;在时间安排上预留回旋余地;严格划清工作与休息的界线;培养业余爱好,增加生活情趣;经常参加体育活动,提高机体的承受能力等。

(四)压力和情绪的整合(社会资源)处理法

我们生活在一个彼此联系且互相帮助的社会网络中,社会支持是别人为我们提供的一种资源,让我们感觉自己是被爱着的、被关心着的、被尊重的。父母、兄弟姐妹、亲朋好友、同事同学等支持性的社会关系,使我们在面临压力和挫折时可以交流信息、宣泄不满,得到建议和鼓励,并且体验到情感上的联系。社会资源支持具体有:

1. 工具性支持

包括金钱、运输、住房等物质支持,这对于因遭遇天灾人祸或物质匮乏压力下的人们是直接的关怀和服务。

2. 情感性支持

对深感压力和情绪困扰者,给予关心、理解、安慰和鼓励,使其感到温暖和信任。这些共情效应和情感支持往往能够发挥极大的作用。

3. 认知性支持

主要是指在信息方面提供支持,如提供信息、建议和反馈、咨询与指导,这对于处于转变中的人来说非常重要。

4. 友伴性支持

压力和情绪困扰者通过和他人结伴,从事各种活动满足人们的亲和需求,或在团队活动中体验温暖和友情,可以转移对压力事件的注意力,增进积极的情感和抗压的勇气。

 相关链接

朋友的介绍相当于信用担保

每个人的人际网是不一样的,朋友身边的朋友也有可能成为你的朋友。这就如同数学的乘方,以这样的方式来建立人际网,速度是惊人的。在人际网中,朋友把你介绍给其他人,就意味着朋友是为你担保的。基于这一点,可以请朋友多介绍他的朋友给你认识,这样可弥补我们个人在社会关系中的不足。

(五)压力和情绪管理的其他方法

1. 对情绪进行管理

(1)情绪管理的原则。我们首先要接纳情绪,接纳自己内心感受的存在,再学习如何与它相处。例如不必因害怕某事物而感到不安,对触怒你的人生气也没什么不对,这些感觉和情绪都是自然的,应该允许它们适当存在并舒解出来。这远比压抑、否认有益得多。接纳了自己内心感受的存在,学习如何纾解焦虑、愤怒等情绪,为自己负责,才能谈及有效管理情绪。

情绪不好时,有人会选择大哭一场,有人会大吼几声或是到KTV大唱,有人会猛捶沙袋或打球,这样的宣泄过后,有人觉得心理感觉好多了,压力减轻不少,也有人觉得问题仍在,心情一样糟糕。一般人的观念中,情感的宣泄表达具有治疗的功能,然而,社会心理学家研究表明,宣泄不具备降低敌意的效果,反而促进了敌意的行为。我们不应把宣泄狭隘地理解为表达情绪,还要加上认知上的觉察,才能使宣泄确实成为促进行为改变的工具。

(2) 情绪管理的步骤。有效地管理情绪可以参考以下的"三步曲":

第一步,弄清自己当时的感受——问问自己:"我怎么了?""我现在有什么情绪?"让自己安静地独处一会儿,了解自己的情绪状态。

第二步,认清引发情绪的理由——问问自己:"我为什么会有这种感觉(情绪)?""我想干什么?"

第三步,找出适当方法舒解或表达情绪,即如何有效地处理情绪——问问自己:"我这样想对吗?"如果不合理,加以驳斥;如果有实际的问题待解决,则寻找解决办法:"我可以怎么想?""我可以怎么做?"

如果我们按照如上所说的三步来管理自己的情绪,再大的火气也会冷静下来。例如,有人说一句冤枉你的话,甚至是侮辱你的话,你顿时火冒三丈,这时只要问自己:我现在产生的是愤怒情绪吗?为什么愤怒?是我的自尊受伤害了?我的人品会因他的侮辱而改变吗?经过这些自问,内心的愤怒之火自然会下降。

(3) 处理负性情绪的方法

① 主动沟通消解法。当消极情绪涉及人际冲突或误解时,应主动与对方沟通,只要选择适当的时机,以当面或书信的形式,实事求是地、诚恳地说明事情的来龙去脉,包括坦白自己的过失或错误,相信矛盾会化解、误解会消除。

② 转移调节法。把不良情绪深埋心底、耿耿于怀,是自我折磨,结果只能使不良情绪不断蔓延,影响自己的身心健康。所以,当某件事情引起不愉快的情绪时,最有效的办法是进行积极的转移,通过打球、听音乐等使自己精神上得到安慰,也可以投入工作和学习,取得成绩来冲淡感情上的痛苦,消除烦恼和忧愁。

③ 升华调节法。升华是对消极情感的一种较高水平的宣泄,是将情感激起的能量引导到对人对己、对社会有利的方向上去。当遇到不公平之事,一味生气、沮丧或绝望都无济于事,做出违反法律的报复行为更是下策,那是用别人的错误来惩罚自己。正确的态度是把失败当成考验,把别人的嘲讽当成鞭策,化愤怒为力量,变压力为动力,摆脱困境,消除紧张,获得心身平衡。

④ 寻求心理咨询师的帮助。消极情绪会使人觉得痛苦难忍,如果过分强制压抑会引起意识障碍,可能导致心身疾病。有些人害怕把内心苦恼说出来对自

己不利,即使对父母或亲密朋友都不愿倾吐。这时,不妨找心理咨询师咨询,从中得到理解安慰,让自己理清头绪解决问题,走出困境。

 相关链接

非理性信念导致情绪困扰

我必须出色地完成我所做的事,赢得别人的赞赏;否则我会认为自己是个毫无价值的人——追求完美的非理性想法。

别人必须善意地对待我、体谅我,以我所希望的方式来待我,否则应该受到惩罚——期许被赞赏的非理性想法。

我相信如果工作没有升迁,我会崩溃——低挫折忍受力。

2. 对时间进行管理

通过对时间进行管理是消除压力源的一种策略,即让我们学会如何高效使用每天的时间,如何在长时间内有效地利用时间。有了合理有效的时间管理,就能平衡工作生活中诸多方面而不感受过大的压力。

(1) 明确影响时间效率的行为:

① 上司分配给你过多的任务而不可能完成;

② 别人的工作错误地分配给了你,或当别人请求你完成一项不合适的任务时,你不会说"不";

③ 看电视、上网或进餐浪费了太多时间,或很晚睡觉;

④ 参加不必要的应酬;

⑤ 将大量工作带回家准备完成,但常常没做;

⑥ 很多无益的习惯,比如花很多时间看八卦新闻;

⑦ 在候车、候机这样的时间里总是很焦虑,除了等候什么也不做;

⑧ 常常将工作延后处理,或许多工作都未能当场决断;

⑨ 一次同时做好几件很重要的事情;

⑩ 不习惯在纸上记录和书写;

⑪ 担心下属缺乏完成任务的能力,常常把下属的工作揽回来自己处理;

⑫ 办公室杂乱无章,临近下班时不会将办公桌上的文件资料整理好;
⑬ 不懂得时间管理是自我管理的核心内容。

(2) 有效利用时间是高效率时间管理的基础。要能够区分什么是重要的,什么是紧急的,学会把时间用于重要的事情上,而不只是紧急的事情上。增强自信,在有理由必须说"不"的时候不感到内疚。

(3) 通过自我监测,发现并利用自己的时间。运用高峰期,用好生物钟,准确把握自己的24小时节律,在精力最充沛、脑子最清楚的时段做最有价值的事;在该休息的时候一定要休息,以恢复疲倦应对压力。

(4) 理清轻重缓急,按计划行事,要事第一。可以把工作根据重要(你个人觉得有价值且对你的使命、价值观及首要目标有意义的活动)、紧急(你或别人认为需要立刻处理的紧急事件或活动)的维度分成四大类,如表5-1所示。

表 5-1 时间矩阵

类别	紧 急	不 紧 急
重要	危机 有限期的任务 安全事故 投诉	准备工作 客户管理 建立关系(内、外部) 团队培养
不重要	不速之客 某些会议 某些电话 某些流行活动	打发时间的工作 看报纸 闲聊 赌博等恶习

应该将精力放在"重要"的事务上,即"要事第一"的管理,因为比速度更重要的是前进的方向,生活的意义不在于速度或效率,做什么以及为什么做远比做得快慢更重要。从表5-1可以看到,所有要事都是在第Ⅱ象限(重要而不紧急),这些事务包括保持身体健康、过个愉快假期、建立和谐的人际关系、真正有效的授权、确定自己的个人使命、长期的职业生涯规划、品格的培养、关于人生的思考等。表5-2显示的是普通人与高效能人士的时间安排。

表 5-2 时间安排

普通人的时间安排		
类 别	紧 急	不 紧 急
重 要	25%—30%	15%
不重要	50%—60%	2%—3%

高效能人士的时间安排		
类 别	紧 急	不 紧 急
重 要	20%—25%	65%—80%
不重要	15%	<1%

(5) 时间管理的其他方法。比如明确目标,能够迅速找到有利于目标实现的资源;分清轻重缓急分别处理事务(什么是我必须做的?什么能给我最大的满足感?);把事务列出清单,制订计划有序处理;做事专心致志,注重细节;有头有尾,设定最后的完成期限,不拖延;养成整洁和条理的习惯,保持办公桌的整洁有序;善于运用零散的时间思考、准备,重视累积的效果;学会把灵感和想法记录下来;善于利用节省时间的工具,如交通、电脑和通信等;能够有效地管理业余时间,如睡眠、学习、娱乐等。

 相关链接

工作狂是一种病

科学家研究发现,工作狂和酗酒一样,其实是一种病,遭受这种疾病困扰的人有不同程度的心理问题。工作狂经常感到忧虑,他们不能把工作委托给别人,而且幻想他们能够在任何时候控制局面。他们很难分清努力工作与沉溺在工作中的区别。一个努力工作的人是热爱工作的,而工作狂是依赖于工作的人,是工作的奴隶。努力工作的人会给自己休息时间,但工作狂不会。这也正是两者的区别。工作变成了工作狂的保护伞,但"醉心于工作"不仅会让爱人感到失望,也有可能加大与孩子们的生疏感,最严重的能导致夫妻双方关系破裂,直至离婚。

怎样才能阻止工作狂超常投入工作?

(1) 享受生活瞬间的乐趣。工作狂应当学会如何享受偷懒所带来的乐趣。刚开始的时候要留意一下身边所发生的事情,例如:如何使一个孩子在起步阶段提高素质,太阳是怎样越过地平线落下的,或者试着花比平常吃正餐多两倍的时间宠爱一条狗等。看电视的时候应有意识地让自己什么也不干,学会忽视一些事情的方法。

(2) 忘记最喜欢的习语,例如"我之所以不停地做事,全是为了孩子、妻子以及父母生活得更好"等。另外,在工作之前,工作狂不妨先想想工作是为了满足生活乐趣,还是长时间工作会造成家庭关系破裂等生活不幸,然后问问自己哪一种选择值得自己付出。与此同时,权衡一下自己为之奋斗的目标与家庭的关系。

思考题

1. 结合个人的偏好,叙说职场人士获得心理健康的主要途径和方式。
2. 如何结合个人经验来有效处理职场中的压力和负性情绪?
3. 你的时间管理策略是怎样的?有什么可以总结的经验?

第六章
与上级关系的处理

在职场中,每个员工都有一个直接影响他事业和情绪的上司。与上司和睦相处对员工的身心、前途都有极大的影响。有关调查发现,企事业单位员工感受到的人际关系压力绝大多数来自上司。直接上司是影响员工职业心理健康的重要因素。因此,想要消除职场中不良人际交往的障碍,建立良好的人际关系,就需要重点关注与上司的关系。

第一节 领导者、管理者的领导风格和人格特征

与上级有效沟通、和睦相处的前提是正确认识领导者、管理者的领导规律和管理风格,进而熟悉领导者、管理者的人格特征,更进一步感悟每个管理者个人的领导风格和个人魅力。只有这样,才能适应职业环境,不断积累经验,达到与不同管理者有效互动、密切合作的理想状态。

一、领导者、管理者的领导风格

(一)领导与管理

领导与管理有密切的联系,但又有区别。一般而言,管理行为和管理活动是

领导行为与活动的组成部分。管理是领导者带领下属通过计划、组织、指挥、控制和激励以实现组织目标的行为过程。领导者必须参与企业的管理,才能有效地实施领导行为。按照职责分工,高层领导总揽全局,从宏观和战略上进行管理,中层和基层的领导以具体管理为主。越是基层的领导,管理工作越具体。从这个意义上来说,领导也可称为管理。

两者的区别在于,领导者一般被称为"帅才",而管理者是"将才";领导者在企业中是少数几个具有权利、地位和影响力的人物,而管理者除了基层领导外,还有财务、人力资源、销售等方面的专业人员;管理是一门"技术",具有操作性、普遍性,而领导是一门"艺术",没有普遍适用的理论和方法,强调的是因时、因地、因人而异。

(二) 领导者的角色功能及其影响力

领导者在组织中扮演着不同的角色,具备相应的角色技能和行为方式,具备权力性影响力和非权力性影响力,承担着与其他人不同的责任。

1. 领导者的角色功能

据加拿大亨利·明茨伯格的研究,领导者的角色功能有三大方面(表6-1)。

表6-1 领导者的角色功能

角色		角色描述
人际关系角色	名誉领导	象征性的首脑,必须履行法律性和社会性的例行事务
	领导人	负责激励和动员下属,负责人员配备、培训和交往的职责
	联络者	维护自行发展起来的外部接触和联系网络,向人们提供信息
信息传递角色	监听者	寻求和获取信息,以便透彻了解组织与环境,是组织内部和外部信息的神经中枢
	传播者	从外部人员和下级那里获取信息传递给组织的其他成员
	发言人	向外界发布有关组织的计划、政策、行动、结果的信息,是组织所在行业的专家
决策制定角色	企业家	寻求组织和环境中的机会,制订改革方案,监督方案的策划并实施
	危机管理者	当组织面临重大的、意外的危机事件时,负责采取补救措施
	资源分配者	负责分配组织的各种资源,批准关于资源的重要决策
	谈判者	在主要的谈判中作为组织的代表

2. 领导者的影响力

领导者的影响力有权力性影响力和非权力性影响力两种。

(1) 权力性影响力也称为职位性或强制性影响力,是由正式组织、团体赋予个人的职务、地位、权力与资历等构成的。这种影响力包括威胁力、奖赏力、合法的正统力、规范力、法人代表力等。其特点是:对他人的影响带强迫性,不可抗拒,违抗要遭惩罚;对员工的激励作用有一定的限度;被影响者的行为和心理是被动服从的,缺乏自觉性和主动性,领导者和被领导者之间可能产生较大的心理距离。

(2) 非权力性影响力也称自然影响力,是由领导者的自身素质与行为造成的,与领导者的地位与权力无关,主要由品格、才能、知识、情感等因素构成,具体指道德品格高尚、决策和管理能力强,掌握丰富的科学知识和专业知识,具有业余专长与才能,能够平易近人、关心体贴员工等,如果领导者具备以上的特质越多,其非权力性影响力就越大。非权力性影响力能使员工自觉自愿地接受影响,发挥的作用比权力性影响力更有效、更持久。

(三) 领导风格

不同企业有不同风格的领导者,不同的领导者也因形势、环境、企业文化而存在。

1. 专制型(命令型)领导风格

专制型领导风格的显著特征是不断地下命令告诉下属该做什么、不该做什么,且不许下属发表意见。当下属出现错误时,会严厉指责,有时甚至采取使人难堪的方法迫使下属服从。

 案例

专制型领导风格的总经理

某电脑公司正处于危机之中,其销售额与利润不断下滑,股票市值一落千丈。为此董事会聘请了一位新的总经理。这位总经理以扭转困境而闻名,他采用的是专制型领导风格。上任后就大力裁员,出售分部,做了本应几年前就该实施的决定,最后公司转危为安了。他经常威逼、指责、贬低手下的管理人员,而他的直接下属因害怕告知坏消息而挨骂,不再向他提供任何不利信息,最高管理层也因他的乖张暴戾几乎瓦解,员工士气降至最低点,公司在短暂复苏后又再次陷入困境。公司董事会最终不得不将他罢免。

分析:

上述事例可看出,专制型领导风格比较适用于如下情况:企业正处于转型期、面临敌意收购或经历地震、火灾等的危急关头;任务简单明确,下属需要清晰指令,且上级掌握的信息比下级多。

不易采用这种领导方式的情况有:当任务比较复杂,专制可能会带来反叛;对有能力自我指导、激励、监控的高素质员工不适用。长期采用这种专制风格,会使下属感到不受重视,不能按自己的意愿行事,逐渐失去责任感,会趋于反抗、消极怠工或离职。

2. 权威型(愿景型)领导风格

权威型领导的特点是为员工提供长远目标和愿景,号召员工为之奋斗。其行为特点是:能勾画组织发展的长远目标和愿景,引导员工明了自己的工作是整个组织宏伟蓝图的一部分,让员工了解自己所起的作用及实现目标的最佳途径;建立与愿景相关的绩效管理体系;合理应用积极、消极的反馈来强化激励手段。

研究表明,在六种领导风格中,权威型领导风格最有成效,对工作氛围的每一方面都能起到积极作用,几乎适用于任何商业环境,尤其适用于目标不明确的企业。但当领导者面对的是一群比自己更有经验的专家时,专家可能会觉得领导高高在上、架子太大;当下属不信任领导时,采用这种方式也很难取得好的效果;当领导因过于追求权威而傲慢专横时,就会破坏团队精神和合作气氛。

3. 合作型(关系型)领导风格

如果说专制型领导要求"照我说的做",而权威型领导鼓励大家"跟我来",那么,合作型领导则会说"员工优先"。这一领导风格以员工为中心,认为个人和情感比任务和目标更重要。合作型领导从不吝啬溢美之词,对优秀的工作表现总是给予及时的认可或奖励。他们还会邀请下属吃饭、面对面交流,或买蛋糕共同庆祝团队的优异成绩等,以此来培养员工的归属感。

当领导试图建立和谐团队、提高士气、改善沟通或重获信任时,这种风格会很有效,但需要与权威型风格结合起来才能更好地发挥作用。权威型风格构建蓝图、建立标准,合作型领导对员工关心、培养,这样恩威并重的领导方式才是最有效的。

4. 民主型领导风格

这一风格的领导者确信员工有能力为自己和组织找到合适的发展方向,能让员工参与有影响的决定,经常召集会议听取员工意见,对绩效进行奖励,很少给予消极反馈或惩罚。这种领导风格的领导者能够赢得信任、尊重与支持,提高员工对工作目标的认可程度。然而,民主型领导风格的领导缺乏强有力的手段来推行方案执行和措施的落实。当领导者自己也无法确定最佳方向、需要优秀员工出谋划策时,这种领导风格是最理想的。

5. 领跑型领导风格

领跑型领导风格的特征是设定比较高的绩效标准,追求卓越。领导者不仅身先士卒,还要求员工都要有优秀的表现。对表现差的员工,他会立即指出并要求改进,如仍然不合要求,就会让能力较强者取而代之,或亲自出马纠正。员工可能对这种领跑型领导的过高要求望而生畏,会显得士气低落,或因领导不放手、不鼓励他们主动作为而感到不被信任,奉献精神和责任感会降低。而一旦领导离开,一向习惯由"专家领导"制定规则的员工就会失去方向感。对技能高超、擅长自我激励的专业人士、研究小组或营销小组,这种领导方式大有用武之地。

6. 教练型领导风格

教练型领导风格的目标是为未来培养员工。领导帮助员工认识自己独特的长处与短处,并将其与个人抱负、职业发展联系起来。他们鼓励员工树立长期的发展目标,帮助制定具体计划,给予指导与反馈。教练型领导擅长授权,将挑战性工作分配给员工,能够容忍下属的失败,并揭示失败的警示作用和借鉴意义。面临恶劣的经济环境时,无法实施这种需较长时间教育员工并帮助他们成长的方法。因此,在六种领导风格中,教练型风格是最少被采用的一种。

二、管理者的人格特征

（一）管理者人格类型调查

管理者面对激烈的市场竞争,需要不断发展和开拓自身的心理功能与潜力,走职业化的发展道路。职场基层员工也应该了解领导者、管理者普遍的人格特征,熟悉自己上司的人格特点和管理风格,以更好地适应职场上下级的人际关系氛围,满足合作、协调的需要。

近年,有一项采用MBTI(即迈尔斯-布里格斯个性分类指标,详细内容参见第一章)技术对255名企业管理者的人格类型进行的研究。这次调查表明(表6-2),ESTJ(管家型)和ISTJ(检查员型)是企业管理者的典型人格类型;而性别、年龄、教育水平、管理职位、管理领域、企业性质等变量对管理者的典型人格类型没有显著影响。

表6-2 管理者人格类型分布

类型	人数	类型	人数	类型	人数	类型	人数
ESTJ	100(39.2%)	INTJ	15(5.9%)	INFJ	6(2.3%)	ISTP	2(0.8%)
ISTJ	42(16.5%)	ISFJ	10(3.9%)	ESFP	5(2.0%)	ENTP	2(0.8%)
ENTJ	26(10.2%)	ENFP	9(3.5%)	ESTP	4(1.6%)	INFP	2(0.8%)
ESFJ	20(7.8%)	ENFJ	8(3.1%)	INTP	3(1.2%)	ISFP	1(0.4%)

注:括号内数字表示管理者各人格类型在总体中所占百分比。

ESTJ型即为外向—感觉—思维—判断型,ISTJ为内向—感觉—思维—判断型。STJ结构,即感觉—思维—判断结构是这两种人格类型的共同特征,说明企业管理者注意力多定向于现实,关注事实和细节,对实际经验有兴趣;在判断和决策过程中,以逻辑、分析的方式看待事物,受客观价值驱动,寻求普遍性的标准和原则;在生活、工作风格上,强调计划、秩序、结构化,重视规划和调整。不同的是,ESTJ型具有外向性特征,关注外部世界的人和活动,通过与人的互动和实际行动获得能量;ISTJ型则具有内向性特征,关注自己内在的观点和经验,通过反思自己的思想、记忆、情感获得能量。

相关链接

管理者的人格类型

在管理者的人格类型特征方面,据国外相关资料表明,美国的管理者ST(感觉—思维型)结构居多,其次为T(思维型)。ESTJ(管家型)为初、中级管理者的典型人格类型,ENTJ(统帅型)则为高级管理者和总裁的典型人格类型。而国内对人力资源管理者人格类型的研究结果则显示,ESTJ(管家型)、ENTJ(统帅型)、ESFJ(主人型)是人力资源管理者的典型人格类型。

研究表明,管理者在领导方式、学习方式、工作方式、应付变革模式上更倾向于关注外界环境信息,偏好运用感觉功能加工信息,倾向于以逻辑分析组织、决策信息,偏好采取结构化、秩序化的生活和工作风格。注重现实性,较少从内部反省信息以发现和构建事物间的整体联系和发展趋势。

多数管理者在沟通方式、问题解决模式上更倾向于关注事实,运用经验和客观分析加工信息;而管理者常常缺乏洞察力和热情,很少能对员工的潜能加以关注。

大多数管理者在气质特征上具有行为计划性、组织性、秩序性强的特点,较少管理者在气质特征上表现为无计划、随意性、灵活性强的特征。

此外,在ISFJ类型上,发现女性管理者的人数显著多于男性管理者,学历为本科的管理者的人数显著多于学历为专科和硕士的管理者。在ESFJ类型上,学历为专科的管理者人数显著多于学历为本科和硕士的管理者;高层管理者的人数显著多于中层管理者。

(二) 管理者气质、性格类型调查

1. 陈国海的企业管理者气质类型分布研究

2002年,广州外国语学院的陈国海教授进行了一项企业管理者气质类型分布研究,他采用了60道题的自陈式气质量表对225名企业管理者进行了问卷调查。结果表明,管理者气质类型比例主要为:略偏多血质(占27.1%)、多血—黏

液混合(占 23.1%)、胆汁—多血混合(占 10.2%)、略偏黏液质(占 9.3%),上述这几种气质类型的管理者占了总人数的 69.7%,没有一个典型抑郁质的管理者。

研究得出的结论为:不宜有典型的或略偏胆汁质和抑郁质气质类型的管理者;多血质、黏液质或多血—黏液混合、胆汁—多血混合气质类型的人比较适合做管理者;少量胆汁质和抑郁质类型的管理者,走到管理岗位大多数是因为亲戚关系。以上研究结论对职场员工选择职业具有一定的参考价值。

2. 俞文钊的企业管理者气质、性格类型的调查

2002 年,俞文钊对 12 个工厂的企业管理者 144 人(男性 80%,女性 20%),采用卡特尔 16 种人格因素量表和 Y-G 性格测验量表进行了调查。其中 Y-G 性格测验由 130 道测题组成,是由日本京都大学教授矢田部达郎于 1957 年根据美国的吉尔福特的个性量表修订而成(Y-G 是"矢田部—吉尔福特"的英文缩写),如表 6-3 所示。

表 6-3　五种典型的性格类型(Y-G 性格测验量表)

型号	名　　称	情绪	社会适应状况	向性	特点
A	平均型	平均	平　均	平均	智力平常,精力、体力、毅力、能力都中等,不引人注目
B	不稳定积极型	不稳定	不适应	外向	与周围人的关系不融洽,其行为常引起人们的注意和议论,容易出现异常行为
C	稳定消极型	稳定	适　应	内向	常处于被动状态,温顺
D	稳定积极型	稳定	适　应	外向	人缘好,有组织领导能力,是活跃务实的类型
E	不稳定消极型	不稳定	不适应	内向	好独立思考,有钻研精神但不善于交际,内向性明显,容易患神经质和身心疾病

采用 Y-G 性格测验量表的结果表明,D 型性格类型的领导者占 54.2%,C 型占 20.8%,A 型占 17.7%,混合型占 7.3%,而典型 B、E 型的一个也没有。可见,企业领导者的主要性格是 D 型。

俞文钊调查的结果还表明,从事不同工作类型的管理者具有性格方面的共同点,也存在与工作密切相关的差异性,如表6-4所示。

表6-4 不同类型管理者性格类型的比较

管理者类型	共 同 点	不 同 点
人力资源	都有较高的稳定性,有恒心和自律性	外向、开朗,讲实际,工作原则性强而不留情面,有保守倾向
营销管理		外向、开朗,冒险敢为,有广泛的社会联系
财务		内向、严谨、细心敏感,独立性较高

第二节 与上司沟通和相处的方法

在职场中,确认你与上司的关系是处理好上司关系的基础。你如何看待与上司的关系呢？最近一次与上司聊工作之外的事情距现在多久了？上司对你的工作有多少指导呢？……通过对这些问题的思考,你对自己与上司之间的关系要有大概的把握。如果你与上司之间的关系已经恶化,上司对你心存芥蒂,或长时间没有与你沟通了,那么你就应该总结和反思,想办法改善你们的关系。

一、与上司沟通的方法

(一) 与上司沟通的原则

1. 与上司坦诚相待,经常主动沟通

上司每天工作繁忙,要让他对你有印象,必须经常接触沟通,而且是面对面的沟通；要赢得上司的肯定和支持,必须要让他感受到你的坦诚。工作中的事情不要对上司保密或隐瞒,要以开放而坦率的态度与上司交往,这样上司才觉得你可以信赖。应主动争取上司的认可,在关键地方多请示、勤汇报,主动征求上司的意见,把上司的想法融入自己的事情中。这样,上司更加了解你,你也能得到及时的帮助和指导。

2. 确认上司的行为风格,选择有利沟通时机

与上司交往时,可以先收集一些资料,弄清上司的行为风格,并及时调整自己的沟通策略。主动对上司提出意见、建议、批评或规劝,应该在了解上司性格特点、与上司建立良好关系的基础上进行。与上司的沟通也并非全在办公室里,在休闲中也可以解决大问题,但要注意场合,可以选择上司心情比较好的时机。

3. 注意沟通中的确认和反馈

战场上,指挥员布置完任务后,接受者都要当面重复一遍,即使在战斗最激烈时也如此。因为只有这样,才能确保执行者全面准确地理解指挥员的战略意图,不至于因误解而影响战争进程。重复上司的命令和指示有助于你加深理解,而上司也能从你的复述中及时发现自己的漏洞或你理解上的偏差,加以修正。此外,向布置工作的上司及时反馈工作进度和结果,保证"事事有着落,件件有回音",这可以让上司把握事态的发展,也是你获得信任的重要方面。

 相关链接

如何向上司进言?

向上司进言不是单向的,而是双向的交流,不应自以为是,要随时准备自己的意见被否决,乐于在与上司交流、切磋中接受正确的意见,服从真理。应遵守以下原则:

(1) 适事。下属遇到紧急的事,重要的事,上司需要知道的事;发生了错误、疏漏需要纠正、补救的事;反复思考确实认为是合理的事,才适合进言。

(2) 适时。下属应在不同的时机、针对不同需要向上司进言。上司"百思不得其解"、急需对策时,应及时进言;上司主动征询时,下属进言可以印证自己、锻炼自己的能力;上司情绪良好时,下属应"察言观色、见机行事";处于危急关头时,下属应快速提出如何执行的方法措施;当任务转化有变更时,下属应提供有高度预见性的意见。

（3）适地。下属进言应该看场合。工作上的建议，可在公众场合或会议上提出；对上司的提醒，则应在个别场合悄然提出；对上司的批评、劝谏，则应经过深思熟虑之后，预先约定时间提出，以让上司有一定的思想准备。

（4）适度。下属进言应掌握分寸。显而易见的事，点到为止；上司一时接受不了的事，可过一段时间再提，要让上司有个思考的过程，而不是一味纠缠不休。

（二）工作中与上司沟通的四种情况

1. 如何接受指示

(1) 认真倾听，要听懂上司的话中话，必要时可提出疑问；

(2) 听懂后要给上司确切的反馈。

接受上司指示时，要尊重上司，要用心去听，最好做下记录。听完后，要给上司一个反馈："我刚才听你说的第一点是什么，第二点是什么，第三点是什么，我理解的对吗？"

2. 如何汇报工作

(1) 能事前汇报的事前汇报，不能事前汇报的事中汇报，不能事中汇报的要事后汇报。

(2) 上司关注的是事情的结果，如果下属向上司汇报工作说："我是怎么做的……"上司可能没兴趣听。因此，向上司汇报时，语句要简短，由结论先说，以"结论—理由—经过"的顺序说话。第一句话应该是目前这件事的结果怎么样，把结果说完了，再征求上司的意见，看他是否需要了解过程。叙述完整的事件时，常用"5W2H"（When, Where, Who, What, Why, How, How many）加以阐述。

3. 如何讨论问题

下属和上司讨论问题时要区别两种情况：是上司找下属讨论问题，还是下属主动找上司讨论问题。

第一种情况，上司找下属讨论问题，可能这件事你知道应该怎么做。如果是这样，就不要有任何的隐瞒。因为上司既然问你了，他肯定比你了解的还要多；

即使上司不了解,你也不要有任何隐瞒,要如实地回答。要注意以下三点:

(1) 不要说我还不知道,而应该说我马上去了解;

(2) 要询问上司,了解上司对办妥这件事的时间要求;

(3) 询问上司对这件事是否还有其他的指示和吩咐。

第二种情况,下属找上司讨论问题。这时,你应该:

(1) 看一看当时的环境,要找一个恰当的环境。下属敲上司办公室门时,一定要观察上司所处的环境、当时的心情。上司心情不好时,不要找上司讨论问题。如果必须讨论,要学会感染他的情绪、管理他的情绪。

(2) 在讨论问题时,带给上司的不单是问题,而应该把这个问题的备选答案一并带给上司,让他做"选择题",而不是"问答题"。

(3) 要避免和上司发生重大的争执。有时候你的观点可能说服了上司,你可能赢了上司,但结果可能是赢了观点、输了人情。

4. 如何发表异议

下属与上司观点不同时,首先要承认上司是对的,自己的想法可能只是起到了补充作用。如果上司采纳了自己的建议,也不要骄傲;如果上司不采纳自己的建议,就不要再坚持。当上司让你发表建议时,可以说出自己的想法;但如果上司一旦决定了,下属就不应再说什么。

二、与上司和谐相处的方法

(一) 下属要了解、赞赏和学习上司

下属与上司关系和睦的前提是了解上司,可以通过自己观察、与上司聊天、正式交流、向同事和前任请教等方法进行。

1. 知晓上司意图,积极主动工作

下属与上司是唇齿相依的关系。如果你的上司工作出色,深受公司决策者重视,那么下属的成就感也比其他员工要高,待遇也会相应提高;如果你的工作业绩超群,经常被树为公司"标兵",那么你的上司也会因"领导有方"而获得高层的赞赏。下属要学着去适应上司,而不能让他反过来迁就你。下属要在与上司沟通交流中了解对自己工作的要求、将来的计划和安排,还要时刻领会他的意

图,其中可能包含许多独特习惯和潜规则,这考验着你的领悟能力和适应能力。这样,你不仅能够尽职尽责地完成任务,而且能够做到积极主动,灵活应对。

2. 理解上司肩负的压力,信赖上司

上司的级别越高,责任和风险就越大,肩负的压力也越大。他不仅要对自己的职位负责,与尚未成家的年轻员工相比,还要担负家庭责任和社会责任。如果你的上司是基层管理人员,还要面对来自他的上司、其他部门等的压力。他可能在自己的职位上也不总是称心如意,或很难与员工有真正的沟通,也不易获得朋友似的友谊,正所谓"高处不胜寒"。

上司一方面要指导下属,另一方面也要承担工作的压力,因此上司希望得到下属的帮助,分担他的压力,而很多时候他的苦闷只能藏在心里。如果上司心态好,对下属就会热情指导;否则,会对下属的工作借题发挥,以泄心中的怒火。因此,下属应该理解、尊重上司,替上司分担压力。当上司指派新任务给你时,最好马上放下手边的事,以他的指令为优先。当你正跟别人通电话时,上司刚好找你,你应该当机立断终止通话,假如通话对方是重要客户,你不妨用字条或唇语、动作知会上司。事实上,帮助上司就是帮助自己。

3. 谅解上司对你的不理解,正确对待他的缺陷和错误

有时候上司不理解下属并给下属带来很大困扰。这时,下属应该承认上司不理解的现实,并体验不被理解的感觉;要尊重上司的不理解,其中一定有他的理由。要尽可能了解上司这么做的原因,想办法调整自己的沟通方法和行为方式,要采取让上司容易接受的方式以增进他对你的理解。

上司也会犯错误,也会有无能的时候。在执行上司命令的过程中,应该积极配合有明显缺陷的上司,以自己的聪明才智弥补上司专业知识的不足,在服从其决定的同时,要主动献计献策并勇于承担责任。这样,既积极配合了上司的工作,表现出对上司的尊重和支持,又施展了自己的才华,由此你将成为上司的左膀右臂,上司不但会记住你而且更会感激你。

当上司出现工作失误时,下属应承担应担的责任。如有可能还应安抚劝慰上司,帮助上司总结经验教训,或表达你对他的理解和支持。如果你是上司的助理,对上司工作中的一般失误,应因人、因时、因地、因事处理;当上司问题严重、员工反应强烈时,只要其未离职,仍应尊重、服从他,并关注他的情绪,给予生活

上的关心;如果与上司的关系较好,可通过私下交谈或在内部会议上共同协商,查找主观、客观原因,解决办法;当上司个人品质有缺陷时,不宜向其指出,如果事涉重大原则,则需配合有关部门查证、处理。

4. 赞赏和学习上司,给予适度恭维

在一些员工眼里,领导或上司总是一无是处:脾气不好,难以沟通,给员工穿小鞋,处理事情不公平,善于钻营,挑剔员工的工作,过于迁就客户。下属看不惯上司,抱着"你当年还不如我"的想法,其实这些都是下属最不自量力的表现。能通过正当途径担任领导者,必有其可赞之处。不论上司有多少缺点,他都是凭借某方面的优势坐在这个位置上的。因此,不管其他人如何评价他,你都应该对他保持尊敬的态度,用积极的眼光去发现他身上的长处。在上司身上找优点的同时,将他的工作方式和思路与自己相比,你会找到自己的差距。

人性中最基本的秉性,是被人认同、恭维的渴望。领导者都希望下属理解他、恭维和赞扬他。下属了解上司的心理,不是为了庸俗地"迎合"他,而是为了运用心理学规律与上司进行有效沟通,更好地处理上下级关系。对上司保持敬意,对上司的职场历练保持敬意,在适当的时候给上司诚实而真挚的恭维,如:"多亏了经理您及时提醒,让我少走了很多弯路,真是太感谢了。"即使是自己不喜欢的上司,有时候也要给予适度的恭维。

5. 充分利用资源,把上司当作职场引路人

上司的优点如能力、天资和经验等,是部下可充分利用的资源。上司中有的经验老到,解决问题能力强;有的人脉资源丰富,能一呼百应;有的善于营造气氛,对下属感染力强……下属配合上司的指导,就是充分利用上司的这些优势。把这些优势运用到工作中,可提高自己的工作效率和质量。"利用上司"时一定要注意与上司沟通的方法,让上司明确知道你有求于他:"老板,这件事您不帮我,我很难做好,您得给我指条路。"

 相关链接

上司都希望被提拔的人能理解、贯彻自己的策略

能巧妙利用上司资源的人,一般都能得到上司的信赖,而得到上司信赖

的人也应该信赖上司。如果下属从专业角度与上司进行比较,那么他的知识可能不如自己丰富,就像你与他比较管理经验,你也没有他丰富一样。由于看问题的角度不同,上司与你的想法不一致是很正常的。站在上司的角度,用人的标准是多元的,有时需要技术能力强的人,有时需要处理人际关系好的人。最基本的一点是,上司都希望被提拔的人能理解自己的意图、贯彻自己的策略。作为下属,相信你的上司和领导,把他们作为你最重要的客户,他们是付钱给你购买你服务的人。

 案例

朱扬的中庸之道

朱扬在外企做销售,他的老板是一个老外。他说了这么一件事:"一次,客户要求我们公司递交产品的国产化方案以降低成本。如果我们不能满足要求,我们将无法进入潜在供应商名单。于是,我反复斟酌,提交了一个方案给老板审定。不料,方案很快被老板否决。原因是,这会影响中国以外市场的价格水平,不能因为这一家客户影响全球市场。这时,在我面前似乎只有两个选择:其一,坚持己见,但是老板可能会用相同的理由否决你;其二,听老板的话,但这样我就丢失了我最重要的客户,今后的工作很难开展。在我看来,这两个选择都等于失败。

我相信,方法肯定有,只是我还没有找到。我请了一些人,预约了一个会议室,和老板预约了一个小时的会议。我准备好一切我能准备的材料,在会上开诚布公地阐明了我的观点,说明这个客户对于中国市场以及我今后工作的重要性。会上讨论很激烈,争论的结果是我们找到了第三种办法——一种很好的折中方案:在90%满足客户要求的同时,尽量减小对海外市场的影响。我的工作是尽力向客户提交并解释我们的方案,说服客户接受;而我的老板则会努力去平衡其他市场。"

分析:

朱扬的做法体现了中庸之道,其实生活中许多矛盾都是折中解决的。和老板产生分歧的时候,要设法和老板沟通,争取对方的充分理解,去找到双方都能接受的办法。你的目的是要解决问题,不是赌气。有时老板总揽全局,又有丰富的经验,而我们仅仅是公司的一个"零配件",所以我们也要学会站在老板的角度和层面去看问题,否则会走向固执的死胡同。

(二)下属要正确理解、有效处理与上司的关系

1. 服从上司,表现出忠诚和支持

服从上司,组织纪律性强,是上下级相处融洽、保持工作关系的首要条件,也是上司观察和评价下属的尺度。上司布置重要任务后,希望他的命令被圆满执行,他最讨厌的是下属自行其是或越级报告,在高层那里抢了头功或不给他一点面子。你有自己的想法,但在公开场合隐藏自己的不满,以宽阔的胸怀,当众仍然坚持服从,理智地执行他的决定;或当他处于尴尬境地时,你能够勇敢挺身而出,即使暂时牺牲自己的利益,也要维护组织的利益和他的尊严,上司会觉察和感知到。

2. 把上司当朋友,但不宜成为朋友

如果把真正的朋友定义为彼此能够解除防备、毫无顾忌,甚至把自己的隐私坦露给对方的话,下属与上司在职场上要成为真正的朋友是有难度的。因为一旦和上司成为朋友后,就有可能认不清自己的角色。因此,下属可以把上司当朋友,但不宜成为朋友。

3. 化解矛盾,维护上司间的团结

除了主管上司之外,每个下属还有其他职位不等或分工不同的上司。不同上司之间也会发生矛盾,下属遇到这种情况要格外谨慎。有时,上司之间背后说来说去,下属听到也应该充耳不闻,千万不可附和或传播,以免影响上司间的团结,也影响自己的地位与利益。上司之间的矛盾冲突,下属以不介入为原则,以保持中立为前提。在可能的条件下,应尽力加以协调、化解,有利于团结的话可说,不利于团结的话则不说。如实在无法处理,甚至难以安身,下属应考虑另谋他职,但也不能把原单位上司的矛盾或丑闻传到新单位去。如果是更上一级领

导向你了解情况则应据实反映,不可感情用事、添枝加叶,使问题复杂化。要对上级成员一视同仁,建立和发展正常的关系,而不应从个人目的和私利出发,攀一方踩一方;按照权限和程序汇报工作,不随便越级请示汇报。

 案例

曹鹏的三条罪状

曹鹏所在合资公司的业务是装卸货场内进出口货物,从事短途倒运。曹鹏刚进公司半年,他是学机械出身,先做技术员,实际是修理工,负责公司十几辆车的维修养护工作,业务繁忙,工作很累。原来的车辆管理主管老马被调做业务部经理了,曹鹏接任。老马很喜欢曹鹏,除了车管工作,老马经常带着曹鹏到外面跑业务,而这正合曹鹏心思,他的目标是既懂技术、也懂业务。

一天,曹鹏被叫到总经理办公室,总经理列举了曹鹏的三条罪状:一是车队内部管理混乱,越是生产紧张时车辆坏得越多;二是不务正业,车队不管,跟老马跑业务;三是背后说领导的坏话。

分析:

1. 关于背后说领导坏话的问题,曹鹏非常纳闷:闲聊时,当时在场的每个人都说了,有人说得更厉害,别人没事,为什么要罚我?大刘平时与我不是很融洽,在他的一再追问下,我才说的,肯定是他告的密。

对曹鹏的忠告:很多时候,别人可以说的话而你却不能说,别人可以做的事而你却不能做,因为你年轻、资历浅。别人说错了话做错了事,对手可以原谅、忍让,会顾忌,甚至选择适当的时机和方式进行反击。而你却不行,因为你尚不具备任何令对方顾忌的实力,最容易成为某些人舌根下的牺牲品。因此,要做到:"非礼勿听,非礼勿言。"

2. 关于不务正业,曹鹏内心解释:现在明白老马的用意了,一是他当时没车,拉上我当司机;二是他酒量不行,遇到某些场合要我护驾。

对曹鹏的忠告:多接触业务对开阔眼界增长见识是有帮助的,但要掌握一个"度"。特别是当你还没有把自己分内的事情做到尽善尽美的前提下,就想向其他领域发展,就有点舍本逐末了。即使要学习强者,还要看你跟随的人是怎样的？领导对他的印象如何？

3. 关于车状不良、车质下降问题，曹鹏内心分析：短途倒运，简直不是用车，而是吃车。为了保证车质我下的辛苦劲就不用说了。司机们都说，要不是我这么玩命，这些车早报废了。老马当时要车急，车少无法保证，货主急。老马就到总经理处告状，给总经理造成管理不到位的坏印象。用车与管车本身是一对矛盾，老马把责任推到我身上，而我只对老马汇报，总经理对我的印象都是从老马那里获得的，所以造成了偏见。

对曹鹏的建议：

（1）不辩解、不怨天尤人，更不要背包袱。一切从头做起，让事实说话。当领导对你的印象有了彻底的改变后，再进行辩解效果会好得多（如果需要申辩的话）。

（2）尽量改善与直接上司的关系。提供给老马的车，在无法满足时要讲清原因求得体谅，同时做好生产维修的安排，主动与老马沟通。工作上多汇报，感情上多交流，良好的人际关系可弥补工作上的不足。

（3）不要让某人成为上级认识你的唯一渠道，要力求自己掌握自己的命运。应该对自己的工作有统筹安排，每个阶段的重点、存在的问题力求让总经理知道，必要时形成文字，以某种方式传递给总经理。

（4）运用越级请示但不引起反感的方法。比如，乘老马与总经理在一起时向老马汇报工作，以引起总经理的注意；乘老马不在时制造紧张情况，"不得已"而越级请示；善于借助各种力量向上级领导输送关于你的正面信息，如同事、客户及其他经常与领导接触的人。

三、与上级冲突的处理方法

（一）与上级冲突易导致的问题

作为下属，工作阅历虽然浅，但工作积极性和热情较高、工作富有创造性，工作中有点失误是难免的。但有的下属一旦出现纰漏或错误，就会感到内疚、自卑，甚至后悔不已。犯错误后，不去主动与上司沟通交流，而是唯恐上司责备自己,害怕见到上司,这样的心理状况就需要调整了。

事实上,犯错误本身不是问题,上司在意的是你对待工作中出现失误的态度,要尽早与上司沟通,以期得到上司的批评、指正和帮助,同时取得他的谅解。消极地回避,不但不能取得上司的谅解,反而有可能让他产生误解。

案例

小江和刘经理的矛盾该如何解决?

小江在一家公司的市场部工作,之前她换过两次工作,都因与领导相处的问题,最终导致离职。在这家公司,小江一直认为和部门刘经理是比较投缘的,无论是行事还是语言沟通,两人的风格都比较相似。所以从面试开始她就觉得自己很喜欢这个干练的女强人。小江觉得这次换工作一定会有一个非常舒服的人际环境。

但随着在部门工作的开展,小江有点改变当初的看法了。由于两个人都很强势,有时难免会出现针锋相对的局面。小江是个比较粗心的人,在筹备一次系统会议时出现了很多疏漏。刘经理听说上级对这个会议十分不满,她自己也是急性子,所以在部门会上严厉地批评了小江。小江是个爱面子的人,当时觉得十分难以接受,觉得刘经理也有很多问题,当众与刘经理顶撞起来,并提出了辞职。

冷静下来后,小江不知如何是好,原本觉得和领导相处非常舒服,不知为什么会出现这种情况。这件事对她打击很大,在办公室待一天便觉得浑身不舒服。并且她极力避免与刘经理接触,但是这样下去总不是办法,小江陷入了深深的焦虑之中。

分析:

下属在工作中的失误或问题如果不及时解决,就会产生自责、内疚等情绪,并因此引发更为严重的紧张、担心、不安等消极情绪,产生巨大的心理压力。在职场人际关系方面,会产生担心自我形象受到影响,担心同事对自己的负面评价,不接受自己的形象等状况。

小江的问题是因工作冲突引起的,刘经理本是自己欣赏的人,这是良好沟通的基础。但性格的相近,同时又会在潜意识中让员工忽视领导的地位进而导致角色的混淆,使小江产生自己是领导的感觉,导致她们的沟通模式出现了问题。而小江与刘经理发生冲突后,后悔、害怕、懊恼、担忧,使她产生了逃避心理,不敢与刘经理接触。

小江应改变自己的工作态度,明确自己和经理在职场中的角色定位和工作职责,正确认识自己。筹备会议的疏漏是不容否认的,小江应该就工作失误主动与上司沟通,承认自己的疏忽,提出自己的解决方法,认真听取上司的建议并达成共识。与上司的沟通效果也要尽快让同事知道,避免让同事对自己产生负面评价。在以后的工作中更应吸取教训,关注细节,谨慎从事。

(二) 有效解决与上级冲突的方法

下属与上司发生矛盾冲突后,应该积极寻求有效的解决方法。在通常情况下,有效沟通、缓和气氛、疏通关系、积极化解才是正确的思路。具体有以下一些方法:

1. 主动进行沟通,承认错误

当与对方吵架之后,有时候谁见了谁也不先开口,实际上双方内心却都在期待着对方先开口讲第一句话。作为下属遇到上司特别是在有隔阂后,应及时主动搭腔问好,热情打招呼,以消除冲突所造成的阴影,给上司留下不计前嫌、大度处事的印象。如果见面憋着一股犟劲不搭腔、不理睬,昂首而过,长期下去矛盾就像滚雪球般越滚越大,会形成更大的隔阂,再想和好困难会更大。

下属的心理素质要过硬,态度要诚恳。若责任在下属,主动承认错误,道歉并改正错误,求得谅解才是上策。如果主要责任在上司一方,只要不是原则性问题,应灵活处理,因为目的在于和解,下属可以主动灵活一些,把冲突的责任往自己身上揽,给上司一个台阶下。人心都是肉长的,人心换人心的方法极容易感动上司,从而化干戈为玉帛。

2. 下属适度忍让或进行冷却处理

在许多情况下,遇事忍让可以反映一个人的胸怀与见识。下属与上司发生冲突时,不应斤斤计较,可先委屈一下自己,采取适度忍让的态度,既可避免正面冲突,同时也保全了双方的面子和人格尊严。但如果一味地妥协忍让、委曲求全,则比较消极,自身的人格和形象也会受到损害,这时就应寻求积极的解决方法。

事关原则性的冲突发生之后,如果错误主要在于上司,而且上司也有歉意流露,那么作为下属应该不计较、不扩散,把此事搁置起来。对待上司一如既往,该汇报的仍汇报,该请示的仍请示。这样,随着岁月流逝,冲突所造成的副作用也许会逐渐冲淡。

 案例

材料没按时拿出来后……

李助理好学上进,多次受到领导表扬。一天公司总经理急着去市里开会,可要上报的材料还未拿到手,有人说材料是李助理整理的,而他正好不在。性急的总经理命人马上找回了助理:"你干什么去了,材料为什么不按时拿出来?叫我拿什么去开会?失职!废物!"

从未受过如此批评的李助理,涨红着脸,三步并作两步,一掌拍在总经理办公桌上,并从文件堆里翻出了一份材料,说:"材料是刘秘书整理的,昨天下午就交给了你,你当领导的记性哪里去了?"这时办公室主任赶快拿过材料,催总经理上车,才缓和了矛盾。可是总经理出门时回过头来说:"等我开完会回来,再和你算账……"

分析:

大凡性急的领导对自己的过头话,事后并不认真去"兑现"。但下属应对自己的过失进行反省、检查。适当时机,李助理自己或通过办公室主任向总经理检讨自己的冒失,这样做可能会使总经理反省自己的急躁。

在矛盾冲突中下属应主动自责自咎,才能引起领导的反思,这是维护领导尊严和领导心理的需要。一个智慧的下属应时时给领导搭起走下台阶的梯子,而不是相反。下属尤其是领导身边的人员应始终认清自己的角色地位，摆正与领导的关系，受到批评时，要做到不急不躁，哪怕是批评错了，也不应对领导大吵大闹。李助理在当时正确的做法是，先把材料找出交给总经理，等气氛缓和时再用适当的方式说清楚；总经理自己或许也会反思，会向李助理道歉。

助理或秘书的职业角色要求其性格中有开朗、自制的品格，有足够的心理承受能力。在任何场合不勃然大怒，学会在上下左右的"夹缝"中协调好人际关系。

3. 解决冲突的具体方法

(1) 把握火候，寻找机会。下属要选择好时机，掌握火候，积极去化解矛盾。比如当上司遇到喜事、受到表彰或提拔时，下属就应适时登门，及时去祝贺道喜，这时上司情绪高涨、精神愉快，会认为这是对其工作成绩的肯定和人格的尊重。

(2) 请人斡旋，缓解冲突。下属可找一些在上司面前说话有影响力的"和平使者"，带去自己的歉意，做调解说服工作。调解者从中斡旋，就等于在上司和下属之间架起了一座沟通的桥梁。下属碍于情面不能说、不便说的话，通过调解者一说，效果就会非常明显。但调解人只能起到穿针引线的作用，要真正解决问题，还得靠下属自己去和上司沟通。

(3) 电话沟通，书信传情。电话或书信解释可以避免面对面交谈可能带来的尴尬和别扭。不管是由于自己的鲁莽造成的碰撞，还是由于上司心情不好引发的冲突；不管是上司的怠慢而引起的"战争"，还是由于下属自己思虑不周造成的隔阂，都可用电话或短信、邮件传递心情，表达歉意，求得谅解，达成共识，并争取进一步面谈。

 案例

领导侮辱了我的人格

小鲁是一家公司的部门副经理，虽然他和顶头上司即部门经理之间有些小矛盾，但最让他不开心的却是最近发生的事。"大年三十的上午，我被总经理叫到了他的办公室,说白了就是为了调解我与顶头上司之间的矛盾,其实也没有什么大不了的,但是我最不能容忍的是:第一,总经理居然把我与上司之间的矛盾全部归咎于我;第二,公司很多优秀的人才都是被顶头上司给气走的,我的这位顶头上司就是与董事长有些特殊关系罢了,顺便说一下,我们公司的总经理是董事长的小舅子。其实很多事情我都是可以忍的,我都已经忍了三年多了,但是唯一不能容忍的就是顶头上司居然在没有任何证据的情况下,当着外人的面说我出卖公司利益,是叛徒。这种侮辱人格的事我怎能容忍呢?可没想到总经理在跟我谈的时候,居然说我不大度。更可气的是,总经理居然说,他没有背后说我,只是当面说说而已(但是他也知道顶头上司在背后说了我多少坏话),我对总经理的这种调解方式难以接受。"

分析:

案例中小鲁遇到的问题,可能是目前许多家族企业中普遍存在的问题。企业既需要"大度"的领导,也需要"大度"的员工。

"大度"的领导,不仅包容、宽容、原谅员工的小错误,还采取适当的行为,督促、指导员工改正缺点、纠正错误,但他不会放纵员工屡次犯下同样的错误、违反相关规章制度、违反法律法规;"大度"的员工,不仅包容、宽容、原谅上司或同事,还能适当采取的有效措施制止上司或同事的错误行为,但他不会一味忍让上司或同事的不合理言行,不会放纵屡次对自己的恶意伤害。否则,他将突破"大度"员工的界限,成为"无原则"的员工。

案例中小鲁的"顶头上司"对小鲁的言行和总经理的不合理的调解行为都已突破了"大度"所应容忍的范围,小鲁在这种情况下,却"忍"了三年多,一定程度上已经成为一个"无原则"的员工。小鲁可按步骤采取以下应对措施:

第一步,回忆历史,理清思路,明确"顶头上司"到底对自己做了哪些不合理的行为,自己是否有问题;

第二步,根据第一步的思考结果,直接找总经理沟通,要求总经理做出合理的调解行为;

第三步,如果总经理仍一味"放纵""包庇"这位"顶头上司",小鲁就直接

找董事长,说明情况,并要求董事长邀请总经理一起,调解小鲁与其"顶头上司"的关系;

第四步,如果董事长同意,并做了合理的调解,小鲁明确了自己以后该如何与总经理及"顶头上司"相处;如果董事长未能做出合理调解,小鲁只能向总经理提出辞职,另谋高就。

第三节　获上级支持的发展策略

一、熟悉上级特点,争取表现机会

(一)熟悉上级特点,让上级了解并支持自己的工作

下属应了解上级的优缺点、工作方式或专长爱好、价值观、心理特点、生活习惯等,有效适应上级的工作要求、领导作风和个性情绪,做到不同风格、区别对待。例如,有的领导直率爽快,工作雷厉风行;有的严谨细致,工作踏实求真;有的喜欢看书面报告;有的喜欢听口头汇报等。下属对此要做到心中有数,领会上级的意图,了解上级对搞好某项工作的行为动机和基本设想,尊重其工作习惯,准确提供领导所需信息,满足其工作和心理需求,同时卓有成效地做好工作。

下属可以通过有效方式,使上级了解自己工作的可行性及意图,了解自己的努力及工作过程,这是获得上级帮助的重要心理基础。常用的方法有四种:

1. 反复强调法

上级处于宏观和整体地位,考虑问题要更全面周到些,但同时因公务缠身、精力分散,可能无暇顾及每一项具体工作,这就需要下属为获取上级的有力支持而采用反复强调的方法,促使上级对某项工作了解、熟悉,甚而全面支持。

2. 侧面疏通法

下属向上级"正面请示"某项工作无效的情况下,可以改用从侧面做工作、通过不同渠道传送信息加以疏通的办法,使上级在"不失体面"的情况下,转而采纳

自己的意见、支持自己的工作。

3. 实绩启迪法

下属在进行某项工作而未被上级真正理解和认识时,可以向上级展示"实绩",如先搞些小试验,待取得预期成绩再请上级审查指导,或具体介绍其他组织或媒体发布的现成经验,使上级在实绩面前受到启示,从而转变态度。

4. 时势催逼法

在某些情况下,下属也可以对举棋未定、行动迟缓的上级施加一定的压力,使他在现实潮流面前,感到再不支持下属的工作,就有"失职"和"落后"的危险,从而促使上级转变态度,积极支持和帮助下属开展工作。常用方式为向上级展示主管领导的指示精神;展示媒体有关评论或重要文章等。

(二)主动争取机会,适当表现自己

很多时候,发展和晋升的机会要靠自己努力去争取。为争取更多的发展机会,应该了解上司喜欢员工哪些工作态度和素质,并熟悉企业的升迁制度和人际关系,向上司争取自己的表现机会。

1. 敢于接受新任务

当上司提出一项计划时,在估量自己能力的前提下,可以毛遂自荐,请他让你试一试。

2. 适度渲染自己的成果

担当琐碎工作时,不必把成绩向人显示,以给人平实的印象,而当你有机会承担一些比较重要的任务时,不妨适时地把成绩展示出来,以增加你在企业的知名度。

3. 不宜过分谦虚

上司未必都喜欢谦虚的下属。例如,当你带领员工完成一项艰巨任务向上司汇报时,可以把自己的作用放在醒目的位置上。

4. 适时提出自己的不同意见

古人云:"将在外,君命有所不受。"并不是所有上司都喜欢绝对服从的下属,特别是精明强悍的上司,会欣赏那些有不同意见但为企业利益着想的下属。

5. 保持最佳状态

别以为经常通宵加班、一副疲惫的样子会博得上司的赞赏和喜悦。他心中很可能会说"这年轻人体力不济""有更严峻的任务能胜任吗?"对你的精力、体力甚至能力产生怀疑。因此,无论何时,在上司面前应该保持良好的精神状态,这样他才会放心地把更重要的任务交给你。

6. 不断创新

让上司了解你是一个对工作十分投入的人。不仅这样,你还要尝试不同的方法以增加工作效率,给上司留下一个灵活、创新的深刻印象。

 案例

曾经被批评的肖峰获得了董事会的赞赏

肖峰是北京一家知名软件公司的销售总监,他的顶头上司王总是搞学术、技术出身的,对销售一知半解,但王总经常呼东喝西地插手销售部的事,碍于面子的肖峰哪怕知道王总指挥错了也顺从地去做。不久,销售部被搞得乱七八糟,销售业绩也一跌再跌。一时间,高层(包括王总)批评,属下埋怨,让业内曾经赫赫有名的销售大王肖峰沮丧至极,有苦说不出。

肖峰经过思考,决定用自己的销售智慧把不懂销售的王总给"兼并"了,让王总在销售方面跟着自己的思路走。为了照顾王总的面子,肖峰首先把过去的失败写成总结,并检讨自己过于懒散、不够努力,然后提出挽救和解决的措施。为了得到王总的支持,他还特意列举了现在的市场背景以及同行业公司的成功案例。同时,他主动出击,在王总还没有开始指挥的时候,就把处理事情的几种方式、路径,每一种方式和路径的利弊等都详细列出,再去虚心请教王总。这时,王总再不懂销售,也知道采用成本最少、赚钱最多的那套销售方案了。

成功"兼并"了王总的肖峰,因为业绩的持续攀升得到了董事会的认可与赞赏。王总也渐渐退后,把更多的时间用在自己的专业以及人事、财务的管理上,企业的不稳定因素得到了控制,公司运营进入了高速发展状态,肖峰的各项工作顺风顺水,渐入佳境。

分析：

兼并上司的立场，不失为向不懂装懂的上司沟通的上等策略。首先，它没有排斥上司的观点，而是站在上司的立场上，最终是为了维护上司的权威，出发点是善意和良性的；其次，为了更有效地说服上司，肖峰针对具体问题，多陈述事实材料和数据，让事实说话，然后对其进行"顺水推舟"的提醒和说服，进而达到自己的目的。这既是对工作尽职尽责、兢兢业业，又是对上司的爱护。这种策略是一种温和的方式，能够充分照顾到上司的面子和自尊，易于被上司接受，效率较高。

二、获得上级青睐，得到进一步发展的机会

（一）培养与上司共同的核心价值观

每个上司都有自己最在意的价值观，这些信念构成了每个人的内在思想基础，心理学称之为"核心价值观"，比如"守时、诚信"等。这些核心价值观不容易妥协，也往往是最容易引爆情绪的原因。职场新人要了解上司的核心价值观，才能读懂上司，与上司和谐相处。如小周希望通过加班来表现敬业，却与上司"重效率"的精神相违背。上司找他谈话："你不能在工作时间内完成任务，还要靠加班来完成，这只能说明你效率低下。你加班的一水一电，可都是公司的开支。"

因此，如果你是像小周一样的职场新人，应该多和同事交流，并培养敏锐的观察力，找出上司的核心价值观；还要试着分析自己，找出自己的工作风格，比较一下自己和上司之间有哪些共性、哪些不同，并调整自己的工作态度来配合上司。当然，你在了解上司的同时，也要让上司真正地了解你，包括你的强项和弱项，只有当上司充分地了解了你，才能给你机会，而你也能得到进一步发展的空间。

（二）帮助领导成功，实现自己的价值

1. 表现忠诚，帮助领导成功

在职业生涯中会遇到各式各样的领导或上司，有的专横跋扈，有的自私自利，有的刚愎自用，有的任人唯亲，但任何一位上司都有他的优点和缺点，下属要

做的是放大上司的优点。职场人士要在上司和自己之间建立起一种相互信任、尊重的积极、健康的工作关系。如果上司在工作或生活上遇到困难,可提醒并尽可能帮他解决;在上司遭遇不利局面时,能够挺身而出,帮他解释澄清,化解尴尬,表露自己对领导及公司的重视及忠诚。

2. 与领导发展合宜的公私关系

如果有合适的机会,跟上司一起打球,或是邀请对方参加私人聚会,都是建立私交的好方法。多一分接触,就多一分情谊,但也要懂得掌握分寸,球友一旦回到办公室,仍旧是你的领导,不要忘了角色转换。

3. 积极进取,获得领导青睐

一般来说,出色的领导能正面调动员工的积极性,在一定程度上帮助员工实现自我价值。但在上下级关系上,还有微妙的"性格匹配"问题,如果职场新人过于理想化,希望完全与领导"合拍",那是不可能的。职场人士在与上级相处时,发挥忠诚敬业、积极进取、谦虚好学、善于合作等精神,才能获得领导的青睐。领导的工作顺利了,你的前景才会更广阔。

相关链接

如何做好领导的助手

(1) 有些事要想到上司前边。虽然要听上司布置工作,但有些事助理要想在上司前面,当好上司的参谋。

(2) 上司布置的工作要提前交卷。如写材料、搞调查等,应争取提前完成,完不成的任务,要提前向上司打招呼,使上司提早安排,免得被动。

(3) 注意保密工作。有的事助理要比其他员工知道得早,不能为了显示自己的优越感而随意乱说。泄密的助理是不称职的,而且会给上司添麻烦。

(4) 负责做上司与他人的沟通工作。当上司与他人发生矛盾时,助理不能在上司面前火上加油,而要平息上司怒气,并为上司向他人沟通,使矛盾尽快消除。

(5) 平时多给上司提供资料。上司比较忙,助理就要将有关资料及时提供给上司,这会对他的决策有参考价值。

（6）善于听取上司意见。认真听取上司的批评或要求，不因小事而同上司翻脸。有不同意见，可慢慢与上司沟通。

（7）不要轻易在上司面前告别人的状。轻易告别人的状，影响上司对他人的看法，如果看错了人，上司会从内心埋怨助理。只同上司谈工作，不议论是非。

（8）不向上司提过高的有利于自己的要求。有的要求会使上司为难，如果办不成，上司会认为你不满意，即便办成，影响也不好。

（9）多到基层听职工的议论和看法，以便提供给上司。及时反映员工要求，可使上司办事不脱离群众，普通职工也会对助理反映群众情绪的做法满意。

（10）要关心上司的生活。经常在上司身旁工作，对上司的饮食、作息时间、身体健康多关怀照顾，既关心了上司，又体现了同事之情。

思考题

1. 论述在职场中与上司发生冲突的处理原则和方法。
2. 对"帮助领导成功，实现自己的价值"这句话你是如何理解的？
3. 案例分析：

小王、小张曾是同窗好友，在两个单位分别任经理助理。小王对单位领导较满意，小张却认为领导没把他放在眼里，有一件事他向领导提了七八次意见，不仅不管用，领导还说他太幼稚。

小王说："我看你确实是幼稚，缺乏自知之明。"小张："你怎么一点不同情我？"小王："你总是希望别人理解你、同情你，可你理解不理解领导、同情不同情领导？你以为自己什么都行，凡事都想说上几句，当然，说得对的，领导应采纳，但有时说得对的，领导也不一定采纳。因为个人看问题的方法、角度不同。领导需要站在全局考虑。你的意见对，但在全局看不一定行得通。领导不采纳是正常的。"小张："那我今后不提什么意见和建议了。"

小王:"那倒也不是。我的方法是:大是大非问题、原则问题,最多提三次意见,其他一次即可。提了三次领导不采纳,说明领导有自己的考虑,即使某个问题处理不妥,领导也会负责的。自己提了三次也尽职了。"

小张按小王的方法试了一段时间,果然有效。

问题:

下属向领导提意见后有几种可能的结果?如果领导不采纳下属的意见,下属应该怎么办?

第七章 与平级、下属及其他关系的处理

第一节 与平级同事沟通和相处的方法

一、与平级同事友好相处的意义

（一）平级同事关系是职场人际关系网中的"纬"

职场中的人际关系好似"关系网"，这个网有它的纵向的"经"和横向的"纬"。"经"就是上下级关系，"纬"就是同级之间的关系。每个员工就是那一个个纵横交错的"结"。如果不重视与平级同事和下属搞好关系，在工作中就很难得到他们的配合和支持。

对上司以"诚"，对下属以"宽"，那么怎么对待平级同事呢？与上司或者下属相比，你与同事之间的关系更加平等，关系也要简单得多，但却更加微妙。融洽的同事关系，可以促进工作上的协调合作，为你的职场业绩加分；不和谐的同事关系，或你与同事存在人际冲突、交往厌倦和沟通障碍，则彼此之间的关系会缺少默契、冷淡麻木，甚至出现相互仇视、对立的局面。

（二）同事也是一种宝贵的资源

企业中的同事性格、能力、素质各异，各有优势和不足。他们身上可能有让你讨厌的缺点和毛病，但他们同样在做着自己的本职工作。用一种平和的心态去观察你周围的同事,你就会发现他们也有自己鲜明的个性。关系其实也是生产力,只有真诚而又礼貌地对待公司里的每一个人,才会有良好的人际关系,才会有人愿意与你分享自己的经验和社会关系。职场奋斗就像一场开卷考试,你要找的资料总是有的,关键是你能否找得到。

 相关链接

不要让同事成为自己的"负资产"

公司里的每个同事都是你的人际资产,如果你不能让这笔资产成为正数,至少也不能让它成为"负资产"。无论是对公司的最高领导,还是与送文件、做清洁工作的人打交道,都要注意自己的一言一行,和善地对待每一个人。公司的每个人都可能对你的工作和前途产生影响。更重要的是,如果你真诚地对每个人好,会极大地融洽你的工作氛围。

(三)与平级同事沟通和相处的方法

平级同事之间,既有共同的目标,又有各自的分工;既需要相互支持、帮助,又隐含着彼此的竞争。因此,在处理平级的同事关系时,要注意以下几点:

1. 真诚待人,彼此尊重

这是处理平级关系的首要原则。真诚待人、尊重他人,是人与人交往的基本规范。平级之间无论在什么地方、什么情况下,都为着同一个目标,即把工作做好,所以彼此要真诚地关心和支持。没有尊重就没有职场友谊,每个人都有强烈的友爱和受尊敬的欲望。与老员工发生矛盾后,如果新员工能够尊重对方,主动求和,那新老员工的关系有可能和好如初。

2. 积极配合,互相补台

在实际工作中,平级之间应当积极主动地配合,齐心协力地工作,以求得最佳的整体效应。在积极配合的同时,应强化补台意识。比如,当平级同事有困难时,应当热情提供帮助,不应视而不见,更不能抱着看"笑话"的态度"欣赏"同事的困难和问题。

3. 见贤思齐，强者为师

处于同一层次的同事之间，由于资历、阅历和受教育程度等的不同，无论在能力、水平还是在气质、修养方面，都存在着一定的差异，又处在同一起跑线上，存在着潜在的"竞争"因素。在处理平级同事关系时，要积极向贤者学习，这样既能有利于自身的提高，又有利于处理好同事关系。切忌嫉贤妒能，采取不正当的手段"排挤"别人。

4. 严以律己，宽以待人

与同事相处久了就会发现每个人身上都有些缺点，但一般而言，同事身上的缺点和毛病多属习惯或教养方面的问题，很少是品质上的问题。如小王开玩笑无分寸，小张做事马虎拖拉等。对这些缺点，学会包容和理解是最好的方法，要做到严以律己、宽以待人。与同事交往时，还要注意公私分明，作为同事谈工作时公事公办，而作为朋友谈交情时互谅互让、互帮互助，要明白在工作中再好的朋友也是同事。

5. 珍惜职场友情

同事之间需要友谊，它不仅可以温暖孤独的心灵，还像你背后的一双眼睛，帮你看到自己身上看不到的缺点。如果彼此之间真诚相待，在逐步相互了解的过程中，理解和接受对方思考问题的方式和价值观，不仅能大大减少猜疑和误解，而且容易在工作中形成默契，产生友谊。

6. 学会谦让

现代企业竞争是团队的竞争，顾全大局是现代员工必备的素质。在特殊情况下，为了取得最大效益，企业决策者需要综合平衡或采取"丢车保帅"策略，在取舍两难时，领导往往会让新员工做出一些牺牲。在这种情况下，新员工需要有谦逊的美德、谦让的态度才能融入集体，并在其中找到自己的角色和职责。

 相关链接

你的谦逊是一种隐性投资

想要被自己所在的团队所接纳，就得接受和认同团队的价值观念。由于你的谦让让团队获得了成功，领导心里有数，同事对你也更加钦佩。你的个人形象得到了提升,意味着将来有比别人更多的机会。所以,你的谦逊是一种隐性投资。

二、与平级同事冲突引发的问题及处理方法

(一)平级同事间冲突引发的问题

职场人际交往最为频繁的就是平级同事之间,而平级之间由于各自的性格差异、沟通风格、行为反应风格的差异,以及所持的立场、观点的不同,更容易发生矛盾,引发冲突。

 案例

吴琴应该怎么解决自己的苦恼?

吴琴在一家著名传媒公司的事业部工作,负责为事业部下辖的项目组提供系统支持。在一个项目中,由于情况紧急,需要先执行再与供应商签合同。她让部门内的行政助理去跟法务部负责人魏克华沟通,但行政助理带回法务部的意见是不能违反公司的规章制度,必须先签合同。心直口快的吴琴马上拿起电话与魏克华交流,由于心急,态度表现得很急躁。最后两人见面沟通,在办公大厅内发生了激烈的正面冲突。

事后,吴琴受到了领导的严厉批评,其他同事也不敢和她正面接触了,两个部门的工作开展起来也有了一定的难度。吴琴认为她是为了工作才和魏克华发生冲突,现在却在公司失去了人缘,很苦恼,工作也失去了动力,甚至觉得自己一事无成,想要离职。

分析:

日常工作需要同事之间的相互配合,但有接触就有发生冲突的可能。发生冲突的原因可能是利益纷争,可能是沟通方式不当,还可能是相互误解,甚至仅仅是因为没有处理好个人情绪而带到了工作中。

案例中的吴琴首先应该向领导认错道歉,承担相应责任;其次,可以在

> 公开场合主动向魏克华承认自己的不足,真诚道歉。这样,既可以给魏克华足够的面子,也让员工感受到自己的真诚和坦诚;最后,在工作中要提前想到有可能发生冲突的环节,提前规避,做好发生冲突的解决方案,并管理好自己的情绪。平时要多注意和同事保持各种方式的良性互动,关键时刻才能获得支持和帮助。

1. 同事间冲突时的心理

人在处于冲突时情绪常常无法保持平和,容易被激怒走极端,这样势必会影响到冲突的解决。所以当处于冲突时,首先要学会调控情绪。大致来说,冲突容易产生两种负面情绪:一是愤怒,而愤怒又往往导致冲动;二是委屈,会觉得受了伤害,觉得世道不公平,这些都会影响人的心理健康和理性。

2. 同事间冲突的行为表现

(1) 避免与某个同事进行目光交流,或者投以愤怒且带有恶意的目光,造成可被觉察的紧张感;

(2) 对于某个同事提出的问题、建议或要求,无论是在会议上、工作场所还是社交场合,都反应被动;

(3) 对某个同事说话时,无论在内容或语气上都不礼貌,或不愿合作;

(4) 持续地直接或间接地打断某个同事的谈话,或者直接表达对其的不满;

(5) 经常与某个同事因意见不合发生口角、争执,或者有侵略性的言语或行为;

(6) 对同事的批评非常敏感,把善意行为曲解成对自己有威胁性,或者难以与同事合作。

(二) 同事间冲突的处理办法

 相关链接

冲突时管理情绪的方法

面对冲突,应该先处理情绪,再处理问题。

(1) 暂时离开冲突情境。当处于强烈情绪中时,任何相关的人和事都可能引起强烈反应。所以,暂时离开冲突情境能使我们的情绪很快平静下来,终结负面情绪。

(2) 适当宣泄。把自己的委屈或对对方的怨恨、不满通过积极的、间接的方式宣泄出来,如尽情运动、大声喊叫、向亲朋好友倾诉,甚至大哭一场等。

(3) 转移注意力。通过转移注意力来冷冻强烈的情绪,做一些自己感兴趣的事情来达到调节情绪的目的。

处理好平级人际关系应树立的观念应该是:同事是帮手而不是对手;同事是伙伴而不是冤家;同事是兄弟而不是路人。

1. 对待冲突的心态

人们对待冲突总抱有一种输赢的心态,解决冲突时也追求一种赢的结果。有些人与别人冲突并有冲动行为后,内心后悔,对对方怀有歉意,但认为如果妥协则表示自己输了,会出于虚荣或错位的自尊而不愿主动示好。其实,冲突并不是竞赛场上的争斗,特别是在职场上,同事间很多时候并不存在强烈的利益冲突,更多的是沟通方式及关注视角有问题。因此,我们对冲突要有一种正确的心态:冲突是一种沟通,而沟通的目的在于对方了解自己的需要,希望对方能够适度满足自己的需要;人际沟通是双向的,沟通的好坏,双方都有责任;冲突是不可避免的,它本身并无"对"与"错"之分;要排除非赢不可的心态。

(1) 学会信任别人、悦纳他人。在汉字中,"我"的意思是"手"中执"戈"的人,随时都处于防卫状态。以自我为中心的人凡事从自己的立场出发,不会站在对方角度看问题,会逐渐变得不信任、不接纳他人。因而,要与同事建立良好的人际关系,首先要放下手中的武器,学会信任别人、悦纳他人。

(2) 正视个体差异。世界上没有两个人是完全相同的,不同的人对同一事件会有不同的看法,处理事情的方式也不同。我们需要承认个体差异的存在,认识到差异在某种程度上是弥补不足,是让我们从另一个角度看问题。这样,在同事身上一定可以找到自己认同的地方,进而悦纳对方,与之建立起和睦的关系。

(3) 不追求完美。一个有完美主义倾向的人会对同事比较苛刻,会因为同事不够专业而轻视、挑剔对方。实际上,"水至清则无鱼,人至察则无徒",完美只是一种理想状态,完美的结果是不存在的。在与同事交往的过程中,考虑问题要尽量现实客观,给对方更要给自己一些弹性和空间。

2. 面临冲突的沟通方法

冲突时或冲突后,尽快化解矛盾甚至敌对状态,保持友好态度,理性地解决问题,才是最重要的。

(1) 认真倾听,了解彼此的内在需要。倾听适用所有的职场人际关系,运用倾听的方法,听出每个人话语背后的真正需要,才能有效地与之沟通交流。

(2) 把对方换作自己。面对工作中的矛盾和冲突,争执不能解决根本问题。需要尽可能互通信息,了解彼此的想法和做法,消除误会,化解矛盾。但要做到理解对方的处境和看法是非常困难的。可以通过觉察周围人的状态和感受,把自己想象成正在经历事件的对方,换位思考,体会他的心情和感受。这样,你的同感能力会获得提升,对同事也会更加理解。

(3) 选择合适的沟通方式。发生冲突后,要选择合适的时间和场合进行沟通。比如,可以利用联系工作的机会主动示好,还可以约个时间一起吃顿饭,在轻松平静的情绪下交换看法。不一定要分出对错,关键是要了解彼此的真正想法,考虑未来的相处和合作。

(4) 针对具体事情讨论。在沟通的内容上,要针对具体事情进行讨论。职场中出现争执是由于各司其职,但总的出发点是维护公司利益。在这个共同前提下,没有什么事情是不可以谈的,只要双方都是真诚的,看似麻烦的事情也会变得简单。

 案例

"谁叫咱们不打不相识呢!"

在达味食品公司里,销售部经理陈松与宣传部经理袁华就像是冤家对头,每逢陈松找袁华,就被皮球砸得"鼻青脸肿"。袁华为人热情,表面看很支持陈松的工作,却总在不经意间把自己的任务踢给他:"你是掌握财权的领导,这事还是你负责吧!"或:"如果这件事由你而不是我去联系,对方可能会更重视。"甚至说:"明天吧,今天我还有紧急的事情要处理!"为此,两人发生了争执。

而陈松刚进入这个公司,正急于出精彩成绩,但最近两周总遭遇这个瓶颈,让他苦恼甚至愤恨不已。长此下去,无功的自己只有走人了。此时,陈松突然想起一句话:"把脚放进别人的鞋子里。"于是他经过仔细观察后,发现袁华不是有意折磨他,而是最近家里有事,他的孩子高考后分数低找不到好的学校,于是陈松托大学同学,迅速帮袁华解决了后顾之忧。袁华很感激陈松,陈松幽默地说:"谁叫咱们不打不相识呢!"结果两个人很快成了好搭档。

分析:

在同事之间出现不顺畅的时候,要处处替他人着想,学会从不同角度来考虑问题,善于做出适当的自我牺牲。而替他人着想还表现在当他人遭遇困难、挫折时,及时伸出援助之手给予帮助。良好的人际关系往往是双向互利的,你给别人的种种关心和帮助,当需要帮助的时候也会得到回报。

在表达自己的思想感情时,如果能做到含蓄幽默、简洁生动,也会起到避免分歧、说明观点、不伤关系的作用。

(三)化解同事间矛盾的方法

1. 懂得自我控制,有效解决问题

假如冲突双方都是为了工作,没有个人私怨和成见,心胸都比较开阔,即使发生争执,也并不可怕。要有"以和为贵"的心态,具有自我克制能力,不计较个人恩怨,不求全责备。如果冲突是因自身原因而起,就应该找出自己的问题,虚心听取他人意见,主动改正错误;如果是其他原因,换个角度看问题,也许并不是他人自身的原因,而即使是他人的失误,也不宜一味地抱怨,可以坦诚地与对方交谈,以平和心态互相帮助,共同来解决问题。

2. 进行必要的妥协或合作,照常交往

工作中的矛盾冲突很正常,碰到一两个难相处的同事也很正常。同事之间尽管有矛盾,仍然是可以相互往来的。对一些非原则性的纠纷、冲突可以采取模糊处理方法,退让折中、妥协或必要的合作,这样,维持了表面的和气,就有改进关系的希望,不失为一种好的态度和方式。

3. 在心理层面上化解矛盾和冲突

学习心理学知识,逐渐改变自己的认知和行为,在心理层面上努力做到:

(1) 即使同事的生活方式是自己不喜欢或不赞成的,也接受并能容忍这些事实;

(2) 与不喜欢的同事一起开会时,把注意力放在会议的议程、目的或该同事如何表述的内容上,不把注意力放在个人身上;

(3) 认识到对个人抱有成见没有任何内在或外在的价值,内心承诺与同事不带恶意和成见地交流;

(4) 淡化以前的争执,不再害怕或担心某人,减少与同事发生争执的次数;

(5) 不再把自己私人和业务上的不满发泄到无关的同事身上;

(6) 减低对某些同事的紧张感和戒心,能够和他自如地相处。

 案例

被误解的小钟

小钟和小黄是单位里关系很铁的一对哥们,年龄差不多,兴趣爱好也相近,虽然同事不到两年,但已经到了无话不说的地步了。小黄很喜欢打听小钟的行踪和私生活,通常会直接问小钟:"昨晚干什么去了?""昨天给你打电话的女孩是谁?"小钟不以为意,觉得朋友之间的互相关心十分难得。

后来小钟因工作出色被提拔到销售部去当副经理。因工作繁忙,与小黄在一起的时间少了,但小黄还是老样子,喜欢打听他的行踪,甚至问及涉及公司秘密的销售情况。开始小钟还和过去一样有问必答,但时间一久便不胜其烦,而且有些消息确属公司秘密,便告诉小黄不要多问他这方面的事。但小黄却以为小钟当官以后不珍惜他们之间的友谊了,开始慢慢疏远他,甚至小钟的生日酒会也借故不去。小钟是个怀旧的人,很珍惜与小黄的友谊,但对小黄的误解无可奈何。

分析:

案例中提示我们要注意两个问题:

问题一:好朋友当了上司,如何调整与他的相处方式?

(1) 避免关系公开化。不要在同事面前过于显示你与他的关系,这样会令其他同事产生不适,影响他人的工作关系,也会令他尴尬。

(2) 排忧解难。自己的工作要比以前做得更好,他遇到难题,多为他担待。这样,当再有机会时,他在上司面前推荐你也好说话,让上司觉得你是该得的,而不是在搞裙带关系。

(3) 守口如瓶。不要主动打听内幕消息,因为他有他的原则,有些确实不能说的话,朋友问到会为难。即使他对你说了别人不知道的事情,你也应该为他守口如瓶。

(4) 反映真实情况。他来问你时,把你知道的如实告知。但应该就事论事,而不是利用机会说其他同事的坏话或扭曲事实。因为他也有其他渠道了解真相。

问题二:升迁以后如何与好朋友沟通?

上策:让他明白,你的升迁对彼此将来都有好处。设法让好朋友了解你的工作内容已经发生变化,强调你工作中的难处,需要他支持的地方,商量好你和他要改变的行为。让他从心里为你祝福,真心支持你的工作。

中策:顺其自然,给彼此一段时间适应这种变化,不把朋友工作特别放在心上。这种做法的后果是彼此关系会慢慢淡化。

下策:不在乎别人的感觉,我行我素,对朋友一些习以为常但对现状明显不利的情况憋在心里不说,不做进一步沟通,朋友关系最终不欢而散。

案例中的小钟和小黄都需要改变,才能顺应职场友谊的发展规律。如果他们在认知和行为上做出了努力,或许会重归于好。

第二节　与下属关系的处理方法

一、与下属建立良好关系的意义

(一) 上级是部门或团队情绪的引领者

职场中,下属往往被动地接受职场人际关系的角色,沟通过程也总是处在接受指令的位置。因此,他们更多的时候很可能以压抑情绪的方式处理矛盾,久而久之会因为压抑过度而爆发冲突,此时的冲突将严重地影响整个工作环境。

作为上级,基本工作包括两个方面:一是领导本部门员工完成工作任务;二是培养新人。上级很大程度上是部门或团队情绪的引领者,不仅首先要管理好自己的情绪,还要帮助下属处理好情绪。

 案例

一、"秘书门"事件

2006年4月7日晚,某公司大中华区总裁回办公室取东西,到门口才发现自己没带钥匙。他的秘书已经下班,无法联系,总裁难抑怒火,通过内部电子邮件系统给秘书发了一封措辞严厉且语气生硬的英文"谴责信",同时转发给了公司几位高管。结果,秘书并没有按照常规用英文写一封委婉的道歉信,而用中文回复了一封咄咄逼人的邮件,指责总裁不应将自己的过错转嫁给他人,且一怒之下把邮件转发给了公司的所有人。很快,她的邮件被国内各大公司的员工争相转发,网上论坛的转帖也极为火爆。这位秘书因此被网友称为"史上最强女秘书",该公司也因为这一"秘书门"事件而闻名遐迩,总裁则被迫离职。

这位秘书用中文回复英文邮件的做法被认为是"两种文化的故意对抗"。有人认为以一个经历了数任总裁的高级秘书的职业素养,不可能毫无背景就突然用中文回复这样尖锐的邮件。最后,这位秘书被迫辞职,她说:"这事儿闹得太厉害,我已经找不到工作了。"

二、办公室主任的怒气

这家公司规模不大,总经理办公室只有三个员工,主任老刘、经验丰富的小张和新员工小王。这天上午,小张外出有事。10点左右,企划部有人来电话让小王过去取份材料。小王刚走,总经理就来电话,让主任把去年的工作总结送过去。负责文件收发的是小王,主任左翻右翻怎么也找不到去年的工作总结,打小王的手机她也没接。等得不耐烦的总经理在电话里大发雷霆:"怎么搞的?连份总结也找不到,你这个主任一天到晚在干些什么?"有什么办法?主任沮丧地只好等小王回来。

小王刚进门,主任就把胸中的怒气全部朝她头上发泄:"托您的福,总经理给了好果子吃!你干什么去了?"小王想说明,但主任没给她说话的余地:"废物!"小王怎么受得了这样的委屈,她泪流满面地冲出办公室,屋里只剩下主任对着天花板抽闷烟。

分析:

人一旦拥有了权力,就会产生一种优越感,并很容易对权力产生依赖,在职场中会导致自我定位的变化。自我定位的微妙变化会导致态度的变化,在与下属沟通时,不再顾忌他人的感受,不由自主地使用命令的口气,不知不觉地伤人自尊。上级拥有一定的决策和支配权力,还很容易将自己管理上不到位引起的问题责难于下属。不仅如此,上级在职场中会面临相对更大的压力,因压力引发的各种负面情绪的发作,比如谴责下属,一方面进行了自我宣泄,另一方面也无形中传达给了下属;还有些上级在职场中压力过大,感到力不从心,工作效果不尽如人意,在心理上会把责任归咎于下属,以一副受害者的状态自居。这时,工作中一点小事就有可能引发冲突,造成上下级关系的紧张。上述两个案例中的上级都不善于处理自己的压力和负面情绪,在工作中和下属发生了激烈的冲突,导致了极为不利的局面。

因此,上级要正确运用自己的权力,在冲突时可以试着把自己的职业权力封存起来,当它不存在,才可避免权力引发的不良心态和不当行为。上级永远不应该采用的方式就是勃然大怒,要学会管理好自己的情绪。

(二)团队的力量和效能必须靠下属来体现

职场中,如果你是管理者,那么与下属关系相处不融洽会给工作带来不小的负面影响。与上司给你带来的压力相比,下属带给你的压力要稍微小一些。但是,在日常工作中,上司是布置任务的,而下属才是与你一起去做、去执行任务的人。上级一般依靠规章制度来推动工作,但在标准、程序等方法发挥到极致时,再要提高工作效率就必须依靠人的力量了。如果上级与下属的关系淡漠或恶化,那上级不仅会成为没人支持的孤家寡人,而且团队力量、效能也无法体现出来。从这个意义上说,处理好与下属的关系不仅对个人、而且对整个组织来说都是非常重要的。

处理与下属关系的难处在于,职级决定了你与下属之间不是完全平等的。与下属交往,需要放下架子和面子,改变看事物的角度,变俯视为平视,与下属平等地相处。

二、与下属建立良好关系的方法

(一)确认与下属的关系状态

如果你是上司,想让下属尊重你、乐意协助你,成为他们心目中的好领导,与下属有良好的沟通和联系是一个重要指标。好上级不仅可以积极地影响下属,使之工作效率提高,还可以让下属成为对你有价值的资源。上级确认与下属关系状态的方法是及时觉察。

不管工作有多忙,你都应该抽出时间定期觉察与下属的关系状态。可以通过确认下属与你沟通的频率、是否存在冲突、处理观点分歧是否得当、下属对你的情绪等信息来判断你们之间的关系。觉察需要自我省察的能力,可以思考以下的问题:

(1)在下属眼中,我是否值得信赖,是否表里如一?

(2)我是否可以对下属抱有积极的态度,能对他们表现出温暖、爱护、喜悦、关怀及尊重?

(3)我能否不被自己或下属的过去所束缚,而只是与这一刻存在的他人互动?

(4)我能否不妄做评判,使人感到安全和自由自在?

(5)我可否允许自己完全投入地感觉到别人的感受,设身处地地为别人着想?

(6) 当别人抱有独特的见解时,我会感到不安吗?

通过这些方式来了解自己的沟通风格、人际敏感度,确认自己与下属沟通的压力大小,确认自己与下属关系的和谐程度。

(二) 与下属建立良好关系的前提条件

1. 了解自己的下属

上级要了解下属的性格、特长、爱好、生活状况等基本情况,这是上级与下属相处的前提和基础。每个人的先天遗传和成长环境不同,其个性在社会环境中的表现方式也不同。不了解下属的基本情况,工作中就会无以用其所长。了解下属的生活需要,困难时及时拉一把,帮助其走出困境;了解其心理需要,在心理困惑时及时给予安慰,使下属有良好的心理状态;了解其发展需要,给下属提供一个施展才华、实现人生价值的舞台。

2. 具备沟通、协调、解决冲突的能力

作为一个管理者,在管理理念和方法日新月异的今天,需要具备必要的诸如觉察、同感、倾听、协调、冲突解决等心理咨询的能力。这些能力可以使你站在下属的角度去看问题,让你更能理解他们、觉察他们的心理健康状态并提出相应的调适建议,通过这些心理层面的帮助,你和下属的人际关系将会更加融洽。

3. 成为下属倾诉的对象,并给予及时反馈

倾听是人际交往的重要秘诀,人们喜欢那些倾听他们的人。有关研究发现,管理者每天70%以上的时间都花在沟通上,其中听的时间占45%,说的时间占30%,读的时间占16%,写的时间占9%。如果你能很好地倾听下属,那么你们之间的关系必定会有极大的进展。有效的倾听必须做到:

(1) 用眼睛倾听。眼睛是心灵的窗口,他人透过眼睛可以看到你的情感流露。在与下属沟通时,注视对方的眼睛,不仅可体会对方表达的真正含义,还能让对方感受到你的真诚、认真、专注的态度和对他的重视。

(2) 积极地反馈,让对方知道你在听,并且理解他所说的。倾听过程中,你可以在适当时机以适当的语言回应对方,或针对他的内容提问,让对方体会到你对他的尊重和重视。

(3) 不随意打断对方，更不要把话题扯远。即使你们有不同的观点要表达，或有别的事情迫切需要讨论，也不要轻易打断对方。因为这是非常不礼貌的行为，会带给对方不舒服的感觉。

（三）优化与下属关系的方法策略

1. 信任下属，把下属当作伙伴

信任往往是和授权联系在一起的。上级越是信任下属，越愿意授权给下属，下属就会越尊重上级，使上下级关系处于良性循环之中。特别是对那些能力强、有主见、自信自重的下属，上级可以放手让他们在职权范围内独立工作，使之产生因领导充分信任和器重而获得的安全感，更加积极主动地工作。

与上司的关系是你的一大压力源，当你作为一个管理者出现时，你的下属同样会把你看作巨大的压力来源。如果上下级关系不融洽，彼此同样深受其害。因而，作为上级，不能把下属看作只是干活的工具，而要把他们都看作朋友和伙伴。

2. 尊重和接纳下属，宽以待人

要得到下属的拥护和支持，就必须尊重自己的下属。作为领导，必须摒弃敬上易、敬下难的心理，要认识到在真理和人格面前，下属和上级是平等的，应该互相尊重。在团队中你可能比较喜欢价值观和自己差不多的下属，不认同那些和自己有差异的下属。但如果你希望让他们成为自己的资源，让自己的团队高效率，就要做到不依赖职权，真诚地尊重和接纳下属，让他们感受到自我存在的价值。

尊重还意味着给下属留出适度的隐私和活动空间，让下属有自由发挥的余地，给下属以改正错误的机会。这样，既体现了领导的仁厚和睿智，不失领导的尊严，还保全了下属的面子，下属会更努力地工作。

3. 主动关心，勇于承担责任

对下属在工作中要支持，生活上要关心，让下属有安全感。可以经常关心下属的家庭情况、兴趣爱好，聊聊他们的现在，分享对未来的期望。这些非正式的沟通会极大地拉近你与下属之间的距离，让他们感觉到你的亲和力。对自己授

第七章 与平级、下属及其他关系的处理

权的工作,要敢于为下属负责并承担责任;当下属出现失误时,只要不是原则性的错误,要敢于把责任揽过来,给下属改过的机会;对有不同观点的下属,只要是对工作有利,要鼓励下属提出不同意见;对自己在工作中出现的问题,要正视错误,勇于纠正。

相关链接

主管和下属交流的常用话语

- "我承认我错了。"——勇于承担责任的一种表现,下属听到了才会拼命工作;
- "你干得很棒!"——对下属的一种鼓励和肯定,下属的能力得到了肯定,必将更加努力工作;
- "你怎么看?"——做主管不专权的一种表现,也是集思广益的良好作风;
- "让我们一起干!"——在这个企业里人人平等,让下属知道你也在为公司卖命、分忧,并没有高高在上,盛气凌人,你们都是这个团队的一员;
- "谢谢!"——对下属的付出表现出由衷的感谢。

4. 帮助下属提高能力,解决实际问题

在一个团队中,人是核心资源,帮助你的下属,提升他们应对各种变化的能力,让他们更加自如地应对工作中的挑战和变化。这样,一方面可以提升你的团队的整体效能,另一方面可以表达你对下属的信任和重视。员工提升的途径有很多,常见的方式有培训、进修等。你可以借助组织的力量,多为他们争取和创造学习的机会。此外,给予下属实际的物质和精神上的支持,尽自己最大力量帮助他们。这样,下属可以把精力放到工作最需要的地方,你们的关系也会增进和提高。

5. 处事公正,创造公平竞争环境

上级不公正、环境不公平,是导致下属产生离心力的最重要原因。从个人角

度来说,你对下属可以有好恶之分,但作为管理者,你需要接纳你的下属,把事情和人分开,对事不对人。对待下属一视同仁,要避免因资历、关系、感情产生负效应,让下属处于一种公平的工作竞争环境中。

 案例

上司的夸奖也是员工工作的一种动力

业务总监姜彦有一个下属小盂,总不能按照他的要求完成工作,于是他气急之下就骂了小盂,当时小盂很委屈,也低声辩解过,但姜彦一句话也听不进去。小盂从此不再表达自己的观点,总是默默无声努力工作,姜彦再骂他的时候,他竟一言不发满眼茫然。姜彦和小盂合作很不愉快。别扭了两个月,姜彦发现其他下属也逐渐疏远他了,他预感到与小盂的事情已经如感冒一样传染了别人,这样下去,自己必然与部门内的所有人都无法顺利沟通了。

姜彦经过检讨,发现自己太苛刻了,无法平易近人自然就无法深入沟通。三个月后,在一次单位组织的郊游活动中,姜彦找到了好机会,很随意地对坐在旁边的小盂说:"你前天做的一个方案挺棒的。"小盂很吃惊,随即便跟他谈起了更多工作计划,两人关系渐缓。而姜彦也突然发现,这个小盂原来不是很笨啊,他的某些想法还真不错。姜彦从此开始关注员工的情绪,并在一定的时候夸赞下属。不久后,姜彦发现业务部的氛围不再死气沉沉了,业绩一改过去的徘徊不定,开始平稳上升。

分析:

员工的心情好坏决定着工作质量,而上司的夸奖也是下属工作的一种动力,对他们来说是上司对他们工作的肯定。上司应该多夸下属,即便是批评也要先肯定某些能力后再去评说他的不足。这样,能够有效消除下属由于地位不同而对上司产生的敌意。而当上司满足了下属的一些心理需求时,反过来他会满足上司对他的工作要求。但应注意夸奖要掌握分寸,不宜牵强夸张,使人产生一种虚伪的感觉,以至于失去信任。

第三节 与客户及其他关系的处理策略

一、与客户关系的处理

（一）客户关系处理的意义

客户是企业生存和发展的基础,市场经济的实质就是争夺客户这个资源。建立和维持客户关系是企业销售人员的基本职能,也是营销成功的基本保证。通过对客户长期地、有意识地施加某种影响,可以强化公司与客户之间的合作关系;可以培养客户对企业产品或服务更积极的偏爱或偏好,留住他们并以此作为提升企业营销业绩的一种策略与手段。与客户关系融洽良好,销售人员心情舒畅,不但能完成业绩任务,还能满足个人的成就感和价值感。

企业销售人员与客户的关系有两种:一种是纯粹的工作关系;另一种是除了服务与被服务的关系外,同时还是朋友关系。善于与客户交朋友的销售人员,工作起来轻松、自如,每当有新的营销任务时,总能得到客户的支持与帮助,任务完成得很出色。而不善于与客户交朋友的销售人员,不但得不到客户的支持,有时客户还会将怨气发泄在他们身上,工作效率和效果就不佳。

 案例

如何应对不满意的客户?

我是广告公司的业务员,我们公司主要做的是公交车的媒体发布,我有个单子是做车内贴的,但是客户对贴好的内贴效果意见很大,公司又不可能给更换重贴,我该怎么安抚客户呢?

分析:

案例中的业务员需要耐心倾听客户的意见,了解客户不满意的原因,他们的目标和期望是什么,尽量跟公司协调。即使客户提出非分的要求,公司不可能答应,但在协商时要让客户感觉到你是站在他们那边的,是为他们着想的。实在没有办法的话,应该真诚地向客户道歉,让客户明白这不是你能左右的,你已经尽力了,尽量让客户对你有好印象。如果可以的话,帮客户在其他方面争取些优惠。也许这次事件能够坏事变好事,让你与客户成为好朋友。当然,很重要的一点是,你要吸取这次事件的经验教训,在以后的工作中尽量做到未雨绸缪、防微杜渐。

(二)客户关系处理的策略

做好销售工作的关键是要得到客户的认可与支持。要学会与客户交朋友,在交友过程中,增长见识,拜师学艺,构建广泛的人脉关系,既可以为自己的业务带来便利和机会,又是你信用的证明。

1. 要了解客户

既要了解客户个人的性格特点与爱好,又要了解其家庭情况;既要了解他的现在,又要了解他的过去。只有了解,才能"投其所好"地与他相处。试想,如果客户是一个文化水平不高、大大咧咧的人,你与他交流时却满口书面辞藻,就不一定能成为他的朋友。要与客户成为朋友,可以有这样几种方法:

(1) 察言观色法。第一次与新客户接触时,要善于当好"观众"与"听众"。通过言语、表情来分析他是属于什么性格特点的人,在以后的交往中就可以采用恰当的方式与之进行交流。

(2) 弦外之音法。通过客户的邻居或朋友侧面去了解其性格与特点,以及他的经营状况、家庭情况等,针对实际情况,给予必要的服务和帮助。

(3) 身临其境法。与客户交朋友往往不是"一见钟情",需要长期相处,才能"日久生情"。在平常交往中要记住客户和他的家庭成员;记住客户的生日等特殊日子;当客户有特殊事件或灾害发生时,你能迅速赶到现场。这些细节看似与商业行为无关,但如果你在客户最需要时出现,你和他的关系就非同寻常,就会结下深厚的友谊。

2. 要善于理解客户

与客户交朋友不是一味地讨好,而是真情相待、深刻理解。比如,面对客户的指责埋怨,应该将心比心,换位思考,站在他的角度去理解他,倾听他的意见,关心他的利益,并帮助他完成任务,而不是与客户争执吵架。理解了客户,客户就会从心里接受你。

3. 要真诚服务客户

销售人员的服务水平、服务态度是衡量与客户关系好坏的重要标准。首先,要具备销售实战能力,掌握丰富的产品知识及问题处理技巧;其次,要和蔼可亲,以诚相待,与客户产生共鸣,不能只顾吆喝或虚假宣传;第三,要努力做客户的采购向导,把握其真实需求,向客户传递信任和信心,站在客户立场来帮助其确定采购方案;第四,要言行一致,对产品或服务的介绍既不能夸夸其谈,又不能过于谨慎,做到名副其实;第五,随时响应并向客户提供及时的服务,能可靠、准确地履行向客户做出的承诺;关心、关注客户或针对客户特定需要给予满足。其中最重要的是,要考虑客户的真正需要,理解客户关注的是通过购买产品能获得的利益或功效,而不是产品本身。

二、职场一般人际关系的处理

(一)职场一般人际关系的处理

职场中建立和保持良好的人际关系有以下一些细节:

1. 尊重他人,不自恃清高

到了新单位,尽管每个人秉性不同、爱好各异,但他们都掌握了某方面丰富的工作经验、娴熟的业务技能。职场新人要尊重他们的劳动和劳动成果,尊重他们的人格和感情,虚心向他们求教,不自恃清高,不妄自尊大。这样,才能得到他人的尊重,容易建立和谐的人际关系。

2. 平等待人,不厚此薄彼

在自己的工作单位,同事之间应平等相待。不要以职务的高低、工资的多少来决定对人的态度;不要亲近一部分人、疏远另一部分人,而应该尽力与所有同事发展平等、友好的关系。

3. 热心助人,勿见利忘义

只有热心帮助别人的人才会得到别人的帮助,也只有热心助人的人才会得到人们的认可和赞扬。

4. 诚实守信，不贪图虚名

诚实是做人的基本要求，也是建立良好的人际关系的重要条件，要言行一致、说到做到、互相信任。

5. 主动随和，不孤陋寡闻

到了新的工作岗位后，不要故步自封，应主动交往，乐于同大家打成一片。只有在主动交往中，才能获得知识，找出不足，扩大视野，增长见识，才能不断提高自身素质和水平。

6. 宽人律己，不心胸狭窄

不利于团结的话不说，不利于团结的事不做，堂堂正正做人，踏踏实实干事。当受到委屈或误解时，要胸怀大度，克制自己的感情，冷静处理，勇于剖析自己，主动担负责任。

 案例

杰克与他的竞争对手

一位名叫杰克的卖砖商人，由于与另一位对手的竞争而陷入困难之中。对方在他的经销区域内定期走访建筑师与承包商，并散布谣言：杰克的公司不可靠，他的砖块质量不好，即将面临歇业的境地。

杰克在推销产品过程中，发现一位老顾客的企业为盖办公大楼而急需一批砖，可其所指定的砖型号却不是自己公司制造的，而与竞争对手的产品很类似。同时，杰克也知道那位满嘴胡言的竞争者完全不知道有这笔生意。这使杰克感到为难，是告诉对手这笔生意的信息，还是让对方永远得不到这笔生意？杰克的内心挣扎了一段时间，但他还是把电话拨到了竞争对手的家里，接电话的正是那个对手本人。杰克礼貌地告诉了他有关那笔生意的事。结果，那个对手很感激杰克。最后，竞争对手不但停止了散布有关杰克的谎言，甚至还把他的一些生意转给了杰克。以德报怨，化敌为友，这就是迎战那些想让你难堪的人所能采用的最上策。

分析：

对人宽对己严、心胸宽广，是职场人际关系处理的基本法则。无论是同事，还是行业竞争对手，如果抱着以德报怨心态，就可能创造双向共赢的局面。

（二）职场内外一般社交关系的处理

1. 注重人际关系中的连锁反应

无论职场内外,抓住机遇就等于成功。交往越广泛,遇到机遇的概率就越高,有许多机遇就是在与朋友的交往中出现的。成功者大多交际广泛,形成自己的"友谊网"。但也要注意,在初步交往中,很可能没有这种机遇,这时不应过于急功近利,不要因为没有看到交往的价值,就忽视交流和沟通。

相关链接

与任何陌生人建立联系只要通过6个人

1967年,美国哈佛大学心理学家斯坦利·米尔格朗随机选择了300多名志愿者,指定一位远在波士顿的股票经纪人作为他们的最终联系目标。由于肯定实验对象不能直接联系到目标人,研究人员让他们把信函发给他们认为最有可能与目标建立联系的亲友,再让他们继续转寄。最终有60多封信到了目标人的手中,这些信函经过的中间人的数目平均为5.5个,也就是说,陌生人之间建立联系的平均最远距离为6个人,"六度分隔理论"由此而来。

2. 懂得人性,灵活与人相处

每个人的脾气性格各有不同,要了解每个人的秉性,采取恰当的方式与其交往相处。

(1) 与死板的人相处。这些人一般兴趣和爱好比较少,也不太爱与别人沟通,但他们还是有自己追求和关心的事。与之交往应花些工夫仔细观察,从言行中寻找出他们真正感兴趣的事来,他们会表现出很大的热情。

(2) 与傲慢无礼的人相处。可以减少与其交往的时间,与其说话要简洁明了,可以聊聊家常,邀请他们去跳舞、唱歌等。

(3) 与少言寡语的人相处。应尊重对方,不去破坏对方的心境,让其保持一种内心选择的生存方式。如果故意没话找话,可能效果适得其反,会引起对方的反感。

(4) 与自私自利的人相处。这些人特别注重个人利益的得失,但也会因利而忘我地工作,不必期望他们能够像朋友那样以情为重。

(5) 与争强好胜的人相处。这些人往往狂妄自大,自我炫耀,总是力求证明自己比别人强,比别人正确。与其交往不能一味地迁就,在适当时候可以适当方式打击一下他的傲气。

(6) 与狂妄自大的人相处。狂妄的人往往夸夸其谈,所表现出的高傲、不屑一顾实际是维持其虚荣心。刚开始似乎觉得他们视野开阔、无所不晓,但只要就某一问题深入与之探讨,他的弱点就会暴露出来,往后的交往便会顺利许多。

3. 示弱也是一种智慧

示弱是一种高超的智慧,可以减少乃至消除不满或嫉妒。事业的成功者,生活中的幸运儿,被人嫉妒是难免的,用适当的示弱方式可以将其消极作用减少到最低。人们习惯于同情弱者,对过于完美的人和事总是心怀警戒。暴露些小缺点,出点洋相,反而可以增强你的亲和力。示弱有时还要表现在行动上,自己在事业上已处于有利地位,获得了一定的成功,在面对某些小利益时,即使完全有条件与别人竞争,也要尽量回避、退让。也就是说,平时小名小利应淡薄些、谦让些,应分出一部分名利给那些暂时处于弱势中的人。

4. 近朱者赤,遇强则强

结交成功人士能让自己更强,经常与有正能量、有价值的人来往,会给你向上的力量。与有益的人结交,往往能转换一个人的机遇。而如果能够掌握成功人士的心理,则交往就会更顺利和谐。

5. 懂得细节才能获得尊重

细节中渗透了人性的微妙,社交场合那些广受欢迎的人往往都是注重细节的人。留意一些不被注意的小事,会给你带来很多益处。比如,做客时吃完主人招待你的水果,不让你的客人孤独出门等。

 相关链接

与尊者的交往

(1) 尊重对方,严谨有致。与尊者发展友情,首先要给其以相应的位置,充分表现出对他的尊重和恭敬。

(2) 摒弃奉承,不卑不亢。尊重是有原则的,它会在真情中体现出来。如果不顾原则、不知廉耻、阿谀奉承,只能让尊者反感、嫌恶和痛恨。彼此的关系会因失去真诚而无法发展下去。

(3) 自然随和,不必拘谨。尊者无论是地位、阅历还是学识,都可能高你一等。与他们交往,一方面要尊重对方,另一方面也要保持本色。不拘谨不忘忑,自然而正常地交往,反倒能显示你的交际魅力,赢得对方的认可和尊重。

(4) 主动真诚,表露姿态。机会是要主动争取的。地位低者要主动积极,真诚表示友好的姿态,这是尊长敬上的美德,也是交际的惯例。

(5) 虚心求教,接受呵护。尊者是力量的象征,在他面前,你可能显得弱小稚嫩。接受并求得他的呵护,一则是我们所寻求和迫切需要得到的;二则作为尊者,他也会从中获得施与和扶持之乐,实现了自我价值。但应注意寻找呵护,一要尊重尊者的愿望,二要适度得宜,不可仰仗、依附于尊者。

6. 有"舍"才有"得"

首先应抛弃以自我为中心的思想,为对方做些什么。凡事以他人的利益为先,用你的诚心去感动对方。

(1) 观察、了解对方的需要,如果不等对方开口就替他做,他有的不光是感谢,还会感到惊喜。

(2) 让人共享你的资源,包括物质的、精神的以及人际的。例如,你可以介绍自己的朋友给他认识,送他你种的花或收藏的书,只要对方没有而你有的,便可和他分享。

7. 人情账户很重要

人情就是财富。在人际交往中,见到给人帮忙的机会就帮忙,你的"人情账户"就会新添一个正数。人在旅途,既需要别人的帮助,又需要帮助别人。从这个意义上说,帮人就是帮己。雪中送炭、分忧解难的行为最易引起对方的感激之情,进而形成友情。但要注意:

(1) 激发对方享受的欲望但又不去全部满足,而是循序渐进,以使其保持干劲、继续努力。

(2) 对人的恩情过重,会使对方自卑乃至讨厌你,因为他一来无法回报,二来感到自己无能,会产生消极的情绪。

8. 交往不拒绝功利

人际交往是互利的,为了满足双方各自的需求,人际交往的发展要在双方需求平衡、利益均等的条件下才能进行,否则交往就会中断。人际交往的一个基本原则就是互利。这些利益可以是有形的,也可以是无形的,如欣赏、表扬等。

9. 不要忽略"面子问题"

中国社会面子非常重要,无论是因为你还是因为别人而伤及了他人的面子,后果都不会很乐观。

(1) 不要做出"不给面子"的事:

① 不要当面羞辱人,包括同事、上司、下属、朋友,尤其是人身攻击的羞辱更是不宜;

② 对某人有意见,应私下沟通,不要当面揭发,以免他下不了台;

③ 不要因意气用事而羞辱对方的下属;

④ 遇到分输赢的场合,要手下留情,不必赢得太多;

⑤ "心中有别人",也就是有上司、有长辈、有朋友,不要逾越自己的本分;

⑥ 不要侵犯别人的功劳,也不要侵占别人的机会。

(2) 主动"做面子"给对方:

① 替对方在同事、朋友及上司面前说好话,为他周旋,但不可太肉麻、露骨和刻意;

② 对方有喜庆,主动以适当的方式参与庆贺;

③ 对方有难言之苦,不动声色,悄悄地主动替他解决;

④ 适当地吹捧他,协助他在人群中建立自己的地位。

案例

协调人际关系的高手——周恩来

1947年,胡宗南率大军进攻延安。中央暂时撤离,分为两路:一路是彭大将军,率两万人吸引敌人主力,"牵牛鼻子";另一部分是中央机关,不足

第七章 与平级、下属及其他关系的处理

五千人。在上有飞机侦察、后有追兵、无线电联络都不能用的情况下转战陕北。

有一次,中央领导人商量对策,刘少奇和朱德提出,中央应该过黄河、到山西,以指挥整个华北、东北的战争。当时,毛泽东有些火了,提高了嗓门说:"你们要去你们去,我是不去的!"他这一嚷,刘少奇和朱德都不吱声了。任中央秘书长的任弼时顶了一句:"你不去就不去,吵什么!"会议陷入僵局。这时周恩来发话了:"主席说得对嘛,中央可以一分为二。我建议,少奇同志和朱老总过黄河、到山西,指挥华北、东北战事,我和弼时同志继续留在陕北,跟随主席打游击。"这一建议,其他四人都没意见,就此通过了。结果,中央果真一分为二,刘少奇和朱德过黄河、到山西,又从东北调来彭真,三人组成临时中央,指挥东北、华北和南方战事。毛泽东、周恩来、任弼时三人留陕北,直到把胡宗南逐出延安。

分析:

在这场争执和僵局中,周恩来成功地充当了协调者的角色。他排除了毛泽东发火的因素,而挖掘出其积极因素:自己不去,但同意刘少奇、朱德过黄河。周恩来明里肯定了毛泽东的意见正确,实际上是达到了刘少奇和朱德的愿望,顺利地化解了双方的矛盾。

职场人士可从中得到启发。平时听人说话,首先得注意其话中有哪些积极因素,而不是首先计较别人说话的态度如何。当双方发生争执时,进行协调要尊重各方,善于找出共同点,在共同点上做工作,使矛盾的双方重新团结一致。

 思考题

1. 如何解决和同事因工作安排发生的冲突?
2. 叙述处理、维护好客户关系的意义。
3. 案例分析

员工徐玲,刚调来总公司办公室工作不久。一天,办公室主任交给她一项新

247

任务,负责公司的形象策划及宣传工作。但是徐玲不会做 PPT 的版面编排,拍摄公司宣传片需要联系其他部门,她也不熟悉。主任又选派了有拍摄及制作经验的小杨协助徐玲。小杨很有才干,在公司小有名气,他根本就没把徐玲这"黄毛丫头"放在眼里。碰到他工作忙起来,就把协助徐玲的事抛到九霄云外去了。主任有时问徐玲:"你们做的形象片进展得怎么样了?"徐玲又不好明说,只好硬着头皮去催小杨,可小杨根本不配合,还拿冷眼对她,徐玲只恨自己没用。面对这种情况,徐玲有几种方案可选择:

1. 凭自己的关系,在公司内部另外找一个人来帮忙,按时把形象片制作完成。

2. 把小杨不愿合作的事直接告诉办公室主任,并向主任表明责任不在自己,看主任怎样处理。

3. 再一次去催促小杨,并和他摊牌,告诉他:"如果再这样下去,就当面到主任那里去解决。"

4. 过一天算一天,听之任之。

5. 抱着与人为善的态度,采取委婉的劝说方式,启发小杨与自己合作。

问题:徐玲应选择哪种方案?为什么?

第八章
办公室恋情关系的处理

爱情是最复杂的人际关系,人生追求的幸福,主要在于事业和家庭。职场是讲理性的,爱情主要是感性的。如果在职场中遇见爱情,感性遭遇理性,环境规则与内心向往冲突,职场人士就面临痛苦而艰难的决定:两者都想要?抑或只选择最重要的?若想兼顾事业和爱情,需要运用智慧,设定好相应的规则,才能收获自己的幸福。

第一节 爱情的理论及恋爱关系处理

一、爱情的含义及爱情理论

(一)爱情的含义

爱情是人类永恒的主题,也是人类精神世界不竭的动力之一。古今中外,对爱情的描述和解释不计其数。因人们的世界观、人生观和道德境界的不同,爱情呈现出丰富而绚烂的色彩。恩格斯对人类两性关系的解释是:爱情是"一对男女基于共同的生活理想,在各自内心形成的对对方最真挚的仰慕,并渴望对方成为自己终身伴侣的最为强烈的两性感情"。爱情是两颗心灵相互向往、吸引、达到精神升华的产物,是人类特有的一种高尚的精神生活。

（二）爱情的理论

1. 心理进化论——挑剔的雌性和具有竞争力的雄性

两性心理进化论认为，不管是什么样的男性，他们都非常看重女性的外表，而不太在乎女性的其他方面。女性也主要是根据对自己外表的评价，而对男性的外表、地位和家庭义务各个方面做出综合的衡量。这符合进化生物学的"潜能—吸引"假说。

按照这个假说，动物的择偶实际上是在为繁殖后代、传播自己的基因进行投资，所以要找最有潜力的合作伙伴。但是雄性和雌性在生殖方面的投资状况不同，对合作伙伴的要求也就不同。女性吸引男性的那些外表特征，其实都是有生育能力、有好基因的标志。男性吸引女性的特征代表他是否有丰富的资源和强烈的意愿为她及其子女提供优厚的生活条件。

 相关链接

两性择偶时的偏爱

（1）女性择偶偏爱
- 偏爱资源、好的经济条件、高的社会地位
- 偏爱年龄大的男性
- 偏爱志向高远以及勤劳、可靠与稳定
- 偏爱运动技能、好的身体
- 偏爱爱情
- 偏爱愿意投资儿童的男性

（2）男性择偶偏爱
- 偏爱年轻女性
- 偏爱外表美丽
- 偏爱适宜的腰臀比（7：10）
- 偏爱正在排卵的女性（生育）
- 偏爱性忠诚

2. 荣格的理论——阿尼玛与阿尼姆斯原型

阿尼玛与阿尼姆斯是心理学家荣格提出的两种重要原型。阿尼玛原型是男人心中女性的一面,阿尼姆斯原型则是女人心中男性的一面。每个人都天生具有异性的某些性质,这不仅仅是因为从生物学角度考察,男人和女人都同样既分泌男性激素也分泌女性激素,而且也因为从心理学角度考察,人的情感和心态总是同时兼有两性的倾向,每个人都在他心目中携带有永恒的、确切的异性意象。这意象往往无意识地、不自觉地投射给一个亲爱的人,它是造成情欲吸引的主要原因之一。

按照荣格的理论,男人见到某个女人,怦然心动,一见钟情,就是因为阿尼玛现象,也就是男人找到了他心目中的理想女性形象(梦中情人)——阿尼玛,这个阿尼玛是男人身上带着的某些女性特征,男人性格形成过程中受了女性的影响等。女人一见钟情于某个男子,也是因为阿尼姆斯现象,女人找到了她心目中的理想男性形象(白马王子)——阿尼姆斯,这个阿尼姆斯也是女人身上具备的某些男人特征,女人在性格形成过程中受到男性的影响等。

3. 爱情的依恋理论

依恋理论认为,一个人在成年后拥有什么样的爱情,和婴儿时期与母亲的情感模式有很大的关系。早期的研究将母婴之间的情感模式分为三种倾向:安全型、回避型和矛盾焦虑型。安全型的人对亲密关系感到安全,通常是温暖而有爱心的人;焦虑型的人渴望亲密,但过于投入,总是担心对方能否回报同样的爱;回避型的人将亲密视为自我独立性的丧失,总是试图与对方划清某种界限。

4. 爱情的三角理论

耶鲁大学的心理学家斯坦伯格提出爱情体验是由亲密、激情与承诺三个部分构成。

(1) 亲密。包括热情、理解、交流、支持和分享等内容,指在关系中感到亲近、相互关联。这个成分包括对爱人的赞赏、照顾爱人的愿望以及自我暴露和内心沟通等。亲密在爱的关系中是最常见的核心成分。

(2) 激情。指性的欲望,以对身体的欲望激起为特征。激情是带有强烈的情绪体验的驱动力。在爱情关系中,外表吸引和性吸引可能是最显著的。

(3) 承诺。短期内指的是爱一个人的决定;在长期的关系中,则指维持这种爱的承诺。承诺是爱情中最理性的成分。

斯坦伯格认为,这三种成分的不同组合构成了千姿百态的爱情关系,而完整的爱情必须是三者的组合。他归纳了爱情的八种类型:

① 喜欢:只有亲密部分;

② 迷恋:只存在激情成分;

③ 空爱:只有承诺的成分;

④ 浪漫之爱:结合了亲密与激情;

⑤ 友谊之爱:包括亲密和承诺;

⑥ 愚爱:激情加上承诺;

⑦ 无爱:三种成分俱无;

⑧ 完整的爱:三种成分集于一个关系当中。

5. 深度心理学——爱情是"完整之我"的追寻

深度心理学认为,造成情人间强烈吸引的原因之一,是"完整之我"(The Quest To Be Whole)的追寻。

按照心理学家荣格的理论,每个人都身具"显性"与"隐性"(或称"影子")人格。即每个人除了众人所见表现在外的"显性人格"外,还有个正好相反、潜藏心底的"影子人格"。例如,"分析型"的影子人格是"感觉型"。通常,"分析型"的人着重逻辑思考与客观评断,但是当他在强调与表现理性时,不知不觉地把自己细腻多情的感性部分的人格压抑到潜意识深处,变成隐性的影子人格。显性人格的形成与先天因素有极大的关系,但也受到后天因素的影响。例如,男性成长过程中,多被要求"喜怒不形于色",他人格中多情易感的部分便被深深压抑到潜意识中变成影子人格。

当一个人遇见一位身具自己影子人格的异性时,心中常会有欢喜雀跃的感觉,因为对方彰显出自己所缺乏(或已被潜抑,消逝了)的人格特质。例如,当"分析型"的男性与"感觉型"的女性相遇时,彼此常会充满新鲜欢愉。她丰盈流畅的情意,往往会挑动他长久压抑心底的感性部分的人格。与她在一起时,他那被深埋地窖的影子人格开始见到阳光,感受一股从外注入、活泼新鲜的生命力,使他深受吸引,觉得自己好似脱胎换骨一般,受桎梏的心灵顿时得以自由释放。异性相吸让彼此各得一线生命契机,使自己尘封枯萎的影子人格重见天日,得到露水滋润,与自己的显性人格整合,发展出一个较完全、较成熟人格的过程,这就是"完整之我"的追寻。

发展出一个"完整之我"是个非常艰巨、需付出惨痛代价的过程。一见钟情的男女在蜜月期中,先预尝了爱情天堂的甜蜜滋味,然后才让他们闭着眼睛心甘情愿地进入磨合期,让两人彼此在个性上"铁杵磨成绣花针",艰难探索,继续发展"完整之我"。

在磨合期中,过去对方最吸引你的特质,现在却成为让你最受不了之处。过去爱他的自信果断给你安全感,现在却成了自我中心,事事都要主宰。如果正好相反,过去女方爱上的是他的细腻温柔,那么进入磨合期中,她很可能要抱怨他缺乏男子气概。同理,如果过去男方被她的情感丰盈、活泼伶俐所吸引,现在则巴不得她停止歇斯底里或不停的唠叨。在蜜月期中,人人都以为找到了完美的梦中人,在磨合期中却发觉自己过去瞎了眼才会爱上这个对象。

在磨合期中,我们都想努力改造对方,要对方变得完美,像自己心中所订之"理想形象"一样,这是亲密关系中痛苦的最大的来源。

人要如何才能在磨合期中少吃苦头,通过考验呢?唯一的办法是放弃使对方变成完美的幻想,不要定睛在对方身上,应回头重新专注在自己显性与隐性人格的整合与成长。"感性型"的不再逼"理性型"的也要和她一样善用诗词表达情感,而要学会扩展自身的影子人格,让自己也能擅长逻辑思考;"急惊风"的要学习去容忍"慢郎中"的慢,同时学习让自己欣赏并享受影子人格中的轻松自然。

 相关链接

恋爱中,人的两个基本心理需求同时得以满足:一是无条件地被人接纳,二是在所爱的人心中居首位。

心理学认为,一个人从小成长的背景会深深地影响他日后被什么样的人吸引,以及日后亲密关系的建立与维护。不管曾经受过多少伤,当爱情来临时,就是最好的医治和疗伤机会,天下最好的治疗者是自己的爱人。但是,因为信任、不设防,所以在爱情中也是伤上加伤最危险的时候。当人的感情被触动时,就进入了一个非理性的潜意识过程。爱情关系其实很像母亲与婴孩的关系,彼此恋慕、含情对视,都想把最好的献给对方,不在一起时会焦虑、不安。心里愈空虚或愈不成熟的人,愈期望对方能随时随地无条件地接纳你、随时随地把你放在第一位;心理愈没有安全感的人,日后对恋人的要求愈是加倍;过去受的伤要从现在爱的关系中加倍讨回。例如,过去在家中被忽视的,现在会不知不觉地要求恋人不断给自己注意力;过去被管得太厉害的,现在会要求恋人信任自己,给自己空间。彼此互许终身之后,双方都会觉得为什么我所要的,你却不给我?

在爱情中的人,心理上往往退化到婴孩时期——我有什么需要,不用开口,爸妈就应该知道,而得到最好照顾的办法就是哭闹。但在成人世界中用哭闹处罚对方,强求他来满足你心理需求的方式是行不通的,这时就需要掌握心理学的原理,用理性来处理各种问题和困惑。

二、爱情的特征和爱的能力

(一)爱情的特征

1. 爱情的生理学特征

美国科学家经研究发现,造成两性之间的感情吸引力与"化学反应"有着密切的关系。研究表明,产生男女之间吸引力的物质大多数是一种类似氨基丙苯的化学物质,如苯乙胺、多巴胺、去甲肾上腺素等。这些化学物质可以通过两性之间的眼神传递、肌肤触摸等产生,从大脑开始,沿着神经传导进入血液,进而使皮肤变红,身体发热甚至出汗,心情激动亢奋,促使热恋中的男女双双坠落"情网",难以自拔。

科学家们还发现,人体的氨基丙苯等化学物质不能永久存在,经过恋爱的激情后,大约在100天后进入半衰期,开始逐步减少,到3年后(大约1 000天),氨基丙苯等化学物质全部消失。这必然会引起激情逐渐淡薄,也就是出现"情感危险期"。但是,这时期后绝大多数夫妻的感情会进一步加深、巩固。究其原因,是由于夫妻长期的共同生活,体内又会产生类似镇静剂的内啡呔等化学物质,它能使恋人、夫妻之间平衡、安全和互相依靠,甚至不能分离,使爱情更加深化。

有心理学家认为,当两性必须要去面对性能量消退后的平淡生活、现实生活的压力、成长背景的不同、价值观的冲突、两性思维行为的差异……这些内在的状况与问题逐渐浮现时,其实才是真正恋爱的开始。

2. 爱情的社会性特征

(1) 自主性。双方出于自愿和自主,既是爱者又是被爱者。

(2) 互爱性。真正的爱情是以所爱者的互爱为前提的。男女双方相互仰慕、平等相待,爱情才能健康发展。倘若只是一相情愿、单相思,则不能称之为爱情。互爱性的要义有两点:第一,尊重对方自愿选择的权利;第二,尊重对方的人格。

(3) 平等性。恋人之间应该相互尊重、相互信任、相互关心、相互支持,这是平等的关系,不是依附的、占有的关系。

(4) 排他性。这是性爱的突出特征,爱情一经产生就具有这一特征。相爱双方都不愿意对方再爱其他异性或被其他异性所爱,每个人都只能和一位异性达到身心最深刻、最全面的融合。爱情所包含的特有的情感和义务,只能存在于真正相爱的两人之间,这种排他性是爱情专一性特点的具体表现。

(5) 持久性。真正的爱情是男女双方内在的思想、品质、情感、气质等方面的吸引和共鸣,所包含的感情和义务因素不仅存在于双方的恋爱过程中,还将存在于婚后长期的夫妻生活和家庭生活中,如果轻易地放弃维护爱情或婚姻的努力,则是不负责任的表现。

(二) 爱的能力

1. 爱的能力是一种综合素质

爱的能力是指和他人建立亲密关系的能力。美国心理学家弗洛姆认为:"爱是人的一种主动的能力,一种突破把人和其同伴分离之围墙的能力,一种使人和他人相联合的能力。爱使人克服了孤独和分离的感觉,但允许他成为他自己,允许他保持他的完整性。"具备了爱的能力会引导一个人去真正地爱他人,也真正地爱自己,能真正体验到爱给人带来的快乐和幸福。爱需要学习和培养,每个人都具有潜在的爱的能力,恋爱的过程就是培养爱的能力的过程。

爱的能力实际是一种综合的素质。首先,个人需要有爱的储备,其次,在爱的过程中具有许多方面的能力。爱的能力表现为:

(1) 表达爱的能力。爱需要表达,表达爱意味着要承担责任。但爱的表达不是唯唯诺诺,是自我成长后一种自信的表达,是在表明爱一个人也是幸福,即使可能得不到回报。有些人害怕表达,因为他们害怕被拒绝。

(2) 给予爱的能力。要给出爱,首先要看你有多少爱。贫瘠的土地上开不出肥沃土地上的爱情之花,因此,首先要让自己心灵这块爱的土地肥沃起来。对男性,肥沃的土地就是勇敢、有责任心;对女性,肥沃的土地就是善良、善解人意。如果男女两性有以下表现,则表明不具备给予爱的能力:男性小心眼、有特别强的占有欲、爱不成或得不到时一定要毁掉、坏脾气等;女性嫉妒心强、严重缺乏安全感等。给予爱就是给予对方理解、支持、宽容、温暖、幽默……让对方领略到你的力量、能力和生命活力。

(3) 接受爱、拒绝爱的能力。接受爱的能力一定是 Yes 或 No,爱就是爱,不爱就是不爱,不爱一定要果断地拒绝。当别人向自己示爱时优柔寡断,怕伤害对方,又怕对方误会,这样的做法不可取。接受爱不代表尊重,拒绝爱也不表示不尊重,负责任的接受和拒绝都是对他人的尊重。

(4) 鉴别爱的能力。鉴别爱就是能较好地分清好感、喜欢和爱情。一位心理学家对异性间的友谊和爱情的异同做过区分,他认为在五个方面有所不同:

① 支柱不同:友谊的支柱是理解,爱情的支柱是感情;
② 地位不同:友谊的地位是平等,爱情的地位是一体化;
③ 体系不同:友谊的系统是开放的,爱情的系统是关闭的;
④ 基础不同:友谊的基础是信赖,爱情则纠缠着不安和期待;
⑤ 心境不同:友谊充满"充足感",爱情则充满"欠缺感"。

(5) 建设爱和解决爱的冲突的能力。爱需要包容、理解和体谅。当恋人间发生矛盾时,会用建设性的方式去解决问题。如果处理不好,爱的冲突可能给彼此造成伤害,甚至引发悲剧。如 2007 年美国弗吉尼亚理工大学学生赵承辉杀人案,赵承辉因怀疑他的女朋友移情别恋而大开杀戒,造成 32 人死亡、20 多人受伤的惨剧,最后他在警方包围下饮弹自尽。因此,恋人间需要有效的沟通,清楚表达自己的思想、感受,伤害性的争吵或冷战都不利于问题的解决。

(6) 面对失恋的心理承受力。应认识到失恋只是一种选择的结果,失恋给人再恋爱的机会,要善于在失恋中学习。

(7) 保持爱情长久的能力。呵护爱是一种综合能力,是对一个人内在品质的检验。要保持爱情的常新,需要平等、独立、尊重和信任;更需要智慧、耐力、持之以恒及付出。

2. 爱的能力只能自己拥有

一个人是否具备爱的能力首先要看其内心储存了多少爱可以给予,如果内心是干枯的,就没有爱可以付出,也就缺乏爱的能力的基础。父母最初给予孩子的爱,使孩子切身感受到自己是一个可爱的人,孩子成大后才会有能力去爱别人。当一个人爱他人之前,首先要学会的是爱自己——自爱。

 相关链接

恋爱中不能向对方"借用"的能力

美国心理学家总结了恋爱双方都必须具备的能力。这些能力不能向对方"借用",每一个人都应该拥有这些基本的能力。这些能力包括:与人建立情感的关系;与人分享内在的感觉,向人显露自己的弱点;果断和掌控的能力;能够说NO;采取主动的驱动力;基本组织能力;接受不完美,能饶恕;自主思考并能表达自己的意见;学习成长、冒险;发挥自己的专长;有责任感;有自然的性取向;有心灵生活;有道德感。

爱情中的男女,不能依赖对方给自己提供幸福感、安全感和完整的感觉。因为恋爱不是扶贫,不是你越弱,就越值得对方来爱你。婚姻的合二为一中也依然有"你是你,我是我",幸福婚姻的模式就是两个人在婚姻中过好单身生活。

 案例

老把别人介绍的男友和他做比较

高霞是一位漂亮的未婚女性,有过一段缠绵悱恻的爱情经历。她慢慢地从阴影中走出,开始寻找自己新的生活,周围的热心人也帮高霞介绍过很多男友。但有一点高霞很纠结：她在单位和一位同事有了感情，一开始是他追高霞，因为他是有家庭的，所以高霞坚决不同意。高霞明确告诉他不会做破坏别人家庭的女人。由于他们两人一直在一起工作，随着时间推移，高霞慢慢感到他各方面都比较优秀，而且高霞对他也有了感情。这种感情影响到高霞现正常地找男朋友，高霞会把别人介绍给自己的男朋友与他做比较，所有的人她都看不上。高霞很想调整好自己的状态，因为她想拥有自己的幸福家庭。

分析：

在产生爱情的因素中，有接近性（即空间和地理上的接近）、相似性（即年龄、社会背景、看待世界的方式、态度、价值观等）和互补性（即双方需要、对对方的期望的互补），加上能力、特长、外貌、仪表等。办公室恋情常常是因天时地利人和全部具备而产生的，因为经常可以看到对方，在同一家单位工作的人彼此有很多相似性，如果再加上个性上的互补、能力上的欣赏，就很容易暗生情愫。

高霞和她的同事就是在这样的情况下产生感情的。面对已婚同事的追求，高霞知道这不符合道德规范和自己的原则，在理智上拒绝了，但她的潜意识本我却在依照她的感情行事：一是把同事作为参照标杆去寻找男朋友，自然是寻不着的；二是如果高霞遍寻无果，更有理由沉浸在当下的情感中。高霞要走出办公室恋情的方法是给其他男士以公平的机会，如果让他们也具有天时地利，有可能会更加吸引高霞。高霞应该给彼此更多的机会了解双方，有可能越了解感觉越投缘。

三、恋爱过程的处理

（一）男女两性在恋爱中的情绪需求

1. 男性在恋爱中的情绪需求

（1）自身的能力被肯定。他时常会关心自己是否让人瞧得起。

（2）才华被欣赏。也许他有些嗜好和才华与其工作完全不相干，但你仍需学会喜爱和尊重。

(3) 努力被感激。他对你以及对这段感情所做的努力需要被感激。

2. 女性在恋爱中的情绪需求

(1) 时常被关怀。她需要在日常生活的细节中体会被爱的感觉。

(2) 再三地被肯定。她可能一而再、再而三地询问你是否爱她,这只是她需要再三地被肯定,你需要给她信心。

(3) 想法被尊重。她需要你肯定她的想法,呵护她的情绪,在与她分享情绪时增进彼此的感情。

(二) 爱情与性

从心理学的角度来说,爱情是人类社会发展到一定阶段的心理现象,是建立在性欲之上也是建立在心理和伦理基础之上的一种相对稳定持久、热烈亲密的情感及其体验,也是人格成熟以后独立自由地选择自己所爱之人的过程。爱情以性生理发育为基础,爱情渴望有身体的亲密接触。

但是有爱不一定有性关系,有性关系也不一定代表就是爱。我们对归属感和与别人联结的渴望是可以在没有性的前提下形成的。

1. 性及其表现形式

人类的性在表现过程中,一方面受性激素的影响,构成背景性性欲;另一方面受情感和道德因素的影响,构成应激性性欲。因此,人类的性往往通过性生理、性心理、性行为三个方面表现出来。

(1) 性生理。是人类性的基础部分,表现为性别、性反应、性能力、性生殖、生育控制等。

(2) 性心理。泛指一切与性有关的心理现象,是人类心理的一个重要领域。表现为性欲望、性意识、性观念、性兴趣、性幻想、性梦、性别认同等方面。

(3) 性行为。是指与性内容直接相关的行为。一是独自性行为:性自慰;二是人际性行为:同性性行为,异性性行为,边缘性行为(牵手、拥抱、接吻等),核心性行为(性交行为)。

2. 性心理健康的标准

世界卫生组织对性心理健康所下的定义是:通过丰富和完善的人格、人际

交往和爱情方式,达到性行为在肉体、感情、理智和社会诸方面的圆满和协调。这些标准具体包括:

(1) 具有良好的性知识;

(2) 对于性没有由于恐惧和无知所造成的不良态度;

(3) 性行为符合人道;

(4) 在性方面能做到"自我实现";

(5) 能负责地做出有关性方面的决定;

(6) 能较好地获得有关性方面的信息交流;

(7) 接受社会道德和法律的制约。

3. 性道德基本原则

(1) 相爱的原则。人类性爱只能钟情于某一特定的异性,并建立在爱情的基础上,这是人类性道德最核心、最本质的原则,任何违背这一根本原则的性活动都是不道德的。

(2) 无伤的原则。性活动不伤害其他人的幸福,不伤害后代的健康,不伤害社会的安定发展,性交行为不损害自己或对方的身心健康。

(3) 自愿原则。性活动应建立在双方完全自愿的基础上。

(三) 分手和失恋的处理

1. 分手的处理

两性相处中,当发现拥有的并不是内心真正需要的,那分手就成为唯一的可能。分手有可能造成对方或彼此的痛苦,因此,分手需要足够的勇气,需要讲究方法和策略。

(1) 提出分手时应尊重对方的人格和感情,说清原因,态度坚定,语气婉转。

(2) 分手时应保持沟通顺畅。主动提出分手前须冷静分析可能出现的后果,并准备适当的应对方式。比如,可以采用电话、面谈等方式结束关系。

(3) 主动退还对方曾经赠与的财物,除非对方表示不必还。

(4) 避免见所谓的"最后一面",要考虑彼此的人身安全。

2. 失恋的处理

失恋是指恋爱中的一方已经提出分手,但另一方却仍然无法忘却对方,情意绵绵，一直思念着对方，陷入无限的痛苦之中。

(1) 失恋的表现。失恋是一种痛苦的情感体验，容易使人处于强烈的自卑、忧郁、焦虑、悲愤甚至绝望的消极情绪状态之中，甚至失去生活的信心或勇气。失恋会带来生活内容、感情寄托和个人价值方面的缺失。失恋后的症状也称为失恋后的挫折感受，它因失恋者的性格、人生观、恋爱时间长短及恋爱关系深浅程度的不同而不同，因而，其症状的表现是多种多样的，但一般说来，主要表现为以下几种：

① 极度悲伤和绝望。当失恋者对恋爱对象的喜欢程度越强时，该症状的表现就越强，反之，则亦然。

② 感到无比的难堪和羞辱，羞见于人、无地自容。对于自尊心很强的失恋者，如果恋爱的公开程度过大，这种症状的表现就越明显。

③ 充满了虚无感和失落感。当热恋时对爱情的存在越肯定，失恋后的虚无感就越强烈；热恋时产生的依赖心理越强，得到恋人的温暖和安慰越多，这时的失落感也就越多。

④ 对事物冷淡和对恋爱对象产生憎恶。失恋后，失恋者对平时感兴趣的事物会感到索然无味，冷淡视之；对于恋爱的对象则会产生出一种憎恶感，怀恨在心，甚至会产生报复行为。

⑤ 有自杀的意念。当失恋者感到十分痛苦而无法自拔的时候，可能会采取极端做法，走上绝境，以死来求得痛苦的解脱。

(2) 失恋的心理调适。失恋是恋爱中常有的心理现象，失恋不等于失败，一个不曾失恋的人，就其整个人生而言是欠缺的；就其个人心智方面，则是不够深刻的。正确对待失恋可以使人成长：

① 正确认知，冷静分析失恋的原因。要摆脱失恋的痛苦，防止心理和行为失常，必须认识到爱情虽然重要，但不是生活的全部。人生更重要的是理想和事业的追求，爱情在生活中的位置应得到重新的认识。冷静地分析失恋的原因，总结经验教训。认识到中断关系并不意味着你配不上对方，而只表明你们的感情难以发展，不可一相情愿而强求，应尊重对方选择爱人的权利。失恋固然失去了一次机会，却让你进入了另一个充满机会的世界，及早分手并非坏事。

② 采取转移的方法。转移包括两种：一是环境的转移，二是感情的转移。失恋后可以换个环境，暂时远离会触动痛苦回忆的景、物、人，主动置身于新的、开阔的人际交往或优美的自然环境中，将注意力集中在自己感兴趣的事物上，将失恋的痛苦转化为对其他活动的动力。

③ 学会自我安慰。可以采用"酸葡萄效应"，多想对方的不足和带来的痛苦，这有助于打破理想化倾向；采用"甜柠檬效应"，分析自己的优势，把自己的各项优点罗列出来，帮助自己恢复自信，减轻痛苦。

④ 合理宣泄，减轻痛苦。失恋后如果过分压抑痛苦、烦恼和怨恨，容易使自己更加苦闷、孤独和惆怅。可以向亲朋好友诉说，以得到同情、安慰和鼓励，或得到客观的分析和中肯的建议。还可以把苦处写出来，或关起门来大哭一场，尽情发泄自己的情绪，以恢复理智。

⑤ 发挥社会支持的作用。失恋者求助于朋友、家庭、学校或专业心理咨询机构，以得到情感上的疏导和心理上的抚慰。更重要的是，失恋者获得社会支持，可以培养自己高尚的情操和理想，有坚强的意志，可以防止在失恋时失控，并鼓足勇气迎接新的生活。

 相关链接

真爱与迷恋有五个差别

真爱与迷恋的差别之一：迷恋是在瞬间发生的"一见钟情"，感觉非常强烈；真爱是经过长时间充分考虑对方的优缺点产生的。

真爱与迷恋的差别之二：迷恋通常基于一种投射，爱的是心中理想的形象；真爱对对方有长期全面的了解。

真爱与迷恋的差别之三：迷恋通常以自我为中心，有强烈的占有欲；真爱是了解对方，帮助他成长，让他得到益处，让他快乐。

真爱与迷恋的差别之四：迷恋通常是基于一种激情，与化学作用有关；真爱与细水长流发展出来的友情有关。

真爱与迷恋的差别之五：迷恋通常无法持续；真爱则在彼此之间有很强的承诺。

第二节 办公室恋情的处理

一、办公室恋情的缘由及特点

（一）办公室恋情的缘由

在工作生活日益繁忙的今天，职场上的男女白领每天上班、加班，没有足够的时间去发展企业外的爱情，加上工作压力大，情感宣泄渠道狭窄，员工们通常会试图借助浪漫的故事摆脱紧张情绪，互相保护；还因为男女同事每天8小时共同相处，互相协作，日久生情。于是，越来越多的人将感情的天平倾向了同事。有些企业还为员工搭起了方便之桥，组织联谊活动。于是办公室恋情成为婚恋市场的另一道风景。

社会学家调查发现，78%的人曾在工作地点谈过恋爱，其中20%的人没有任何结果，47%的人非常失望，只有12%的人喜结连理。大部分老板不赞成办公室恋情，75%的管理人员和59%的老板认为，恋爱中的员工工作效率会降低，但有25%的老板承认与下属有恋情。

在韩国新韩银行，"办公室夫妻"有563对、1 126人，占职员总数的9%。特别是20—30岁的年轻职员中，5对新婚夫妇中便有1对是"办公室夫妻"，比五年前增加了1倍。法国和德国分别有12%和15%的夫妇是在工作场所相识相爱的。最近20年，日本婚姻的"第一大来源"也是办公室恋情。

此外，对英国金融、报业和卫生保健领域处于最高职位的500名女性进行的问卷调查发现，英国多数在职女性愿意通过在办公室调情的方式获得升迁，但男女同事之间发生风流韵事的结果，往往是其中一方或双方不得不离开公司。另据《纽约邮报》报道，通过互联网问卷对31 000名美国人调查发现，在承认曾有办公室恋情的人中，42%的人是已婚者。香港某服务机构做的一项调查显示，超过九成的婚外情有以下共同特征：第三者是出轨一方的朋友或同事；他们的感情发生得非常不经意，但中途抽身非常困难。

由此可见，当今社会无论是网络对人们社交生活的迅速渗透，还是金融危机带来的行业冲击,都没有动摇这种人类最容易产生的恋情。即使办公室恋情引起了很多争论,还有企业明令禁止这种恋情,办公室恋情还是在全球遍地开花。

(二)办公室恋情的特点

职场中产生的爱情又称为"办公室恋情",办公室恋情发生在职场的办公室周围,与非职场的爱情比较,有以下的特点:

1. 爱情产生的际遇性

爱情的产生需要一定的时间、空间和际遇。在办公室这样较正式的场合相识,不像娱乐场所那样给人不安全感、不自在感,办公室恋情相对来说更易构成人与人之间的信任。办公室环境下,职场男女在一定的时间、地点共处于一室,加班、挑灯夜战也是家常便饭,于是互相安慰、相互倾诉,这样日积月累,彼此之间难免日久生情。所以,即使很多婚姻美满的人往往也禁不住办公室恋情的诱惑,奋不顾身投入其中。

2. 个人品行的知晓性

无论是上下级之间,还是同事之间的办公室恋情,都与工作直接或间接有关。排除婚外情等非道德的爱情,如果这种爱情是发生在单身男女之间的,则与职场外的爱情毫无两样。很多人在工作中结识了自己的恋人,并最终走向婚姻的殿堂。毕竟,在工作中有更多机会观察自己心仪的对象,能够最准确地了解压力之下他(她)的第一反应,他(她)是一个负责任的人,还是一个易怒的人?这些都因为工作便利而容易了如指掌。如果相爱的两个人能够在较长时间的相处中,互相关心、互相支持,不但事业上互帮互助,人格上也能共同得到成长,在事业和爱情两方面收获双丰收。这样的爱情是可遇不可求的,应该彼此珍惜并得到祝福。

 相关链接

名人的办公室恋情

德国宝马家族的第三代掌门人赫尔伯特娶了自己的助理约翰娜,莫斯科市市长尤·卢日科夫与妻子是由同事关系而结成连理的,德国前总理科尔找了自己的部下作为终身伴侣。

> 美国总统奥巴马与妻子米歇尔·奥巴马也是由办公室产生的爱情而修成的正果。米歇尔毕业于哈佛法学院,大学毕业后,她进入芝加哥的一家律师事务所工作。有一天,上司要求她指导一名年轻的哈佛学生贝拉克·奥巴马进行暑期实习,身为校友的两人一见到对方就被吸引住了。实习生奥巴马发起了主动进攻,他开始邀请米歇尔外出。两人看了一部名为《循规蹈矩》的电影,散场后,奥巴马请米歇尔吃饭。不久,他们成了工作上和生活上的伴侣。1992年,米歇尔与奥巴马结婚。

3. 多方利益的牵制性

办公室恋情,有些是因为真诚相爱,有些是出于互相取暖、互相保护的目的,还有的是因对方具有权力、地位、财富等附加值,被利益所诱惑而主动献身。不论何种爱情,其内涵是随着时间的变化而变化的,办公室产生的爱情也不例外。办公室恋情有甜蜜浪漫,也会带来各种各样的麻烦,比如朝夕相处容易让人乏味,比如分手之后经常见面会很尴尬。有些办公室恋情还捆绑了过多的功利性和目的性,这种变化和最后的结果就更不可预测,充满了风险或危机。爱情的结果也许是圆满的结局,也可能走向了当事人愿望的反面,甚至导致爱情和事业的双双惨败。

4. 关系处理的复杂性

社会学家认为,理论上说办公室恋情很可能会成就一个幸福的家庭,作为同事,双方会觉得特别亲近,容易理解对方,不太会背叛。但现实生活中,办公室恋情还是有很多失望和不幸,特别是上司和下属之间的恋情,总会引起同事的嫉妒和怀疑,会让员工感到领导不重视他们,只关心个别人,工作积极性因此受到打击。有时,办公室恋情会影响职场公平竞争,造成企业人事关系复杂,使得工作无法正常开展,很多正确的决策无法执行,还有可能出现情色交易或权色交易、拉帮结派的局面。诸如此类,对企业来说是非常不利的,而这也正是很多企业明令禁止办公室恋情的原因。

此外,办公室恋情还可能成为婚姻和事业的滑铁卢,婚外恋者身处其中会引祸上身,不但毁了家庭,自身前途也会大打折扣,很多大企业非常看中员工的品德,不欢迎办公室恋情,曾经的办公室恋情记录会像不良信用一样伴随一生,成为职场生涯中永远的污点。

案例

"地下恋爱"能否结成正果？

姚强和任诗诗是一对"同事恋人"，一起进入某公司人事部。恋爱的发生很自然，任诗诗身体不好，姚强在工作中就经常主动帮助她，这让任诗诗非常感动，由此互相吸引并开始交往。恋爱以后，为了避免被大家说闲话，只能暗中发展。午休时间逛马路，两人先偷偷地约好地点然后再一前一后分头行动，如果遇到同事，两人立刻拉开距离。

任诗诗总是有些担心："毕竟我们同在一个公司一个部门，我们自己是做人力资源工作的，知道公司不允许办公室恋情。所以，只能转入'地下恋爱'。两个人的感情如果处理不好，双方以后都会很尴尬。同时我们也都很珍惜这份工作，现在的工作很难找，我们不希望再有什么变动，特别是其他同事也会看笑话的。"

终于有一天他们被同事看到在逛街，恋情曝光。这时他们感觉关系稳定了，便向大家公开了恋情。可是领导并没有因为这对有情人的感情而动摇公司的规定，他们中有一个人必须要离开公司。

任诗诗担心的事终于发生了，她变得怨天尤人，情绪很不好。而姚强也被这件事搞得焦头烂额。他对任诗诗说："看样子只有你辞职，才是保住这段恋情的唯一方法。"任诗诗认为姚强太自私了，但最终任诗诗向公司递交了辞职申请。这样的结局给两个人恋情的发展蒙上了浓重的阴影。

分析：

同事的安慰与关心，让任诗诗在枯燥的工作中得到一丝温暖。姚强和任诗诗因在同一部门互相吸引而走到了一起，他们认为爱情只要不影响工作，只要偷偷相爱就没有问题。当恋情曝光，公司要求两人只能留下一个人时，爱情和工作就产生了不可调和的矛盾，尤其是当姚强要求任诗诗辞职时，会让任诗诗产生强烈的不公平感。如果他们的爱情要持续下去，需要双方做出很大的努力。此案例充分体现了办公室恋情的风险性和不可确定性。

二、办公室恋情的应对方法

（一）办公室恋情的心理准备

因为办公室中的爱情包含着很多其他因素，办公室恋情比普通恋情处理起来更复杂，掺杂着很多复杂的利益关系和人际关系问题，如同事好奇的目光、上司怀疑的眼神、公司里"不许谈恋爱"的制度……但是如果真心相爱了，也不必违背自己的心愿，需要运用智慧、能力好好相处下去，其中包括要有充分的心理准备。

1. 与上司相爱处境很复杂

虽然国外研究指出，64％的女性上班族和老板发生办公室恋情之后，工作情况会获得改善，但在国内一些企业中却严禁上司和下属恋爱。即使企业不禁止，情况也很复杂，和上司交往会降低专业声望，和上司约会可能让你变得孤立无援，即使同事们不多说闲话，他们也会觉得你已不再属于同类。如果是你提出分手要求，上司可能无法直接开除你，但是他可以用其他小动作让你不好过，更多的困扰会围绕着你。

2. 谨慎考虑与下属相恋

人都是有情感的，就算再会区分公事与私事的人，都免不了会将个人情感带到工作中来，甚至有时候不自知，出现偏袒、不公正的做法。因此，上下级相恋就算自认公私分明，其他人是否认同又是另一回事，就算情投意合也会遇到很多阻力。若恋情无法善终，受伤的就不只是一方，也许更严重的会因此丢掉饭碗或惹上法律的麻烦。

3. 真诚坦诚地对待彼此

如果你只是想找个排遣寂寞的对象，千万不要让对方误会你考虑婚嫁。办公室内发展爱情非常看重对感情的坦诚和真诚，倘若处理不好，不仅影响人际关系，还有可能丢了工作。

4. 事业和感情同等重要

除非企业有规定，否则，无论办公室恋情是否成功，辞职都是下下策。爱情和面包同等重要，别轻言放弃自己的事业，除非你已有谋划让自己获得更好的位置,否则不宜轻举妄动。

(二) 办公室恋情应注意的问题

产生了办公室恋情,一定要时刻注意自己的言行举止。除了应遵从企业的规章制度之外,还要避免因办公室恋情影响工作,影响其他的人际关系。

1. 遵守公司的规章制度

开始与公司同事约会之前,一定要查看公司有没有相关的规章制度。一些公司可能会规定具体的行为。比如,如果你与财务或人力资源部门的同事恋爱的话应告知你的主管。有些公司严禁办公室恋情,如果这样,你可能不得不在工作和恋情之间做出选择。

2. 慎做决定,保持低调

如果你和办公室里的同事互有好感,你们其中一人并不打算展开恋情,或仅止于花前月下约会几次,这时恢复同事关系不会有太大困难;但如果一开始就已缠绵悱恻,那么想在上班时间不受影响就很不容易。所以,要冷静思考,评估了各种因素再作决定。一旦开始了办公室恋情,也应保持低调,尽量谨慎,先不要告诉公司里的同事。如果恋情公开,在众目睽睽、评头论足之下,你们崭新的恋情极有可能受到伤害。更重要的是,你们还需时间来证明这份恋情是短时间的热血沸腾还是真情相守、天长地久。感情还不稳定时,应先守住这个秘密。将上班到达的时间错开,尽量别在上班时碰头并减少独处时间,不要把私人事情带进办公室。事先商定好一套说法,然后保持同一论调,避免他人乱猜。

3. 办公室恋情的公开时机

如果企业政策要求你在某些情况下必须告知上司,那就照章办事;如果企业没有明文禁止办公室恋情,那在决定结婚之前也不必正式告知上司,最好始终保持低调,不宜搞得尽人皆知。

办公室恋情被发现时也应保持冷静,要避免让小道消息越传越玄。如果公司并没有明令禁止内部人员恋爱,你不必说谎或否认,可以正式告诉对方。如果上司询问,你可以先表明开始没有告诉他是因为你不认为这会影响你的工作,然后坦白恋情,重点说明你自己能控制得很好。恋情发展到一定阶段,彼此关系已经稳定了,可选择合适时机公开,比如郊游或活动时,在轻松的气氛下告诉大家,你和某位同事已经成为一对恋人,但要注意不要将恋爱细节透露给别人,以避免他人的议论。

4. 注意相处方式和情绪问题,表现出专业操守

如果企业不反对员工谈情说爱,也不宜在办公室里随心所欲。办公室毕竟是工作的地方,有严肃的纪律。在工作中应避免对恋人给予过多的关注,随时注意自己的身体语言。在办公室里接吻、拥抱或经常坐在一起等都可能让同事觉得尴尬;工作时老是通电话、互发邮件或发短信等不合职业标准的行为会给同事、管理层和人力资源部门留下负面的印象,会因此受到责备,也会影响你的职业生涯。

办公室恋情出现问题,应该保持理性,公私分明。如果受情绪困扰,不宜在办公室里表现出来,更不宜在办公室里解决。应当两人单独、冷静讨论,不宜向同事倾诉自己的问题,那样的话可能会降低他们对你的尊重。

如果有办公室恋情,要特别注意保持专业操守。尽量避免太密切的合作,不要拿机密类的信息作为谈资,更不要向外传播。如果同事或上司是你的粉丝或好友,你在博客等社交媒体上发表信息时要格外小心,不要分享会让彼此尴尬的信息或过于私密的照片。可以将有关隐私内容设为仅限好友浏览,以避免在办公室里出现绯闻。

 相关链接

恋人间彼此留些思念的空间很有必要

办公室恋人在24小时无间断的相处中很可能出现困扰和矛盾,因为自由受到了限制。而且一旦恋人间的关系出现了问题,将会给工作带来极大的负面影响。因此,恋人间给彼此留些思念的空间很有必要,这会增加两人的甜蜜感和幸福感,有利于感情的稳定。双方也不宜将所有的时间都花在对方身上,应该定期和朋友们聚会出游,短暂的分离只会增进彼此的感情。

5. 妥善处理办公室人际关系

恋爱中的情侣必须考虑到同事的好奇心,也许大家在不断观察着你们的一举一动,如果恋人中的一方占据了上司的位置,更有可能会有一些居心不良者散

布小道消息。因此,要正确处理好上下级关系和平级关系,免得成为众矢之的。也别因为爱情疏忽了和同事们的感情联络,变成大家眼里"重色轻友"的人。

6. 上下级恋情最好调换部门和角色

即便是最开明的公司,通常也不允许直属的上下级之间发生恋情,这样会让人质疑这位上司对该下属是否客观公正,并会影响整个团队的士气,而作为下属向上司职位的恋人汇报工作时可能出现偏差。因此,有些公司规定,与上级有恋爱关系的员工应披露实情,并申请在公司内部调换团队或部门。即使同一部门的同事谈恋爱也会导致诸多问题,最好的方法是转换一下角色。

7. 对办公室恋情的复杂性有足够准备

办公室恋情的正面效应是使得恋爱双方在工作上表现得更积极、主动和有效,富有创造力,经过同甘共苦的情侣,彼此的感情会更好。但办公室恋情需要比一般恋情付出更多,双方要共同承担工作、生活更多的压力。

办公室恋情的发展充满着不确定性,大多数上司会对属下的办公室恋情感到头疼,暗自猜想这两人会不会因此结成联盟帮派,在工作中互相庇护?明智的上司会提醒自己避免用批判的眼光注视恋爱中的下属,因为那样做反而会让恋人间的关系更为紧密,但上司一旦发现有上述疑问中的蛛丝马迹,就会想办法拆散这对恋人,调离或辞退其中一人。

8. 结束办公室恋情的注意事项

办公室恋情如果以分手而告终,而两人的工作很接近的话,分手以后还继续与对方共事可能会非常尴尬,关系会变得很复杂,这样的结果在恋爱之初就应该考虑到。结束了办公室恋情,除了按照一般失恋者的关系处理外,还需要格外注意以下事项:

(1) 分手会引起情绪的波动,影响双方的心理健康。应该尽量做到工作和情感的分离,分手不影响工作。

(2) 如果提出分手的人是你,分手应审慎,必须言辞婉转,使对方少受伤害,并尽量阻止对方四处宣扬你们之间发生的事情。

(3) 注意保护各自的隐私,如有好事者打探消息或散布流言蜚语,可保持沉默,不予回应。

(4) 在分手过程中和分手之后,不指责、为难和报复对方。

(5) 不利用职权要挟、强迫对方分手或设置各种障碍。

(6) 要注意防范对方的纠缠,和对方保持适当的空间距离,如有必要,可申请调离原有岗位。

（三）办公室婚外情的应对方法

 案例

部门经理和他的女助理

"我的茶喝到三分之一的时候,她立刻给我续上。她的殷勤对于第一天上任的我仿佛是一颗定心丸。""为了一场大型活动,她主动陪我去买衣服。我承认那是我平生穿得最自信、最得体的一套衣服。"这是吴波描述他的女助理的话。

吴波转职到某公司担任部门经理,女助理与他接触不过两个月,已经成了他最得力的助手。上班的时候,她为吴波准备的资料十分齐全,并且仿佛特别懂他,知道吴波什么时候需要她进来,什么时候需要她说什么话。吴波的婚姻生活已经15年,已进入一种平静如水的阶段。他觉得结婚这么多年,妻子根本不了解他,或者说,妻子身上缺少一点女人味,只是忠心耿耿地为这个家服务,却永远无法提供最适当的东西。

渐渐的,女助理的善解人意和婀娜多姿吸引了吴波,而女助理也体会到了吴波中年男人那种稳重、干练、睿智的魅力,两人走到了一起。有时,吴波会为自己的这种行为而自责,但每次看着她优雅而妩媚的样子,便不由自主地被吸引。每次偷偷相聚给他们带来甜蜜的同时,也给吴波带来了压力和内疚。考虑到精明的同事迟早会看出端倪,两人因此会自毁前程,一年后吴波向她提出了分手,她被迫调离了原岗位,但两人已回不到过去的那种同事关系了……

分析:

办公室的工作环境及压力为同一空间工作的男女交往提供了便利条件,工作把男女距离拉近的同时,也把男女的感情拉近。工作与外遇存在着相当大的关联,所以,办公室是最容易发生婚外情的地方。

此案例中,办公室的中年男性年富力强,有地位、实力,也最有魅力,很容易吸引身边的年轻女性。因岗位职责,女助理对经理吴波的帮助和体贴也很容易使吴波误认为是对他本人的好感,再加上吴波对家庭生活的厌倦,两人产生办公室婚外情就不奇怪了,但这样的婚外情的后果是不可预料的,可能是其中一方出局,也可能是两败俱伤,工作和生活都会受到严重的负面影响。

如果遭遇办公室恋情时,一方或双方是已婚人士,首先要明确自己的态度,告诉对方,不能提供给他(她)想要的生活,告诉他(她)自己的生活目标及家庭责任;其次要有意保持距离,让两人恢复同事关系。

产生办公室婚外情的原因有很多,其中之一是当事人角色意识模糊,这些人缺乏职场抗风险的能力,误以为在办公室多一个身边人就能壮大自己的力量,提升自己的"核心竞争力",这是极为错误的观念。要绕过办公室婚外情,道德规则意识、角色意识和自信心很重要。

(1) 要有较强的道德意识和规则意识,正确处理好感情和工作、工作和家庭的平衡,尤其是不能以婚姻平淡、夫妻感情不和等作为借口展开办公室婚外情,更不能因追求刺激、追求利益而投身婚外情的漩涡,那样,只会带来非常不利的后果。

(2) 要知道自己在职场中是什么身份,规范的沟通和汇报关系是什么,自己胜任工作的核心能力是什么。爱情只是生活的一部分,不要让恋情干扰你在职业上的发展。

(3) 要有强大的、稳定的自信心,对自己有一个积极的、客观的评价。在婚外情中寻找安全感不如自己积极充电,学得一技之长。职场中情人的心也许和股市一样瞬息万变,不如做一个能把握自己的人,只有这样才不至于动辄乱了感情的阵脚,陷入感情的泥潭,最后以尴尬和失意收场。

(4) 下班后要离开工作环境,经常和工作关系外的朋友一起聊天或活动,尽快远离办公室婚外情这种危险的情感。

(5) 正确认识同事间的关系。既然确定只是同事关系,相互间更深一步只是朋友关系,要把握好相处的尺度,留意自己的言行举止,不越出同事和朋友的界限。

 案例

职场男女应保持适当的物理和心理距离

主管陈俊峰和本部门的已婚女同事小于负责一项比较重要的项目。两人一起工作了三个月,长时间的接触难免走得近了一些,当时陈俊峰觉得应该在公众场合大大方方地接触,才显得正常。但实际上,这样做的结果,却让某些好事者捕风捉影,传播了不少有关他们的谣言。

工作中,他们两人配合默契,取得了优秀的成绩。到了展示他们成果的那一天,出席会议的人中大部分陈俊峰都见过,但小于不认识他们,有些紧张,脸绷得紧紧的,没有一丝笑容。陈俊峰突然觉得要为小于做些什么,让她放松些。他走向小于,拍了拍她的肩膀,向大家介绍说:"大家好,这是我的搭档小于。我要告诉大家,这个项目的成功很大部分要归功于小于。"

没想到的是,当陈俊峰说了这句话,做了这个拍肩的动作后,在场的人都认为这个业绩的取得都是陈俊峰的功劳,连总经理也说:"小陈做得很不错,而且很谦虚。"陈俊峰想解释,他转头看了一眼小于,却发现小于的表情非常尴尬。

此后,两人在公司碰面没有了过去的和睦,小于再也没有和陈俊峰说过工作以外的话。公司中还有流言蜚语诬陷小于是借着陈俊峰"上位"。

分析:

此案例中,主管陈俊峰和女同事小于本来正常的上下级男女同事关系被好事者无端歪曲,解读成职场的非正常关系,而主管陈俊峰在成果展示会上不恰当的言语和举动更使他们的关系蒙上了暧昧的色彩,这直接导致两人关系的变质,给两人未来的工作前景带来了不利的影响。

职场男女在一起共事,必须保持适当的物理距离和心理距离,时刻注意自己的举止行为,远离职场暧昧。如此,才是真正对工作负责,对自己和未来负责。

相关链接

办公室恋情如同走钢丝

如果你是一个理性而有上进心的人,可以很好地掌控情绪,两个人互为补充,恋人间能相互理解工作的艰辛,那么,办公室恋情对工作是一种促进。但办公室恋情总是有些先天不足,如果没有一个圆满的结局,人际关系可能一团糟,再加上别人的指指点点,这些对双方都不公平,对以后新的感情生活也有影响。办公室恋情的个人隐私空间相对较小,容易受外界干扰,即使修成正果,以后在个人升迁等问题上也会有些麻烦。

因此,办公室恋情如同走钢丝,只有平衡好工作和生活的关系,才能收获完美的爱情。

思考题

1. 办公室恋情的正面效应和负面影响有哪些?

2. 如果有已婚上司看中你,让你做他的情人,并许诺给你很多好处,你会怎么做?

3. 案例分析:

"从事件本身的层面来看,作为一个CEO,应该是员工工作和个人生活的表率,婚外情违反了公司行为准则,从而影响了公司形象;从公司领导人的层面来看,一个68岁身居高位的领导人连在公司搞婚外情对他的声誉和领导公司有妨碍这一点都不明白,说明他缺乏判断力,所以他不适合做经常需要做出重要判断的公司领导人;从防微杜渐的层面来看,虽然他目前没有做出损害公司的行为,虽然他是一时之举,但这件事的出现已经表明他道德品质有腐化倾向以及今后有可能会出问题,所以必须在没有出现问题时就解聘他。"

这是几年前波音公司CEO哈里·斯通塞弗因婚外情被开除的三条原因。

对于这位在波音公司供职多年的企业高管,在办公室里搞婚外情无异于自找麻烦,即使他预备离婚且和相恋对象两情相悦,可正是由于这一切都发生在公司内部,在同事之中造成了不好的影响,所以最终把自己送回了老家。

  问题:从此案例中可看出波音公司的企业文化是怎样的?请分析哈里·斯通塞弗在职场惨败的原因。

第九章 办公室政治关系的处理

第一节 办公室政治中的一般关系处理

一、办公室政治的含义及适应

（一）办公室政治的含义及表现

办公室政治是职场中因观念、利益的冲突而导致的人际关系的竞争表现，是职场人士能力和智慧的体现，是让人忌讳又无法逃避的一种现象。也可以说，办公室政治就是企业内部在权力、利益分配上的一套成文、不成文的规则和机制，是考验你应对进退的分寸，是害人之心不可有、防人之心不可无的谋略。

企业中的每一个人都可能是办公室政治游戏的参与者，因为都与企业制定的政策及其利益有关。一般来说，普通员工与主管参与办公室政治的目的是为了获取更多的报酬，中层与高层管理者的目的是为了争取更多的预算，高层则要与董事会进行博弈。有些人在办公室政治的氛围中获得高升，实现了抱负，也为企业创造了效益；但也有人不择手段用操纵方法来满足自己的私利，损害了其他员工的利益并给企业造成了严重的损失。在当今企业管理中，办公室政治意识已大行其道，美国的很多公司早已把它视为企业文化不可或缺的部分，是企业优秀员工应该具备的素质，并对员工进行这方面的培训。在企业里优秀的员工一定是有政治水平的人，而不是不懂政治规则的人。

相关链接

将办公室政治转化为企业文化中阳光明媚的那部分

办公室政治只有正确面对,无法也无处有效逃避。当职场人士进入一个企业,首先要认识办公室政治的现状和形成原因,并从理智上、感情上接受这一事实,将自己纳入这一系统,接受它,适应它,如果有能力,寻找有效的办法改进它,承担起发展更健康的办公室政治的使命,将其转化为企业文化中阳光明媚的那部分。

案例

范伟明的尴尬

新年伊始,公司新产品的定位方案依然迟迟没有定论。范伟明所在的技术研发部俨然已经阵营对立,壁垒分明。定位于中低端的"保守派",与支持发展高端消费群体的"创新派"打得不可开交。"保守派"里有范伟明的恩师,他是范伟明一进公司就手把手教导并提携自己的引路人,而"创新派"里又有目前私交至深的好朋友。范伟明到底应该倾向哪一边呢?难道一张嘴就注定要得罪人吗?范伟明觉得自己的本命年真是背到家了。

分析:

身处泾渭分明的两个阵营,范伟明的思维中只有支持了一派必定得罪另一派的固化模式,他的"孤家寡人"感油然而生。这类徘徊在同事派系之间的新人,往往会因为过分重视情感与立场表达,而使思考的重点脱离了工作本身,最终可能做出错误的决策,同时,也使自己感情受挫,疲惫不堪。

职场新人首先要尽量避免依赖群体才能产生安全感的做法,不应摇摆不定或盲目屈从,要保持清醒的认知,凡事以实现工作效益最大化为原则,不轻易改变立场,减少情感因素的牵绊;其次,要学会就事论事,减少主观推测,决策应当有利于工作和大多数人的利益为前提;最后,尽量去发现对立或不同立场团体的合理化成分,择其善而从之。不要盲目地投靠强者,虽然这么做可以缓解自身的分裂感和焦虑感,但投靠强者的前提一定是自己拥有优秀的工作能力和稳定的自信心,否则,这种选择是把自己从"中间"挪到了一边,从"无措"走向了"对立"。

(二)办公室政治的适应准备

从宏观上说,办公室政治可以鞭策企业改善管理;从微观上说,办公室政治是完善个人素质的"拓展训练"。办公室政治的实质是为利益而竞争,对因办公室政治而产生的人际关系常见问题,我们既要小心对待也不用担心害怕。

职场上,最不能回避的是人际关系,过分限制自己的人际交往,太多关注他人对自己的评价,个人内心体验的敏感度过高,都可能产生心理失衡。

 相关链接

如何在办公室政治环境中生存和发展

(1)主动建立良好的人际关系,在工作中要有好人缘,让大家都了解你是什么样的人。

(2)主动适应人际环境。环境改变,人际关系也会发生变化。

(3)扮演好各种角色。不同的角色会展示不同的功能与态度,在环境中应认定自己的角色,构建和谐的人际关系,削减因办公室政治带来的负面影响。可以从以下方面入手:

深度剖析,不断自我认识,接纳自我;

保持诚恳开朗的态度,有一颗谦卑宽容的心;

寻求共同价值观,尊重别人并欣赏自己;

遵守团体规则,排除人际障碍;

完善人格,融入人际环境,适度自我表达。

办公室政治中常见的反应是斗争与逃避。斗争只会给你想要实现的目标带来更多的阻力,而逃避会让人们理所当然地把你看成弱者。职场是个小社会,斗争和逃避都不利于健康的职业生涯的发展。处理办公室政治,也是一门职场人际关系的艺术。我们只有调整好心态,适应办公室政治的氛围,掌握办公室政治的发展规律。

1. 了解企业的组织结构

对职场新人来说,理解一个企业的组织结构是非常重要的。要了解组织结构的起源、构成;各层级领导人的职权、分工;公司的规章制度、办事规则和流程等。知道了这些,就明白了遇事向谁请示以及如何使报告得以通过等问题,这是职场人士能否顺利融入企业的关键。

2. 了解企业掌权者的背景信息

到新的工作环境,多观察,多请教,了解这个工作体系中真正掌握权力的人们。名单中除了拥有管理头衔的各级上司之外,还可能包括一些职称不算响亮,却掌握特殊权力及信息的"隐形掌权人士",例如总经理的特别助理、老板的配偶、上司的秘书、工作团队中的非正式领袖(如人人尊敬的老大哥、老大姐),甚至是总机、总务人员等。深入了解每个重点人物的个人资料,例如学历、家世背景、工作经验、在公司的升迁过程及重要贡献等。这些资料不但能帮助你了解公司重点人才的特质,作为日后努力的参考,更能为自己提供未来和这些对象互动的良好基础。

3. 熟悉掌权者的人脉网络

了解了企业掌权者的背景信息,标出各个"点"之后,再试着从"面"的方面去解读办公室的政治势力,也就是了解所谓的派系。也许,总经理跟营销部门主管是大学同学,而你的上司则和财务主管有"瑜亮情结",或甲经理曾是乙经理的手下败将,而某副经理是董事长的远房亲戚等。在这个阶段,宜多听少评论,对听到的内容别随意做出负面议论,如"他太过分了""她真不识好歹",否则很可能在做好准备之前,你就已经陷入政治混乱当中了。

4. 与掌权者发展良好关系

作为职场新人,无论从职场规则还是礼仪修养角度,你都应该对掌权者以礼相待,与有助于实现你个人目标和理想的人建立、维系良好的关系。分清工作关系的轻重,进一步与其他部门成员建立伙伴关系。发展良好的关系,应该出自真诚真心,而非口是心非、阿谀奉承。

案例

小祝将何去何从

小祝是一家合资企业的中层领导,由于工作努力,责任心强,被总经理赏识,很快被委以重任进行公司改革。小祝雄心勃勃地和同事们一起策划、实施,最终取得了一些成果。但是,改革也动摇了公司副总的亲信及亲戚的利益,为此副总使出卑劣手法,乘总经理出差之际,指使亲信搞员工的满意度调查,结果当然是注定了的,调查结论歪曲了事实,对小祝非常不利。以此为据,副总要求总经理撤掉现在进行改革的人,还污蔑小祝有贪污行为。小祝不愿因自己的原因而给领导造成困扰,也不愿意给和自己共同努力的同事带去麻烦,选择了委曲求全,对副总的行为忍气吞声。但他又不甘心受此窝囊气,想辞职离开这个是非之地,又觉得对己对人不公平,他不知道还有哪些更好的方法……

分析:

如果小祝采取调查事实,取得副总造假的证据,要总经理还自己清白的做法,不妥当;辞职离开,则让亲者痛仇者快,也不可取。因为对总经理而言,谁对谁错并不重要。指派的改革代理人遇到阻力,如何平息众怒才重要。摆事实讲道理只能表明小祝挫折忍受力差,既不大度,也不懂得管理协调技巧。如果引起了严重的冲突,总经理还必须做出选择:要么放弃小祝,要么与副总彻底决裂。衡量中层与副总的地位,丢车保帅是最有可能出现的结果。

最好的解决方法是尊重领导的权威,主动"示弱"。小祝应该主动找总经理和副总沟通,检讨自己工作中考虑不周的地方,请教领导做出工作指示,表示出改进工作、继续努力的姿态。这样,不仅表明自己"能屈能伸",还可以取得领导的好感,也许可以继续以前的工作。此外,要分别与不同部门的员工进行沟通,得到舆论支持,以协助自己更好地开展工作。

二、办公室政治关系的处理

(一) 办公室政治的适应原则

1. 了解环境,自我保护

所有的企业,无论小公司还是跨国集团,都是权力争夺的温床。如果想在职场生涯中获得成功,仅有个人技能是不够的。要学着了解办公室的生态环境,才能在办公室的政治游戏中,保护自己不受伤害。

2. 学会观察,准确定位

想要在办公室政治环境中游刃有余,必须学会观察、聆听和分析,了解主宰自己命运的人的需求。这些人可能是自己的主管、部门经理、总监甚至是大老板。每天和他们一起工作交流,很多有用的信息都摆在你面前,需要你通过对表面现象的观察和分析,找出对自己有用的信息,帮助自己准确定位。

3. 学会变通,解决问题

在办公室政治环境中,没有绝对的公平和原则,要学会变通,掌握有效的工作方法,有的放矢、游刃有余地处理和控制。真才实干、勤奋努力的确是发展晋升的重要因素,但还需懂得变通和适应环境,才能心情愉快地工作。

 案例

掉入办公室交易漩涡中的晓燕

晓燕是某外资广告公司的销售经理,公司的销售业绩虽然很好,高层领导也很看好她,但目标每年在涨,让她倍感压力。年初,公司新招聘了一个销售精英叫小杰,他给公司带来了不少业绩,减轻了她的一些压力。而且小杰挺帮她的,开会时会帮晓燕说两句好话,中午吃饭时经常和晓燕聊天并互相鼓励。渐渐的两人互生好感,在一次表彰团队活动出游时,两人越过了同事关系的界限。但因为公司的规定,两人不能公开他们的关系,只能在工作之余偷偷约会。

半年过去了,最初的温暖感觉被日益增长的矛盾所代替,小杰经常要求晓燕分给他更多的客户,并要求她帮自己谈业务,以保证自己销售冠军的地位,最后甚至提出了转移客户首付款的过分要求。晓燕慢慢发觉小杰只是在利用自己完成更多的业绩,他要的只是利益而已。可是又陷在天天要见面的尴尬中,而这件事又不能和任何人说。年底了,总经理向晓燕要业绩,她知道想要完成年度目标,必须指望小杰手上的老客户,但她又不想求助于小杰。晓燕左右为难,焦虑、悔恨、愤怒、无奈等情绪接踵而至,觉得快要撑不下去了……

分析:

晓燕不仅身处办公室恋情,还掉进了办公室交易的漩涡中。办公室恋情有"真爱"和"假爱"两种。所谓假爱是借对方的权力给自己行个方便,争取更多的个人利益。晓燕在感情上被小杰欺骗,工作上又面临极大的压力,工作和感情交织在一起,由此产生了很大的心理问题,把她逼到了崩溃的边缘。她当务之急是化解自己内心中的情绪,可以向公司外的朋友倾诉苦闷,也可以求助于专业心理咨询人员。

在职场中,不管是有权的一方,还是有色的一方,要深知其中的利害关系。面对权色交易,晓燕要接受既成的事实,审视两人既是上下级又是恋人的关系,并对两种角色带来的影响做冷静客观的分析。要将感情与工作分开,分清当初产生感情的动因,是因为感觉还是为了工作,如果确实是感情让两个人有了关系,则不必有过分的悔恨;然而如果觉得小杰是因利益和自己在一起,就要三思而后行,果断断绝这段恋情。晓燕在较正式的场合可以就公司业务和小杰开诚布公地谈谈,告知自己的想法做法,表示必须遵照公司的规定开展业务,保证公平竞争,两个人才会有稳定的发展前途,希望小杰理解她的做法。

(二)办公室政治的应对策略

1. 办公室政治的应对策略

(1) 建立广泛的人际联盟。与不同部门、不同层级的同事建立起和睦而友善的关系,这不仅会让你的工作变得更愉快,还能在你需要的时候得到同事伸出

的援手,助你一臂之力。可以这样做:

① 对别人的工作表示真诚的兴趣。了解他的工作状况及甘苦,表示你的同情心并注意倾听。

② 主动寻求建议。"这事有些困扰我,而我一直认为你在这方面有很好的判断能力,能不能给我一点建议呢?"请教对方不仅解决了问题,并且巧妙地传达了对对方的欣赏之意。

③ 帮助别人,不求立即回报。在自己的能力范围内主动帮助同事,这是累积人际资产的双赢方法。有句俗话:"欠我的人愈多,日后帮我的人也愈多。"

④ 即使不是朋友,也不要变成敌人。即使对方不能做朋友,也千万别变成死对头,保持基本礼貌是礼仪修养的表现。

(2) 避免原则性的错误。有些举动有害于你的职场表现,应该尽量避免:

① 对上司轻视傲慢。不论是私下或公开场合,对上司表现傲慢轻视的态度,最终反过来会伤害到自己。打断老板的话,公开纠正他的错误,质疑他的决心等,都是典型的不明智之举。

② 越级报告。职场规则是逐级请示和报告,如果你越级报告,则违反了规则,很可能给顶头上司留下恶劣印象。在得到上司的谅解后,再与高层主管沟通,是更正确的职场动作。

③ 公开挑战公司的信仰。每个公司都有一些深信不疑的价值观及信念,这是企业文化。如果你公开批评这些信念,很容易被贴上"不忠诚"的标识。

④ 接受不应得的功劳。领导抢属下的功劳,会扼杀员工士气。而你抢同事的功劳,明摆着要树敌;抢上司的功劳,更是自讨苦吃。

⑤ 随意"真情告白"。不挑对象的"真情告白",如"我碰到这个上司真是倒霉……",会让自己的形象受损,更可能因遇人不淑,而给自己找个不适合本岗位的理由。

(3) 提供帮助要恰到好处。管理专家建议,如果你想要发挥人际互惠的最大效益,在给人帮助或好处时,应掌握一些原则:不轻给(让对方觉得来之不易)、不乱给(选择对象)、不吝给(既然要给,就宁可大方地给)。

(4) 办公室政治是妥协的艺术。在争取及维护自己的权利时,妥协是必须的。如果你事事都要占先,则很容易成为众矢之的。不求一时胜利,策略性地

"小事求败,大事求胜",可能效果更好。因为,求败可以隐藏实力,以备更重要时机之用。但也别不战而败,会引起对方的不满和怀疑。

(5) 实力才是最坚固的权力基础。累积职场权力的基本功夫是累积专业实力。再高明的办公室政治艺术,也不会使无能者成功。

 案例

遭遇四面楚歌的人力资源总监

小雯是著名外企的人力资源总监,工作一直顺风顺水,职位一路三级跳,是典型的职场精英。小雯对工作抱着极大的热忱,倾注了几乎全部的心力,直到40岁还没有要孩子,就是希望能够再攀上职业生涯的高峰。

四个月前公司高层领导人突然变动,新任副总因为既往工作中的矛盾对小雯存在着宿怨,上任伊始就向小雯发难,常常公开地指责她不按公司规定办事,并下达了不切实际的难以完成的工作量指标,这些都让小雯焦虑、愤怒。小雯尝试过沟通和辩解,均无济于事。此时,同事和其他领导都表现为漠不关心。小雯悲愤难言、心力交瘁,而且非常疑惑,自己本身就是做人事工作的,在人际沟通和矛盾化解上有着丰富的经验,怎么就落到了四面楚歌的境地?

分析:

小雯遭遇了新旧领导交替中的权力变化、利益纷争和某种程度上的权势报复。一个人在顺境时往往偏于乐观,只看到事情好的一面,有意或忽略了另一面的隐患。而且,人们观察问题时都习惯于从自己的角度出发,只顾及自己的利益、愿望和感受,很难真正了解他人。

小雯在职位上升过程中虽然业绩显著,但可能很少审视自己的缺陷和不足。这一点,可以从副总和小雯有较大冲突后,周围领导同事纷纷作"壁上观"看出一点端倪。也许他们是不明真相,等待事态明朗,还可能是小雯平时的上下关系级和同事关系处理不佳,这些都需要小雯反思。她要做的是改变从自我出发的单向观察和思维,从对方的角度观察对方,替对方着想。要以宽容的心态看待与副总的冲突,以平静的、实事求是的态度再次与副总沟通,还可请与副总关系好的同事从中牵线搭桥进行协调,对过去的过失真诚道歉,对未来的具有可行性的规划目标表示坚决支持和协助。如果这些行不通,对方的无理行为升级,自己通过种种努力都无法奏效,只能求助于总经理或更上一级领导了。

 相关链接

职场新人要掌握的规则

(1) 积极培养诚信与自律的品格;

(2) 全力以赴做好当前工作;

(3) 不能过分自信,遇事多想几个为什么;

(4) 不要急于崭露头角;

(5) 在职责范围内表现自己的工作能力;

(6) 寻找别人没做过的工作,如果不得不进入别人负责的范围内,要先取得上司的支持,再与负责此事的人打好招呼;

(7) 作为新人,要不耻下问,向有经验的人虚心求教,就算对方的方法没有一点可取之处,也不要当面表达不屑。不要急着提出挑战,而是先想一想,为什么这套程序能在此运行这么多年?

(8) 留一些时间给自己来细心观察,以免犯一些简单的错误,不要一开始就让别人对你一眼见底;

(9) 把自己的点滴进步归功于他人而不是自己;

(10) 不要斤斤计较。

2. 涉及权责的职场关系处理

在职场中,并非一切均可按照企业的规章制度和操作流程来做,经常会出现一些例外或意外情况。即使有规则可遵循,也会遇到权力、人情、面子等问题。对职场新人,如果遇到以下的一些情况,工作起来就要格外小心。

(1) 接到上级之间相互冲突的命令时该怎么办?当接受到来自不同上级的

有互相冲突的指令时,最好的解决办法是根据权力大小来决定哪一位上级的工作应优先考虑。如果是直接上级给你下达了指令,他的命令应该优先执行。如果上司的命令与上司老板的命令相冲突,那么上司老板的命令理所当然应优先执行。当然,应当将此情况及时通报给上司。

如果两位高层管理者向你发布了互相冲突的命令,而他们对你所在部门都不负有直接的责任,那么,你应该考虑把问题上交给自己部门的主管,让他去做决定。有时,同一位高层管理者也会发出互相冲突的命令,这时应该以口头或书面方式向他请示,让他知道问题所在并做决定,当然请示的语气要恭敬平和。

 案例

秘书协调领导之间的冲突

某县领导班子调整,刚上任的县委书记毕业于某名牌大学生物系,做过十年中学教师。新官上任三把火,书记上任的第一件大事是制定农业发展规划。一天上午,县委书记主持会议,讨论农业发展规划。分管农业的副县长和书记看法不一,争执起来。副县长是基层干部出身,直筒子脾气,一言不合火气就大,说书记是书生意气、纸上谈兵。书记反过来说他是不懂科学、瞎指挥。副县长下不了台,站起身来拍了下桌子说:"这个会我不开了",拿起公文包就走出会议室。

这一走,书记更难堪了,说:"像什么样子!"叫秘书把副县长给追回来。秘书快步下楼,副县长已坐上了自己的车,秘书上去一把拉住,说:"副县长,您不能走,书记请您上去开会。"副县长正在火头上,不但不停,反而放大嗓门:"我就不上去,看他把我怎么办!"秘书一看,暂时是劝不住了,便低声问:"那您上哪儿去呢?"副县长和秘书已一起工作了四五年,平时关系也较好,便恢复了常态说:"我上大港乡去检查工作。"说罢一拍司机肩膀:"开车!"

秘书转身往回走,一路从楼梯上去,一路在想:如果如实汇报,势必火上加油,加深书记和副县长之间的矛盾。考虑结果决定还是设法"圆"过去,必要时自己承担点责任。

走进会议室,会场气氛紧张,书记一言不发,等着回话。秘书悄悄走到书记身边,低声说:"我没赶上,不过我知道副县长去了哪儿,下午能把他找回来。"书记听了没赶上,也不能怪秘书,上午的会就此不欢而散,宣布下午两点继续开会。

中午,秘书顾不上吃饭,打电话给副县长说:"书记是新干部,您是老干部,老干部要帮助新干部,扶上马还得送一程。"还说:"刚才书记已经说了,他刚才对您不够尊重,要我代表他向您道歉,请您下午两点来开会"。副县长原就有些后悔,一听秘书这么说,气也就消了,答应下午准时回来。秘书打完电话,这才买了饭菜,端到正在吃饭的书记身边说:"刚才副县长打电话来,上午是大港乡里有重要的事,他急于去处理一下,下午仍赶回来开会。"书记不响,秘书又说:"副县长从乡长提拔上来,多年分管农业,对工作忠心耿耿,但脾气粗些,书记要多谅解他。"书记听了,气也消了。

下午两点,继续开会,气氛明显好转,讨论也顺利进行。

分析:

案例中的秘书处于两个领导人的纷争之中。领导人因性格不合或观念差异也是办公室政治的体现,而秘书较好地掌握了协调领导矛盾的方法,他善于牵线搭桥,融通左右,在书记和副县长之间穿针引线,掌握了传话艺术,只传有利于领导团结的话,做了很多"说合"工作,不传不利于团结的话。最终使领导们的关系缓和,工作也得以顺利进行。秘书在处理人际关系中的冷漠、分歧的方法是尊重、合作、耐心、知人、知言和慎独。但值得注意的是,这位秘书在"决定还是设法'圆'过去"时的做法还是冒些风险的,他必须在重大事项、重大原则问题上不违背诚信的前提下,在熟悉两位领导性格的基础上才能这样做。

(2) 职责不清时该怎么办?如果你是部门主管,可以把这种情况看成是扩大自己职责范围的一个机会,把这些没有人愿意承担的任务作为自己部门的使命。这样,你可以借此机会提高自己对公司的价值,因为你是唯一一位能够了解某些工作的人,是必不可少的人物。

(3) 怎样消除与有权势的政敌的关系紧张局面？可以按照以下步骤进行：找出造成这种对立情况的原因所在；搜集引起这种敌对状况的事实资料；针对问题寻找解决的办法，请求与对方单独面谈，面谈中要态度诚恳、语气尊敬，直面问题，消除误解；对导致敌对状况事件的细节展开详细讨论，并解释其中原因，应就事论事，态度真诚，不对对方提出任何指责。

(4) 了解员工的真实想法及不同意见。要了解员工的真实想法可以在内部网上开设留言板，进行年度性的员工满意度调查或者个别谈话。后两种方法外资公司常用，个别谈话是最直接了解员工真实想法的办法。如果谈话能建立在员工对老板承诺的可信度之上，则是一种好方法。此外，还应该允许员工发点牢骚，这有助于消除他们心中的怨气。但有些员工不断抱怨，对任何事情都不满意，就可能威胁到主管的权威，影响其他员工的士气甚至整个部门的效率。假如你是部门管理者，就应采取措施制止这种行为。当员工提出不同意见或提供变通做法时，应该仔细听取他们的意见，对他们的建议进行评估，考虑他们的想法，这将有助于提高部门的效率。

 案例

一、小石的苦恼

小石是那种疾恶如仇、心直口快、眼里容不得沙子的人。进公司没多久他就开始听到一些关于财务部的人不好相处的传言，他庆幸自己跑外勤，不需与财务部打交道。一天，经理让他送一份急件给客户，因为赶时间，让他打的去，回来报销。那天正好遇到堵车，本来不到20元的出租车费，花了60多元钱。回到公司，填好报销单给经理签了字就拿到财务部，没想到财务部副主任看了一眼就"啪"地把报销单扔给他，头也不抬地说："这么点路，要60元，骗谁呀！"小石"腾"地就火起来了："那天堵车，我已经向领导解释清楚了，字也签了，你报也得报，不报也得报，你以为你是谁呀，钱又不是你的，你算老几，不就是管钱的嘛……"副主任一板脸说："我就是管钱的，怎么着，你们这些人休想从我这里骗走一分钱，今天这个钱就是不报，有本事找你上司去。"这件事最终由经理出面才得以解决。之后，小石再没与财务部打过交道，在过道见到财务部副主任也不理不睬。

半年以后，小石被调到采购部。采购部与财务部有大量的业务往来，对账、借款什么的，小石能避则避，与财务部接洽的事情都尽量让部门的其他人去办，实在躲不开，也是匆忙办完就走。可是，不管是不是小石自己去办的，只要是与小石有关的事情，在财务部那里都不会顺利，不是账对不上，就是没有现金，报销也是一拖再拖。小石为这事很苦恼，因为工作受影响，虽然他不想把矛盾往经理那里送，但时不时只能找经理出面。有经理过问的那段时间财务会好一点，过后又是老样子。

小石不胜其烦，他曾经想过与财务部副主任讲和，但男人的自尊又令他开不了口。小石说，他没想过要离开公司，因为他的事业在这里发展得很好，不可能因小失大。小石就只能这样，忍受着每天走进办公室经过财务部时产生的不愉快。

二、李良的绝招

李良刚从基层单位上调到机关当科长，处事谨慎的他怎么也想不到，一时的疏忽，竟然得罪了行政科科长。事情缘于一张外事申请表，那是他第一次在机关里办申请表。那天上午，李良赶着外出，他急忙填好申请表，让下属送到行政科审批。李良下午回来，下属告诉他："行政科长大发脾气，说你年纪轻轻就摆架子，不懂得尊重人，她要你亲自送过去。"下属还告诉他行政科长是个很厉害的老太婆。

行政科掌握着机关里派车、办证等资源，他后来才了解到，机关里的人对行政科科长都像菩萨一样供着，出差回来送点礼物，开完会剩下的礼品等也给她送去，平时见面，赞她两句，她就会很高兴，办起事来就非常顺手。要是不这样，她就会给你脸色。李良说，自己虽然处事谨慎，但毕竟还年轻，血气方刚，不愿意去装孙子。那个申请表后来通过领导帮忙办了。之后，凡是要到行政科办事，他都正正规规的，该说的话照说，该办的事照办，要是不给办，他也不去吵，自己再想办法解决。他既不躲着那位科长，也不烧香拜佛，碰到面，正常打招呼，问好，对过去之事只字不提。不过，李良从不在行政科办私事，那位老太婆也没把他怎么样。

分析：

与职场中心态不甚健康但掌握权力的人打交道时,要掌握"秘诀"。这些人的特点是：爱憎分明,容易记仇、记恩,对上级绝对服从,对平等同事简单分敌友。与深藏不露的人相比,他们并不难缠,些许的小礼物或几句称赞就能激发他们的感激之情,些许不经意的得失也会诱发他们心底的自卑。相应的对策是：

上策：即使你心里很不喜欢他,在他面前也绝对不能表现出不屑与厌恶,尊重他,尊重他的权力,公事公办,最好不要有私交。如果其他同事发现你与他交往密切,他们会认为你们是物以类聚。

中策：适当地施予小恩小惠,适时地送些小礼物,不要令他把你当成对立面。

下策：控制不住自己的情绪,不经意流露出对他的不满,甚至制造冲突,与之交恶。这种冲突是不可调和的,任何时候有机会他就会对你做出不利的举动。

案例一中的小石在与财务科副主任沟通时态度不甚友好,对其职责和权力也缺乏应有的尊重,在冲突中要承担一定的责任。小石应该主动找副主任沟通,赔礼道歉后,他及他所在部门与财务科的关系才可能缓和。案例二中的李良则选择了不卑不亢、公事公办的态度,虽然前期有小矛盾,但因李良内心有能量、有规则,使行政科长无法在他身上挑刺,这种办法不失为上策。

第二节 办公室政治中的特殊关系处理

一、越级行事所导致的问题及处理方法

（一）越级行事的风险

越级请示或汇报是指不按照一般的等级次序,越过直属的一级到更高的

第九章 办公室政治关系的处理

一级,或越过直属到更低的一级的沟通行为。越级行事是违背组织管理原则及正常流程的行为,是不被允许的。企业的组织机构是逐级管理的,绝大多数员工都有班组长、部门经理、总经理等上层领导。如果你是员工,越过班组长向部门经理直接去请示汇报就是越级行为。因为高层领导一般不喜欢越级行为,通常会把问题"退回原级处理",这样有可能导致你与班组长之间关系恶化,因为这明显是对他的不尊重。事后就算他不能炒你鱿鱼,也难对你委以重任。你的越级报告如果被同事们知道了,他们也可能会攻击你而使你"里外不是人"。因此,越级行事容易造成上下级之间的矛盾,形成多头领导,造成管理混乱,会降低中层管理层的威信。越级汇报也最容易引发职场人际关系的冲突问题。

但在某些企业内部,却存在着越级汇报的现象。一些下属认为,越级汇报会给自己带来某种利益或好处,而一些高层管理者也喜欢从下层收集信息,以判断和评估直接下属的工作质量。很多企业的管理层都或多或少地支持或鼓励越级汇报,或默认这种情况发生,他们漠视管理原则,或者采取的监督方式见不得太阳。越级汇报往往伴随着越级指挥,是受越级指挥的纵容而形成的,这种职场特殊人际关系的本质是某些特殊心理因素在起作用。比如与高层领导喜欢直接掌控全局的个性有关,他们可能对下级不信任,或是自己没有原则,喜欢主观判断事物等。

案例

越级报告的小杜

刚进公司不久的新人小杜,因为无法与上司沟通,只好跟上司的秘书诉苦;没想到当初频频附和他的那位秘书,一转身就向小杜的顶头上司打小报告,造成小杜与上司之间关系更加恶化。后来,小杜决定越级向大老板报告,但消息却被大老板秘书转述给他的顶头上司,他不但没有机会面见大老板,反而最后只能辞职。

分析:

小杜的行为是典型的越级行事,是违反规程的,加上对公司内部的生态环境根本不了解，就贸然找人说心事。这样双重错误的叠加，在职场上遭到严重挫折也就不奇怪了。如果小杜意识到自己不小心说了不该说的话，事后仍然有补救的方法。他可以直接跟顶头上司沟通，当面提出自己的疑问、想法和感觉，不要让老板听到那些经过包装的言论；同时，他应该知会那位秘书，事情已经跟他的上司谈过，避免打小报告的情形再出现。

相关链接

同事之间不能说的事情

有关个人隐私，比如夫妻问题、婆媳问题，这些事情很容易在与别人产生冲突时，被对方拿来归罪于个人特质。

有关公司忌讳的话题，例如公司机密、薪资问题，这些重要问题多数公司明文规定不能外泄。

个人与高层主管的恩怨。有恩容易遭忌，有怨或许会被别有用心者拿去炒作，因此应尽量避免提及。

每个人在职场中的角色随时都在变动，今天是战友，明天可能是竞争对手。想吐苦水，最好找身边的亲朋好友，以免因为利害冲突，导致说过的言语被加油添醋传出去。但在职场上什么都不说也不对，应该适时发表想法，否则会被当成居心叵测。有些时候，谈谈自己生活上的趣事，更容易与人打成一片。

口舌是决定职场上人际关系是否成功的准则。说什么、对谁说、怎么说，都需要学习与经验积累。

（二）越级行事的解决方法及关系处理

1. 越级做事要有理性判断

从事情本身、从公司利益本身出发，在非常情况下做一些非常举措，有时候也是难以避免的。但这一切的前提是：

（1）直接上司因为私利或其他原因，明显曲解了高层领导的战略意图和战术方案。

（2）发生紧急、重要的事情必须向主管报告并在第一时间得到批示，而主管刚好不在。

（3）直接上司的个人主观意志非常强烈，不顾现实情况，做出了有可能造成公司重大损失的决定，而高层领导并不知情。

2. 越级行事要注意

（1）语气诚恳，形式直观。态度往往能决定事情的性质。在报告中保持诚恳谦逊的语气，处处体现出对上级的尊重和对本职工作的责任感，从文字及态度上杜绝对上级否定的意思。高层都很忙，报告必须清晰、简明、扼要，并有足够的事实和理论依据。

（2）尽量避免人为因素，直指事情本身。少说或不说直接上司的"不是"，多说高层的"是"，并基于这个"是"的大前提来分析怎么样的做法是更为合理、更为可行的，而不是基于对直接上司的否定来分析他的决策有多么错误，多么不现实。不要使用"我认为""我觉得"这类有强烈主观色彩的词语，多用"综合多方面因素来看""从实际实施的效果来分析"这一类客观性的词语，保持冷静、理性、中肯的措辞。

（3）在提出问题的同时给出解决方案。你的直接上司的决定有问题，你汇报给高层，但是你也没有更好的解决方法，那么这种报告就毫无意义，与发牢骚无异，还会给人留下逃避责任的印象。老板都喜欢看你是怎么做的，而不喜欢听你是怎么想的。怎么想和怎么做，这中间差得很远。要将侧重点放在解决问题上，提出你曾经做过的努力和尝试，效果如何，有理有据地提出你的解决方案。这才体现出你的客观性，对事不对人。

（4）同步抄送给相关人员。越级报告不代表一定要绕过你的直接上司，可以同时将报告抄送给你的直接上司和高层上司。其实，在绝大部分情况下越级报告都还是会回到报告人的直接上司手中，让直接领导再进一步进行处理。最好的情况也不过就是高层替你说一句：我认为他的报告很有道理。与其这样，还不如一开始就开诚布公、坦诚以待。

3. 如何越权把事情办好

（1）一开始尽量按常规方式来完成工作。要么自己努力独立解决问题，要么向顶头上司寻求帮助。只有当这两种做法均无能为力时,才考虑越权,如果以后有人非难你,你的记录会证明你曾经试图按规定办事。除非遇到特殊情况,否则不宜采用非常规手段,因为这样会留下一个不照章办事的坏名声。所以,在越权行事时要想一想,此时的情况真的值得冒绕开制度的风险吗?

(2) 弄清楚自己的想法是否可行。采用越权的方式是否就能完成任务?如果冒着被惩罚的危险却无论如何都不能完成任务,那结果可能更坏。越权行事之前准备好充足合理的借口以备紧急情况下使用,这有助于为你的行为提供合理性。

(3) 估计一下公司里有谁能帮你,并弄清楚他们帮助你的缘由,这些理由应该对他们自己也是有好处的,可以寻求那些你曾关照过的人,请他们给予你方便。在求助其他部门时要讲礼貌和克制,尤其是向另一部门的管理者提出有违常规的要求时,应该更加恭敬礼貌。

(4) 除非你有足够的权力,否则,不要采取命令或威胁的口吻对待别人。如果是越权行事,你一般不可能拥有这种权力。

(5) 要让你的老板知道你做了什么。因为他最后终究会知道的。如果他提出反对,你就不要继续做下去了。这时,如果还没有采取行动,就按照上司的要求去做,千万不要去做别人眼里的害群之马。

(6) 如果你的越级请求得到了批准,一定要表示感激之情,而且还要准备着日后偿还这个人情。

 案例

"我是为公司着想,难道这样的做法也不可原谅吗?"

上司中午有事出去,临走前交代罗岩所在的部门有什么事情要打他手机。下午碰巧就有大事发生,罗岩他们必须请示上司才能做出决定,可上司的手机偏偏打不通。如果这个问题不及时解决,整个部门都无力承担这种责任。情况紧急,罗岩决定直接向大老板汇报此事,虽然罗岩也清楚越级汇报不好,可当时确实顾不上那么多了。

大老板问罗岩:"之前我怎么没听你的上司说过此事?现在你想怎么解

第九章 办公室政治关系的处理

决?"罗岩立即说出自己的解决方案,得到了大老板的首肯。第二天,罗岩跟上司解释这件事,他很冷淡地问罗岩:"出了这么大事,为何不给我打电话?"罗岩说:"最先是给您打电话了,可您的手机打不通,情况紧急,整个下午我都在忙着解决问题,所以……"上司打断了他:"算了,事情都解决了,还说这些干什么,以后要注意!"

事情是解决了,可接下来罗岩的好日子没了,上司总喜欢找他的茬。罗岩明白这是自己"越级汇报"埋下的祸根,只是,他不明白:"可当时我一心只想解决问题,是为公司着想,难道这样的做法也不可原谅吗?"

分析:

越级汇报会让上司措手不及,引起不必要的猜疑。对于工作中的问题,可能上司心里已有一套详细计划。然而,下属跳过上司直接向其上级汇报,则会促使大老板关注、干预此事,上司原本的计划可能因此被打乱。如果上司是有意暂缓这一问题,以争取更好的解决办法,而越级汇报则将目前出现的问题赤裸裸地展现在大老板面前。一方面,越级汇报会让上司陷入尴尬境地,此情况上司自己并未跟大老板"备案",这其中究竟有什么原因?通过下属揭发问题,大老板会如何看待上司的管理能力?另一方面,上司会认为下属越级汇报是不服从管理、个人主观意识强烈的表现,他还可能怀疑下属乘虚而入、主动献计策是在向大老板证明自己能力超群,进而替代自己坐上管理者的位置。上司一连串的问号打在脑门上,怎能容得下越级汇报这样的事呢?因此,案例中的罗岩才会处于如此尴尬的境地。那么,在遇到像罗岩这样的紧急情况时,应该怎么顺利走过越级汇报的禁区呢?

(1)上司如果离开公司,除非在他临走之前留下正式的委托通知书,赋予你处理突发问题的权力,否则不管上司有没有提醒,你都应该第一时间向他汇报突发事件,并及时告知事情发展的新动态。如果实在无法联系上上司,打电话、发短信、写邮件汇报都应该同步进行,在上司那里留下"案底"。一方面,这是对上司的充分尊重,让其知道发生的紧急情况;另一方面,这也是为了保护自己,你确实是在第一时间通知了上司,至于上司有没有看到短信、邮件,那就是他自己的问题了。罗岩向上司汇报没有留下任何证据,连大老板都知道部门出了问题,上司却事后才知道,他当然会耿耿于怀。

（2）向大老板汇报时,切忌踢开上司、锋芒毕露。除非你已经具备顶替上司的能力和条件,否则还是应该努力维护上司的形象,而且大老板往往也比较喜欢懂得维护上司的员工。你需要让大老板充分感受到你虽在越级汇报,可并不是否定上司、不服从管理、缺乏团队意识。大老板了解情况后,尽量听取他的决策。如果大老板问你要解决方案,可委婉地说出自己的想法,最好把自己的想法作为集体智慧贡献出来。这样既不得罪上司,也不显得是在大老板面前邀功,给他留下好印象。罗岩的大老板询问时,他没有这么做,犯了办公室生存的大忌。

（3）事情解决后,下属应该继续和上司联系,汇报结果,当然还是电话、短信、邮件并行。在电子化办公室环境下,邮件就相当于正式的书面文件,铁证如山。

（4）此外,越级汇报还要考虑所在企业的企业文化以及上司的为人,例如,在军事化管理或纪律严明的企业中,越级绝对不允许,除非下属得到上司的书面委派,否则即使解决了问题还是要接受处罚,这样就真的变成吃力不讨好了。

二、强势人物及与强势人物关系的处理

（一）强势人物的行事风格

职场中,追求权力的人是强势人物的典型代表,他们的眼神或表情上都带有一丝威严,他们愤怒时会充满强烈的威慑力与攻击力,周围的人往往不敢与他们对视。他们声音洪亮,大声吆喝周围的人,语言直接。他们觉得主持正义是直接的责任,不介意对抗、冲突,喜欢做大事。但这些反而给他们带来更多的压力,害怕直接表现出软弱的一面,从而更加强势,以更恶劣的方式对待周围的人,生活工作一片混乱。

案例

王涛和窦文波的决裂

王涛是一家通讯器材公司的总经理,公司从小规模发展到现在在业界有名,都是他带领一群员工打拼出来的。在公司壮大过程中,曾经遭遇过恶意批评和不正当竞争,王涛都充满斗志,力挽狂澜,战胜了对手。作为领导,王涛非常清楚自己的奋斗方向、技能优势及专业能力,并且认为员工及身边的人都需要他,他也有责任保护他们,也给予他们很好的福利待遇。但是只要王涛在公司,气氛始终是紧张的,没有人多说一句话,因为所有人都害怕他随时会爆发,随时都可能骂人。

公司有一个优秀的销售团队,而窦文波是王涛一手提拔的销售经理。他一直把窦文波当做重点培养的对象,带窦文波一同出席谈判签约,还介绍了很多同行老板给窦文波认识。他私下里也把窦文波当朋友,帮窦文波的姐姐找了个银行的工作,出钱帮他妈妈看病。但在竞争对手的高薪诱惑下,窦文波编造出国学习的借口,离开了王涛的公司。王涛知道实情后,立马给窦文波打电话:"你如果不是我的朋友,就是我的敌人!凡是我想要的,我会不惜代价得到它。任何妨碍我的东西,也一定会被我毁掉!你这个叛徒,我不会让你在这个行业待下去的!你走着瞧!"

之后一个月,王涛利用一切手段破坏窦文波的名誉和生意,使窦文波无法在本行业立足,也不敢在当地发展,只好跑到小城市改行做了食品生意。

分析:

王涛控制欲非常强,别人是否喜欢他并不重要,重要的是别人的尊重和敬畏。他喜欢带领团队,同时会保护"自己人",对"敌人"绝不手软。他最关心的是"谁是真正的老大"。他害怕自己变得弱小,总是通过最直接有效的方式来制造一些冲突,或直接攻击对方的弱点,以显示自己的强势地位。他有着比别人更容易发怒的性格,会公开、毫不控制地表达自己的愤怒,诱发他发怒的往往是一些充满对抗的矛盾或明显的不公平。其实他内心深处是很害怕欺骗和背叛的,外来的力量可以对抗,自己人的欺骗和背叛才是对他

> 致命的打击。所以王涛要求身边的人用坦诚的方法来表示他们的忠诚。
>
> 当发现被窦文波欺骗,他便选择报复,最直接的方法是把窦文波剔除出自己的保护圈,变成敌人,进行攻击。

(二) 与强势人物关系的处理

与强势人物在一起工作,由于他们的强势威严和高压手段,员工会产生一种莫名的恐惧。我们首先要认识到恐惧是一种正常情绪。人面对比自己强悍的事物都会产生恐惧,可以通过宣泄情绪的方式调整自己,比如走进领导办公室前先做深呼吸放松自己。同时,要意识到这类强势人物实际上追求的是工作业绩和成果,所以做好自己的工作,以业绩说话,坦然面对一切境遇就可以了。

作为下属,无论强势人物或工作狂上司如何反应或对待自己,首先要明确自己内心的渴望及为人处世的原则、工作立场;然后不断提醒自己不要忘记自己为之努力的事情,坚持做好自己的本职工作。不能因为领导的压制而产生对自己能力的怀疑,要时刻清楚:"负面情绪只是在提醒自己不要忘记内心的追求!"

1. 强势人物与他人关系的处理

(1) 如果觉察到自己在职场中作风强势,作为性情中人,要学会拥抱自己内在温和及感性的一面,表达出内心的感受,宣泄出无助的情绪,主动寻求关心。与身边的人建立情感的联结,让自己对人的情感能自然流露,让身边的人更容易接受自己。

(2) 要明白不是所有事情都可以在你的把握之中,也不是所有事情都会按你的意愿发展,对抗和征服不是所向披靡的。以客观的态度看待事情的发展,静观其变,你可以做一个很好的旁观者或协助者。

(3) 与人交流时,多留意自己说话的态度是否过于霸道,不要时刻让自己置身于"战场"上,适当调节自己,处理情绪,舒缓冲动行为。要学会有耐心地听取别人的观点,不理解的地方虚心请教,领会含义,以了解真相,学会接受别人的建议。

(4) 在行动前可先冷静细想结果,武力只会让矛盾激化。和他人敌对时,不是只有鱼死网破,适时退后一步,学会以寻求双赢的方案来解决,不至于两败俱伤。在冲动情绪状态下，所有行为都是无效的，而且结果会适得其反，为长远目标应该忍耐冲动。

(5) 当以强硬的外表，照顾"自己人"的同时，也要懂得照顾自己，好好善待自己。不管是为家人还是为事业，要学会停下来，学会享受生活。可以安排定期、适量的运动，参加一些可舒缓压力、锻炼自己心境平和的活动，但也要注意享受生活不是放纵自己。

2. 与强势人物相处的方式

(1) 与强势人物沟通时应尽量表达清晰，简要说明重点，吸引他的注意力，他才愿意听你继续陈述。

(2) 冲突对他而言是进一步沟通的开始而非结束。如果你觉得"争吵"太过厉害，感觉不舒服时，不妨直接告诉他你的感受，他会把你当作朋友而体谅你。

(3) 他可以接受直接的批评，但不要取笑或讥讽他，这会使他产生敌意，做出攻击的行为。更不能挑战他的权威性，用他可以接受的方法去沟通，比如在非工作时间聚会上。

(4) 玩弄权术、试图操纵他，都是他讨厌的行为。可以不赞同他的观点，但一定不能对他说谎，坦诚对待是最基本的原则。跟他沟通的最好方式是：直接、说重点。

3. 与工作狂式的上司关系的处理

工作狂式的上司脾气暴躁，要求严格，但在业务上很敬业，必定有值得学习的地方。作为下属，首先应当敬重上司；其次，应注意与其相处的方式：

(1) 通过观察或沟通了解这类上司的工作方法。在接受上司指令时，要弄清其真实意图，不然做了半天，发现上司意图不是这样，效果就很差。

(2) 努力适应对方的工作习惯，凡事站在上司立场思考。遇到问题时，首先思考上司会如何处理，而不是自己要怎么做，这样处理更容易适应上司的工作节奏和方式。

(3) 有强迫症倾向或工作狂式的上司，内心都有脆弱的一面，如果下属能适时给予理解，上司就会把你当成知己，相处就没那么难了。

(4) 因误解而被上司责骂，不要当面顶撞，在事后适当时把事情说清楚。如果觉得受到了上司的无理侮辱，也不要当面对吵，而要在过后以一些生活例子，委婉而巧妙地让上司明白你不希望受到这种侮辱，让上司慢慢了解你的人生观。

案例

面对强势且小气的老板

A女士是一位50多岁、小有成就的成功女性。她的企业养了一群人，按理说大家应感谢她给了大家一个稳定的环境、一份薪金不少的工作,但大家背地里却讨厌她。

A女士在公司经常会不给人面子大骂员工(当然员工确实做错了事),甚至会动手戳员工的头。她还很小气,经常和员工加班后,说叫出租送员工回家,可等一辆出租要用半小时多,不是因为车里有人或没有车,她只是为了和司机谈价钱,把车资打八折。只要她一走进办公室,气氛就变得十分紧张,她手下的"老鼠"们特别怕她这只"猫"。

分析：

上司不同于平起平坐的同事,职位比你高,影响力比你大。如果做错了事,上司肯定是要批评教育你的。如果上司给你面子,教你该怎么做,你要从心里感谢老天赐予你一位好上司；如果上司不给你面子,你也只能忍着,因为他(她)始终是你上司。猫和老鼠的关系反映出上下级的沟通障碍,如果上下级能好好坐下来谈话,上级及时发现下级的心绪变化,下级有事不担心被上级驳回而直言进谏,有了畅通的沟通渠道,就不会存在这样的情况了。面对这样的上司,我们应该：

(1) 学会换位思考。别遇到什么事都去抱怨别人,站在别人角度想一想；

(2) 降低期望值。希望越大失望越大；

(3) 发挥优势资源,认识自我。把自己的强项表现出来让老板知道,告诉他你有这个能力,能够很好地完成任务；

(4) 凡事多沟通。有事多和老板谈谈,让老板理解你的意思；

(5) 学会幽默地生活,学会自我调整,在消极的境遇中找到积极的意义。

现代社会人们为了生存和发展需要竞争,但在竞争的同时更要学会与人相互合作、相互支持、相互尊重、相互妥协,才能实现自我价值。一味强调自我能力并以与人对抗的方式实现自我价值,将两败俱伤。

相关链接

在竞争与协作中把握好平衡,才能有理想的未来

协作在一定程度上意味着必要的放弃、奉献、忍让、牺牲,以及需要的延迟满足和压抑。在这样的过程中,有的人体会到奉献的喜悦、牺牲的高尚、应得回报的享受;有的人则体会到的是吃亏感、愤懑感、压抑感、懊悔感、矛盾感或内疚感等不良情绪。因此,培养个人积极的心态是关键,在竞争与协作中把握好平衡,才能有良好的职场人际关系,也才能有自己理想的未来。

思考题

1. 如何看待和评价办公室政治?
2. 如何处理和办公室强势人物的关系?
3. 案例分析:

某公司副总经理钱涵因一项对外业务工作,与总经理刘大刚争执了起来,双方不欢而散。此后,钱副总在与张助理外出乘车途中,不停地埋怨刘总主观、武断、不尊重他的意见,导致决策失误,给公司经营造成了损失。张助理知道钱副总与刘总因工作意见不同,有些分歧。刘总是一位能力强、有魄力、办事雷厉风行的人,但不太注意工作方法,得罪了不少人,员工对他也颇有意见。钱副总考虑问题周到,关心群众,有人情味,但决断能力差些。从心底讲,张助理在个人感情上更倾向于钱副总。今天,钱副总谈起他与刘总的分歧,分明是想争得下属对他的支持和同情。

问题:张助理此时应如何办?

(1) 投其所好,表示对钱副总的支持和同情,并对刘总的缺陷颇有微词。

（2）维护第一把手的权威，指出刘总为公司发展做出的种种努力，取得的累累成效。

（3）直言相谏，指出钱副总把领导之间分歧讲给下级听，这样不利于领导班子的团结，也弄得下级无所适从。

（4）保持沉默，对钱副总的话不表态，或转移话题，谈其他事情。

（5）耐心解释，说好话不说闲话，以弥合领导间的裂痕。

如果张助理的身份是办公室主任或董事会秘书，他可以选择哪一种方法？或找到其他更好的方法？

第十章 职场危机的应对策略

危机一般是指处于严重困难的关头,如经济危机、人才危机;也可以解释为事物在发生过程中突然好转或者恶化的一个转折点。危机是危险与机会结合、危难与契机互现的时刻。在我们的职业生涯中,潜藏着许多危机,如形象危机、信任危机、发展危机乃至心理危机等,当危险产生时,我们全力发挥智慧和能力,用在最重要、最急迫的地方,危险便能缓和、解决,甚至变为发展的机会;但如果面对危机处理失当,则可能招致淘汰、失败的命运。

第一节 职业发展危机

一、职业发展危机及应对

(一)职业发展及职业发展危机的定义

1. 职业发展及职业发展危机的定义

职业发展是个人通过职业活动在某一领域掌握了丰富的经验,提高了各种能力,获得晋升或调动,并拥有了更多的社会资源。这些社会资源包括政治资源、经济资源和人际关系资源。职业发展的内涵主要包括职位升迁、薪酬发展、能力发展(或培训发展)、人际关系发展等方面。

职业发展危机是指个人在某一行业的职业发展过程中所遇到的、与工作经

验相关的危机,包括:

(1) 升职过程中的定位或方向危机:定位于某一行业,跳槽到另一企业或另一行业的风险;

(2) 能力危机:职业晋升所需能力与个体能力之间的矛盾激化;

(3) 人际危机:组织内部人际关系呈现紧张状态;

(4) 情感危机:家庭稳定、子女需求等带来的情感压力影响到职业发展而产生的危机;

(5) 职业停滞危机:职业发展止步的风险;

(6) 失业危机:是否会丢失在本行业工作的机会。

 相关链接

职业发展需求具有层次性、递进性特征

职业发展需求未得到满足会产生职业抱怨。职业抱怨首先出现在薪酬上,因为薪酬是其解决衣、食、住、行等基本生理需要的保证;二是福利,即保险、退休金等未来保障,属于职业安全需求;三是企业氛围与归属感,这属于社交需要;四是得到领导重视,希望自己的意见能够得到领导重视,属于尊重需求;五是晋升机会,属于自我实现需求。

 案例

游走在企业边缘的定位危机

谭松是一家知名高校旅游管理专业的本科生,毕业后的第一份工作是在一家大酒店做采购工作,但不久后,他开始疲于应付酒店复杂的人际关系,而且因为当时自己的经济状况不是很好,他开始尝试在一家跨国保险公司做寿险代理人,可这个工作压力非常大,半年后他就不得不考虑再换工作。这时候,他有些担心了,毕业已经有一段时间,自己还游走在企业的边缘角色中,他有了危机感,但是该如何找到自己未来的发展道路呢?

分析：

发生职业定位危机的毕业生可能有两个极端：一是过于自卑，二是自视甚高。谭松可能因为自卑或急于求成，在毕业时没有做好求职前的职业规划定位，不知道自己的能力和环境的匹配在哪里，不停地换工作，成了一个职场边缘人。职场看重的是人的职业价值本身，而非不相关的经验的多寡和学历高低。如果经验和学历正好在职业核心竞争力上，就能够加快职业发展，否则就是职业道路上的绊脚石。职业停滞是危机的前兆，在这个结点上，谭松应该整合自己的优势竞争力，合理规划职业道路和求职计划，才可能摆脱危机。

2. 职业发展危机的特征

(1) 动态性。职业需求是不断发展变化的，如果职业晋升环境、条件等不能适应职场人士职业需求的发展变化，两者之间就会产生矛盾，矛盾激化到临界状态时就可能产生职业发展危机。它存在于每个个体职业发展进程中，在某种程度上，职业发展危机是可控制、可缓解或可跨越的。

(2) 双向性。"危机"是既有"危"也有"机"的。职业发展危机虽然对个体、组织等造成消极影响，但它是暂时性的，从长远来看，职业发展危机是职业发展的必经之路，是职业长期发展的一个转折点，有正面的积极意义。

(3) 复合性。职业发展危机的本质是职场人士职业需求与职业发展条件、环境等的矛盾，它是个体、家庭、组织、社会等因素共同作用的结果，其影响也是多方面、多角度的，具有复合性的特征。

职场人士当其薪酬、职位、能力、人际关系等的职业发展需求和职业现实之间存在较大差距时，就会产生矛盾、冲突，出现抱怨、倦怠、抗拒、离职等负面行为或情绪，从而影响个人、组织、家庭、社会的健康与和谐。若不加控制和协调，这些矛盾和冲突的激化就会导致危机出现。

(二) 职业发展危机的表现

职业发展危机的心理表现为抱怨、倦怠、抗拒、离职情绪或意向明显增强，行为表现为薪酬增长缓慢、职位晋升受阻、能力发展受限、人际关系紧张等。

1. 人生不同阶段的职业发展危机

职业发展危机因人、时间、环境、机遇而异。从年龄层次来划分,在人生的不同阶段,大多数人最可能遇到以下四类职业危机:

(1) 20—25岁:选择的危机。这个年龄段的职场人正处于生理上的黄金时期,精力旺盛、富有进取心、对未来充满憧憬,但却普遍缺乏社会经验。一方面渴望成功,希望尽快取得成绩得到社会和他人的认可,另一方面因初涉职场比较浮躁,感到很难适应,甚至会怀疑自己的选择。由于受到性格、价值观、社会经验及客观环境的影响,较易出现职业选择的危机和困惑。

选择第一份工作,找到一个良好的职业生涯起点,是这一时期的重要任务。在危机和压力面前,可能出现两种极端:一是过于自卑,二是自视清高。初涉职场,没有工作经验的年轻人碰了几次壁后,容易产生自卑情绪。有人因此选择继续进修读研究生;也有人会降低要求,草率地找份工作,还有人干脆在家待业逃避就业。而自视清高者由于对工作单位、岗位职务、薪酬福利的期望值太高,在求职过程中也可能遇到挫折,陷入盲目就业的境地。

(2) 25—35岁:定位的危机。这个阶段是调整和定位时期,也是职业生涯规划最重要的时期,这一时期的职业基础和平台将直接决定以后的职业高度和成就。比如在政府机关,35岁前能做到处长,那以后就很有可能上升到厅局级领导;商业领域中,30多岁就已经是人力资源总监或分公司总经理,日后进入总公司或集团决策层的几率将大大增加。这一阶段,有些打工的自主创业了,有些从这个行业跳到另一行业,有些人尝试在公司内不同部门和职位间轮换,"定位和调整"不仅是30岁左右职场人士的主题词,也是职场定位危机的关键词。

出现定位危机的原因主要有两个:第一是外部环境的影响。社会发展和市场竞争,看似前途无限的行业和职位几年内可能变成冷门,原行业人员必须重新思考职业前景,调整自己的职业规划;第二是对自身认知的不足。认识自我对于个人成长和职业定位极其重要,但又并非易事。认识自我有两个层面:其一是要清楚你有什么能耐,你能干什么;其二是要明确你打算干点什么。即使很有素质、能力的优秀人才也可能因定位不准而在职场上反复受挫。

(3) 35—45岁:发展的危机。从35岁开始的约十年时间,大多数人将达到职业发展的最高点,一个人在事业上所能达到的成就在这个阶段基本可以定型。这时的职场人士年富力强、经验丰富,心态稳定、充满自信,工作驾轻就熟。

事实上,35岁和45岁也成为职业发展的两道坎。许多公司招聘人员时都会将35岁作为分界线,招聘35岁以下员工主要考虑学历、个人素质和工作潜能等,超过35岁则需考察其工作业绩、行业经验和专业技术职称等方面的优势。提升中高层管理人员时,45岁以下的候选人更容易获得晋升机会。这一年龄段的职场人士属于"少壮派",少了浮躁,多了沉稳,仍然充满活力。他们收入逐渐丰厚、实权逐渐在握,对事业、生活、家庭有不少要求,也感到更多的压力。比如经济上的压力,同学朋友间横向比较的压力,还有来自后继者的压力,这些都会产生危机感。

(4) 45—55岁:生存的危机。45岁以后,多数人的职业生涯逐渐进入晚期。这个年龄段的人一方面仍然具有一定优势,处事老到、经验丰富、专业精湛;同时又具有明显劣势:来自家庭和工作的压力变大,工作中时时担心被淘汰,低学历、低职位者更容易出现"饭碗"危机。但也有一些专业人士如律师、医生、教师、研究领域技术人员等,年龄的增长反而对其职业发展更有利,其身价和职业成就与年龄成正比。

处在这个年龄段的人,事业成功与否已基本见分晓,大部分人的状况是在原地踏步。一般的职场人士最害怕健康出现问题,最担心失去工作,而晋升、野心反倒是次要的问题。这一阶段的女性,不论事业是否成功,物质基础和社会地位已明确,生存状态也比较稳定,生活满意度较高。但男性的状况略有不同,一些人仍然可能在50岁后登上又一次的事业高峰。

案例

腻味五年没动静的发展危机

邓芸芸是一家公司的中层管理人员,十年间,她换过几家公司,但一直都从事人力资源管理工作,从普通职位做到总监。虽然公司运转良好,但自己太熟悉人力资源管理工作了,该领域内所有的东西都能驾驭,每天盲目地奔走在家和公司之间,不断重复相同而琐碎的事务,她很疲倦。

邓芸芸在这家公司已经工作五年,和她一起进入公司的同事跳槽的跳槽,升职的升职,而她却始终在原位没挪动。她觉得自己正在面临"天花板"的危机,随着年龄的增长,有可能到35岁仍然保持这种不上不下的尴尬局面。对目前的工作,她用惊恐一词概括,不知哪天会被企业淘汰。邓芸芸就像坐在即将爆发的火山口,天天焦虑不安。

分析:

类似邓芸芸的这种危机经常会产生在工作五至七年后,即30岁左右的阶段,邓芸芸的职场危机首先源于没有完整的职场规划,处于长期机械忙碌的工作中,无法对自己的兴趣水平、能力、薪资期望、心理承受度等进行全面分析,这样的职场白领较难做出准确和理智的职业规划。

邓芸芸可以先观察和展望后再跳槽,尽可能利用现有的职业经验和职业资源,先在相关行业或自己感兴趣的行业兼职。如果条件成熟,不妨个人创业。如果没有合适的创业机会,应在现有职位上寻求突破,如换个工作环境、改换行业等,尽管难免有风险,但也比按兵不动要强。此外,应该主动与新人沟通磨合,尽快融入新人的团队,看到自己的缺陷,学习新知识,提炼工作经验,提升与年轻人抗衡的实力。

2. 职场环境中的职业发展危机

(1)薪酬发展的危机。薪酬发展危机是指个人的薪酬预期与现实不符合,从而产生矛盾和冲突,并可能进一步激化产生薪酬发展危机。遭遇薪酬发展危机的职场人士会感觉自己的能力和付出、为企业创造的价值没有得到认可和回报,上进心受到打击,不公平感加剧,甚至出现离职倾向。

(2)职位发展的危机。职位升迁是职业发展水平最重要、最直接的体现。一般企业的人岗匹配是动态变化的,随着个人素质及管理能力的积累和提升,职场人士将进一步寻求职位的升迁,若企业无法满足其升迁意愿,为其提供与其能力相匹配的岗位,就可能造成职业发展危机。

(3)能力发展的危机。能力发展是职业发展的基础和前提。职业能力的高低取决于个人所掌握的与职业相关的知识和技能,并与在职教育和培训有关。职业能力的发展状况直接影响人们对自我职业发展的评价,当职业能力发展需求与现实存在较大差距时,有可能影响职业满意度、职业忠诚度,甚至会产生离职意向。

(4) 人际关系发展的危机。职场内外的人际关系与组织发展、个人职业发展有着千丝万缕的联系。人际关系发展危机既包括在职场内所面临的与领导、同事、下属之间的人际关系失调、人际冲突等,也包括与职场外的家庭成员、亲戚、朋友、客户等的人际关系困境。当面临这些矛盾或冲突时,职场人士的职业满意度、忠诚度就会下降,会出现抱怨、怠工、抗拒、离职等负面的职业情绪、心理或行为,并导致职业发展危机。职场中,男性比较注重工资和职位,女性则更注重工作场合的人际关系和安逸程度。

 相关链接

职业发展危机带来的五种后果

经历危机的职场人士由于其人格特质、所获支持和处理危机方式不同,危机发展的后果也不同。职业发展危机会给危机个体带来紧张、焦虑、抑郁、恐慌、悲伤、痛苦等消极情绪,造成心理和生理上的极大伤害,这种伤害可能会带来五种后果:

第一种,顺利度过职业发展危机,并从中学会了处理危机的新方式,心理健康水平得到提高,最终获得了职业发展的机会;

第二种,虽然最终渡过了职业发展危机,但却对其心理造成创伤,形成偏见,职业价值观、职业态度等发生转变;

第三种,无法忍受某一特定环境下的职业发展危机,最终离职、跳槽、改行;

第四种,未能渡过危机,陷于神经症或精神病状态;

第五种,无法承受职业发展危机带来的强大的心理压力,对未来极度失望,最终选择结束生命来得到解脱。

(三) 职业发展危机的应对策略

当代职场人士必须适应社会的剧烈变化,直面职场危机,主动进行风险防范,化解危机,实现自己在职场生涯中的理想目标。

如果把一只青蛙扔进沸水中,青蛙马上会跳出来,但如果放入凉水中逐渐加热,青蛙会在不知不觉中失去跳出的能力,直至被热水烫死。职业发展危机如同"温水煮蛙效应",职场人士如果任由各种问题日积月累发展蔓延,可能会使自己逐步失去解决这些问题的勇气和能力。因此,最好的应对办法就是在危机到来之前做好准备,防患于未然,将可能造成的危害降到最低。

1. 制定合理的职业生涯发展规划

(1) 在 20—25 岁这一阶段,应该把握起点,融入社会,选择好第一份职业。首先,要进行自我剖析,准确分析自己的核心优势、能力短板、发展潜能等;其次,还应认识自身的性格和兴趣,以选择匹配的职业领域;最后,要客观分析地域、行业前景、企业环境等因素。在充分地进行了自我分析和内外环境分析的基础上,设定明确的人生目标,制定相应的职业发展计划。

进入职场后要尽快完成角色转换,树立作为职业人、社会人的形象。在选择职业生涯的起点时,要平衡考虑短期利益和长期职业发展的目标。比如,某些短期收益很高的行业和职位,从长期发展角度看对个人职业生涯的推动作用并不大;而某些行业则属于短期内直接收益不高,但却具备广阔的发展空间。

(2) 在 25—35 岁这一阶段,应该准确定位,厚积薄发,关键是保证职业方向的正确以及自身不懈的努力。如果在 30 岁以前定位不明确,到了 30 多岁,随着阅历和经验的增加,应当对自己、对环境有更清楚的了解。观察自己所选择的职业生涯路线、人生目标是否符合现实,如有出入,应尽快调整。方向的确定有不同的路线和模式,可以定位成某一行业的资深专家,或企业中高级管理层,或自主创业,或步入仕途等。具体选择哪一条道路因人而定,但一定要综合个人志向、能力特长、社会资源及外部环境等因素确定。

机遇往往偏爱有准备和有真正能力的人。成功人士们的资质、素质及个性固然不尽相同,但其共同点是他们拥有不同程度的他人难以超越或复制的核心竞争能力。这些能力是经过不断积累和学习,才能厚积薄发的。如何培育自身的核心竞争能力?

① 最大限度地发挥自身的核心优势。睿智者不会用自己的劣势去和别人比,只有将自身的优点和长处尽可能地发扬和扩展,把天赋运用在自己最擅长的

领域,才可能培育核心竞争能力。

② 保持足够的专注力。每个人的精力和时间有限,在社会化分工如此细致的今天,只有在一定时期专注于某一方向和领域,才能做到更加专业。在同等条件下,当你比别人眼界更宽、思考更深入、行业经验更丰富时,你的核心竞争力就开始形成了。

只是简单的自我分析还很难准确定位自己的职业方向,很多人找到适合自己的行业和职位,是通过职位变动实现的。个人因为跳槽而更好地认识自己和发现机遇,企业由于员工的适当流动而保持活力、不断创新。从职业生涯规划角度,跳槽要避免三个错误:第一,不要轻易跳槽。即不受短期利益影响而轻易改变职业方向,只有连续不间断地在同一领域的工作经历才能积累成为有效的工作经验;第二,不要辞职跳槽。应该骑驴找马,而不要杀驴找马。从跳槽的技术操作层面来说,一定要在职跳槽,实在有特殊情况不得不先辞职再找工作也不要失业太长时间;第三,不要频繁跳槽。跳槽本身不是目的,而是通过适当的工作的变动和探索尽快确定适合自己发展的方向。如果职业方向和发展目标已经确定,随着职位的上升,应该控制在不低于三年才换工作。超过三年,也要在有特别好的机会和收益的前提下才跳槽。

(3) 在35—45岁这一阶段,应该实现进一步突破与发展,调整心态,更新知识。塑造阳光心态很重要,心态决定着我们能否成功。当不能改变环境时就努力适应环境;当不能改变别人时,要学会让自己改变;当不能超越强者时,就转而向下比较。同时,要学会分解压力,以一种坦然、平静的心态对待工作和生活,更容易获得快乐和晋升。

据研究,人一生工作所需的知识,90%都是工作后通过学习而获得的。只有不断完善自己,更新知识结构,才能维持和不断提升自身竞争力,获得不断的晋升机会。这个时期职场人士的工作经验、专业技能及管理水平已经趋于稳定,这时应该更加注意提升与他人交往沟通的能力,树立良好的个人形象,形成自己的做事和领导风格,并着重于人际关系和外部资源的构建培育。在此阶段获得提升和实现职业发展突破往往已不仅取决于自身的能力和素质,良好的外部社会关系网络和资源常常发挥出更大的影响力。良好的社会关系和人际网络可以通过发展以下几个层面的人员来实现:

① 同行业精英及资深人士。通过参加同行交流、主题研讨等形式,可以分享他人经验和观点,既促进自身专业技能及管理经验的提升,又可结交不同的行业朋友。

② 其他领域的优秀人士。拥有一些不同行业和领域的朋友,不仅可以拓宽眼界、增长见识,还可能获得友谊和机会。

③ 结交猎头公司的朋友。与一两家信誉良好、品牌影响力广泛的猎头公司建立长期联系,结交猎头朋友,将会大大拓展职业发展的空间。

(4) 在45—55岁这一阶段,应该保有健康至上、学会放弃的理念,规划好晚年生活。50岁左右还驰骋职场的人,往往已成为职场顶尖级人物或行业专家。这时的职场人士应该学会适当授权,将主要精力用在考虑战略层面及全局性问题上,或将多年技术经验和行业底蕴发挥得淋漓尽致,这样更能树立权威和行业影响者的形象。

人近晚年,对物质层面的需求逐渐下降,精神追求将上升成为生活主题。在此阶段,可以培养一两项兴趣爱好使生活更加充满情趣,并关注自己的身体保健。这样才能拥有幸福美满的人生。

 案例

和老板较真,两次失业

耿超是技术员出身,也做过销售。他说:我属于那种干一行爱一行的人。对工作一丝不苟,总想根据自己的意愿做到最好,为此付出了几次被老板炒鱿鱼的代价。我最早在一家私营电器公司做技术工作。我设计了一种防爆配电箱,试产后性能不错,可老板嫌成本高,让我改变结构,按他说的那样做,产品防爆性能就大打折扣。我坚持不改,老板用强硬的口气道:"我是老板?还是你是老板?不改就走人。"第二天,我流着泪走了。后来,老板虽然还是采用了我的方案,可我却成了个失业者。

随后我去一家化工公司搞营销。一次我接了一个订单,数量少,质量要求却挺高。为了满足顾客要求,我去生产第一线一道道工序把关,如期交货。不久,顾客竟又追加了十倍数量的订单。这次,老板跟我商量,想优劣混装,说这样利润会高些。我不同意,为此跟老板吵,最后老板终于让步。然而,发货时我发现,老板还是把劣质的产品混装进去了。为此,我发了火,并当众指责他。可他不急不躁,还直给我戴高帽子,直到我气消为止。可是,等这批货的款一到账,老板立即像变了一个人,处处让人排挤我。在私企里,老板的尊严是至高无上的,我只能打掉牙齿往肚子里咽。

不久,那家单位又给我发来传真,要求继续供货。然而,这批货发出后没有回款。我几次电话联络,那边只是搪塞。老板急了,让我立即去要钱。我来到那家单位后才知道,人家进这批货,根本就没打算给钱。理由是两批货的质量反差太大,这是对我们的报复。我忙打手机跟老板说,老板火了,说你办不好此事,就别回公司了。

经我多次协商,对方终于让步,但要求按第一批货的质量补发第二批货,再把劣货拉回去。老板坚决不同意,我只好回来。老板让我回去继续谈判,我说,这大概是最好的结局了。老板沉默了好久,说:"看来,是我的庙小了。"无奈,我只好离开了那家公司,又成了一个失业者。

分析:

像案例中的耿超一样,许多职场新人也会遇到理想和现实相悖、道德和利益冲突问题。职业生涯专家认为,适应环境是有原则的,只能去改正自己的缺点,不能因此而放弃道德原则和自己的优点。选择职业要多方面去考虑,包括自己的价值观、性格与公司文化是否吻合,而不是仅仅看工资有多高。更应该记住,天生我才必有用,耿超们一定会找到自己的用武之地。

2. 培养应变能力和情绪控制能力

遭遇职业发展危机,或在工作中遇到困难挫折,职场人士不应过于夸大地表现出喜怒哀乐或产生过激行为,应保持自己在上司、同事和下属面前的形象,并逐渐提升自己在政治上、思想上和感情上的成熟度,不断提高自我的应变能力、处世能力和协调沟通能力。

如果你是普通员工,应当搞好与上级和同事的关系,尊重领导、和睦同事。如果你是基层或中层管理者,应善于运用非权力性影响力的作用,即凭借个人的品德、才能、学识、情感、威信等而产生的一种影响他人、支配部属的力量。

3. 构建自信自强心态，随时迎接挑战

无论是工作还是生活，总有许多困难、挫折和风险。要想顺利度过危机，或者在危险中找到机会，获得更好发展的根本力量是构建自信和自强的心态，做好随时迎接挑战的心理准备，增强自我心理承受能力。职业发展的根本出路还在于发挥自身的主观能动性，要能够营造积极的心态，培育健康的心理。不错过任何一个表现的机会，即使是对于自己不熟悉的工作，可以边做边学，充满信心地接受挑战，即使做错，也能得到宝贵的经验。

自信心不是与生俱来的，是逐渐培养起来的。要想成功，就要敢于抓住一切机会表现自己，展示自己的特长，勇于竞争，在逆境中不断完善自己、超越自己。现代心理学研究证明，积极的"心理暗示"方法的确有"弄假成真"的奇效，因为"人们保有确实的信念，信以为真了，才会积极地身体力行地去实现这个信念"。因此，经常对自己进行积极的心理暗示："我能行""我可以试一试"，这样的自信自强的心态，才能将自己的聪明才智和潜力发挥到极致，最终使职业不断得到良性发展、可持续发展。

4. 提升职业素质，提高工作效率

现代社会各行各业工作中所蕴藏的科技含量要比过去多得多，如果仅仅重复做些科技含量少的简单劳动，职位晋升无从谈起。要尽快提升自己的职业素质，除了积累经验、反思教训外，各种培训更重要。可以通过积极参加企业内部培训、社会培训、高校进修、参观考察等多种方式提升自己在专业技术、现代管理等方面的知识，并将这些新理念、新方法、新工具运用于工作和生活中，提高工作效率。

5. 掌握压力管理方法，力求工作和生活的平衡

职业发展危机实质是一种心理压力和心理冲突状态，掌握科学的压力管理方法进行自我解压、自我调适，对预防和解决职业发展危机有较大的作用。职场人士对自己在不同年龄段、不同层次、不同场合的压力应有清晰的认知。面对压力首先进行客观分析，并做出评估，压力是积极的还是消极的？是可以承受的还是不可以承受的？评估是对压力的认知过程，它本身有助于减轻工作压力；其次，要善于转换角度认识压力，转换认知角度，利用能力、信息、知识、条件和手段

等多种资源去应对压力,将压力变成向上发展的动力,树立健康向上的人生观,学会乐观地看待一切,善于化消极因素为积极因素。

此外,职场人士(尤其是已婚人士)普遍会遭遇工作和生活等多重角色的冲突问题,这时可采取的应对策略是:

(1) 根据时间、精力、财力等因素适时调整工作和家庭生活的期望值,量力而行,不对自己过分严苛,努力使自己在工作、家庭、休闲等方面趋于平衡。在家庭生活中,育龄女性承载着男性无法替代的母亲责任,工作和家庭的矛盾非常突出。现实要求职业女性应尽早规划自己的人生,明确自己内心真正的需要,真正的价值所在,在人生的不同阶段解决相应的突出问题。要避免患得患失而顾此失彼、在贤妻良母与职场强者间求全责备,或过于执着于事业而留下生活的遗憾。确定可实现的目标,减少因工作、家庭的冲突而产生的危害。

(2) 职业和家庭的两种角色是否都能够做好与工作技能和管理能力密切相关,这些角色意识和角色能力都需通过不断学习、不断总结才能把握和提升。职场人士只有不断提高文化知识、技能水平,才能在角色冲突与调试过程中找到工作和家庭的平衡。在这个过程中,重要的是既要培养主观能动性,克服自卑和依赖性,养成独立判断和思考的能力,也要避免过多的功利性,调整急躁、焦虑心态,树立正确的世界观、人生观和价值观,在社会工作和家庭生活中都能实现自己的人生价值。

6. 争取社会力量的支持

如果在遭遇危机阶段引起心理的极大波动,或内心冲突不断,单靠自身的力量很难克服困难、跨越危机,这时,不仅应该争取家人、同事、朋友等的情感支持,还可以寻求专业力量的帮助,如专业的人力资源管理专家、心理咨询师等。给自己注入更多的正能量,从危机中获得新生。

二、职业形象和信任危机的应对

(一) 职业形象的塑造及维护

个人良好的职业形象的建立是在日积月累、循序渐进中形成的,需要精心塑造与维护才能获得。而不良的行为举止积久成习,最终可能导致形象危机的产生。

年轻人从学校踏入社会,给人的最初印象、表现如何,对未来的发展影响极大。有些年轻人特别是刚毕业的大学生,总认为自己有知识、有文化,到单位工作后不屑于做琐碎小事,不能给同事们留下良好的印象;有的人缺乏责任心,工作丢三落四,差错不断;还有的功利性太强,为达到自己的目的不择手段……这些对自己的职业前途会带来极大的负面效应,可以说是一种形象危机。

 案例

欠账不还的冒牌党员

某高校人事处葛老师接受采访:我校大三学生小任因为家庭困难,想休学一年去打工赚钱,再来复学。我听了很是感动,自己打工赚钱供自己读书,有志气! 我找了人,但财务说有规定,除非我愿意担保。我说可以,就找来小任一起办了担保手续。事情办得很成功,小任似乎也赚到了他应该赚到的钱,因为他一年以后来复学了。一年的打工经历,使他看起来更壮、更高了。我认出是他,和他打招呼,他却一脸茫然地看着我,带着很疑惑的表情走了。

此后,从财务处转给我的有关材料看,大约两年半以前由我担保的那笔学费欠款小任根本就没有还,他打工赚来的钱只是缴了后面一年的学费。他在毕业时曾向学校签了还款保证书,言明半年内还清;学校鉴于他已在本市政府部门找到了工作,在他仍然欠款的情况下,同意让他领走了毕业证,让他按新的计划还款。

如今半年过去了,财务处没有收到他还来的欠款,便找到了我。我担心我是否要负担保责任? 财务处解释说,这笔钱经他毕业时以还款保证书确认过了,不会与我有任何关系了。他们是想请我和他联系一下,希望他按约回来结清这笔陈年老账。我想,既然人在政府机关工作就好办,打个电话召他回来就是了。于是打了手机,听到"您所拨打的电话已停机"。好不容易查到他单位的电话,拨通了。对方说是曾经有这么个人,但现在已经离开单位了。问去了哪里,对方说不知道。问为什么好好的机关工作不做,跳槽了。对方说是被他们辞退了,他们机关在招聘人时就明确讲了要求是应聘者中共党员,小任的所有应聘材料也都反映他是一名党员。等人进来之后,问他为什么没转组织关系,他说学校刚好放假,等开学后就可以转了。后来提醒他去办理转迁证,他总有些理由,一直拖着没有办。最后,被逼得没有办法,他才承认自己并非党员,是自己欺骗了组织。这是一起性质非常严重的错误事件,政府机关当然是不能留他了。

分析：

小任在进入政府机关工作前犯了一个严重的原则性错误,也许在小任看来是耍了回小聪明,但实质是有关"诚信"的问题。此外,小任身上还存在着不珍惜别人的信任和付出、不懂感恩、不善处理人际关系等问题。这样的职业形象完全不符合组织的要求,也不符合社会的期望。小任只有真正吸取这次危及个人职业形象的教训,端正自己的认知,加强自己的修养,经历不断的挫折才能真正成熟起来。

形象危机管理的最理想状态是将危机消灭在潜伏时期或萌芽时期。每个职场人士都应清楚地知道自己具备哪些知识、能力和素养,工作岗位需要什么样的素质,并有意识地进行自我培养,才能成为社会需要的职业人,塑造好自己的职业形象。

愿景是组织形象化的中长期目标,而价值观则是组织行为的准则。所以,职场人士应了解并遵循企业或组织的愿景,以及在实现愿景的过程中恪守的价值观,严格遵守组织行为中所依据的理念、方法和政策,由此激发对组织的信念,坚定对组织的信心。在此基础上,职业形象的塑造和维护需要做到：

(1) 一个人只有在了解自我的基础上才能找到未来真正的发展方向,并充满激情和创造力,发挥出超常的潜力,并勇于对自己所做的事情负责。因此,需要探寻自我,了解环境,从专业和实际情况出发,有清晰的职业规划,合理定位,才能塑造和维护自己良好的职业形象。

(2) 保持低调、低姿态,抱着一种学习的态度,脚踏实地,从最基层开始逐步成长,摒弃不切实际的空想,尽快熟悉自己所从事的行业和领域,找准自己的坐标点和人生发展途径,才可能收获成就感和价值感。

(3) 培养对别人和对自己的责任,从小事、细节做起,在工作中学习与他人和睦相处,融入团队和组织。能从未来、远处看目前遇到的问题,对挫折和困难有足够的忍耐力,不断塑造和完善自己的职业形象。

(4) 培养容忍度,要认识到再先进的管理方法都是有缺陷的,不过分敏感企业或组织的不足之处。把组织目标和个人利益、长期目标和短期利益结合起来,先适应环境而后再用自己的智慧、能力改善环境。

案例

小芳的成长是所有同龄人的榜样

小芳是某网络公司一个美工的老乡,学历中专,到公司来玩的时候,得知公司当时正缺一个前台,就毛遂自荐地过来了。公司人事部门发现,这个瘦弱的小姑娘明明有会计证,却应聘前台,是怎么回事?

网络公司还没做出名气之前,前台工作大多是内务行政方面的。小芳来后,工作尽职尽责。原先前台无人接待、电话转错、办公用品供应不及时等问题再没出现过,她一有空闲还主动热情地帮公司同事做一些分外的琐碎杂活。小芳之前在证券公司做出纳,但她觉得那里的工作秩序混乱,且和自己的愿望不符就辞职了。她认为眼下她做的工作,比如帮市场部打字、整理市场计划,帮社区编辑整理资料等,都是她全面深入了解这个公司的运作秩序、产品流程、工作内容的好机会;当她熟悉了这一切后,就可以从前台转到编辑或市场工作了,而且有可能比直接上手但不了解公司全部业务状况的同事做得更好。后来,小芳在工作中就有意多接触女性、情感、文学类的编辑工作,和那些编辑学一些网络文字的辨别、版面气氛的控制、调动等工作经验。

几个月后,在公司又招聘了一个前台后,小芳就顺利地转成公司财务助理并做女性BBS的兼职编辑。又过了一阵,投资方派来财务人员后,小芳正式成为专职编辑。随后,一步一个脚印,小芳从专职编辑工作,扩展到对外专栏作者的联系、管理,再到对外产品合作的洽谈、跟踪、合作伙伴的维护。同时,用了大约两三年的时间,她还完成了自己自学考试的大专、专升本的学历跳跃。

随着公司业务的扩大,人员规模也在膨胀,熟练的老员工都因对业务的熟悉而开始成批地成为业务组长、部门经理,小芳是里面最突出的。在成为市场经理一年后,因为完成业务指标优秀,同时公司也需要一个对市场和产品业务都熟悉的主管,小芳顺理成章地成为公司最年轻的业务总监。

后来在人事总监的撮合下,小芳和原公司的技术总监大林相识、恋爱、结婚了。在他们的婚礼上,人事总监说:"小芳是我见过最聪明、最勤奋、最踏实的女孩。几年下来,她的成长过程可以作为所有同龄人的榜样。"

分析:

小芳听从了自己的内心愿望,了解了自己真实拥有的能力,在此基础上勤奋踏实、一步一个脚印地工作,并且不断充电学习,借鉴他人经验弥补自己的不足,这样的成功应该是职场新人的榜样。

(二)信任危机的产生及应对策略

在职场行为中,信任的本质是一个主体对另一个主体在能力、品质等方面的信心。信任不仅是预测,而且是面对风险的信心。如果没有这种起码的信心,就会使员工的绝大部分注意力集中到相互间的猜疑、防备和争执中,把为企业工作的使命抛诸脑后。信任是企业得以健康运行的基础,没有信任就没有凝聚力,也没有战斗力和生命力。职场人士在面对信任挫折时会产生心理困惑或心理障碍,可能采取成长、逃避、自责、接受和攻击等应对方式。

某网站进行职场信任危机调查,半数网友坦承自己遭遇过职场信任危机。这些信任危机,有来自老板的,有来自直接上司的,也有来自同事的,比例都差不多,而且普遍认为"职场信任危机"是工作中较难解决的问题。超过20%的职场人士对自己的直接上级不信任,能够非常信任上级的员工只占一成多。表面看,员工必须按照管理者的意愿行事,但事实是员工对上级的信任与否会直接影响其工作绩效。如果对领导层缺乏信任,员工行为就会短期化,缺勤增加,拖延工作,准备后路,把建立对外关系看得比企业利益更重,要求短期现金报酬等;如果上级对下级或同事间缺乏信任,会使员工丧失自信,工作效率下降,甚至出现身体疾病和心理问题,所有这些,都会直接影响企业的利益和长期的发展。

 相关链接

攻克信任危机需要上下级的共同努力

企业上级领导和下属员工的根本利益是共同的,只有管理者做好,为员工提供更好的平台和资源,员工才有空间施展才能。上级要做的是让员工相信只要他足够努力,就能得到应有的回报甚至更多;而员工要做的就是通过自己的努力证明企业付出的报酬是值得的,甚至超出了预期。

最被员工看重的信任激励措施是企业信任激励环境的营造与上级优良品质的培养。

1. 因管理者的原因导致的信任危机

(1) 领导层和管理者自身素质不高。信任关系的建立是相互的,上级信任下属和员工,是获得员工信任、在团队中创建积极工作关系,并让员工能够应对工作压力和不确定性的基石;下级信任上级,下属才愿意更多地付出自己的体力和聪明才智,为企业做贡献。而导致下属和员工对领导层不信任的原因是:

① 领导层搞派系斗争,不能做到以公司或团队利益为重;

② 做事缺乏承诺,言行不一致,甚至说一套做一套;

③ 不善于理解他人并尊重不同意见;

④ 不实事求是,与下属和同事争功诿过;

⑤ 遇事不能开诚布公、千方百计掩盖自己的弱点或欠缺;

⑥ 任人唯亲,缺乏公平和公正;

⑦ 不信任别人,重要事情瞒着他人,通过控制信息并以此来建立自己的权威;

⑧ 决策一错再错,不能成就事业,产生能力信任危机。

要解决这类原因产生的信任危机,不仅需要企业加强制度建设,完善规章制度,还需要领导层和管理者反省自身问题,不断提升管理能力,通过有效沟通,真诚面对下属员工,才可能重建信任,构建良好的上下级关系。

(2) 管理者缺乏广阔胸襟和管理经验。讲诚信,尊重他人人格的交往就不会产生危机感,企业的人力资源也不会流失。信任危机的出现,很多是因为企业管理者欠缺管理经验,没有广阔胸襟,不尊重他人。在利益受损时,把损失转移到员工身上,这种做法,只能让企业损失更严重。管理者的改进方法可以是:

① 对事对人要真诚。信任的基础是真诚,如果一个人对他人的心是真诚的,即使短期有误会,日久总会见人心。

② 有效沟通,特别是积极主动的沟通。信任危机的根源是信息不对称,应该建立健全的反馈机制,完善上下级双向沟通渠道以及员工之间正式的沟通渠道,如月会、周会、座谈会;构建非正式沟通渠道,如电子邮件、周末旅游、小型聚会等,为员工提供有效的交流平台,这样,危机可以得到有效化解。

③ 先付出,再求回报。这一点无论对上级还是下级都有效。

④ 注意工作方法:

可能引发他人对个人操守怀疑的"高危岗位",要设法使流程透明,主动将自己的决策放到阳光下检验,使自己受到合理的监督,做到不仅不贪,而且设计的流程使自己"想贪都贪不了"。

不越级汇报或越级指挥,紧急情况下的处置和结果做好事后告知、备案。

明确上下级间对绩效的期望。不仅要汇报工作的结果,而且适时汇报或通报工作的过程和进度。

不轻易承诺。承诺的一定要做到,如果发生意外情况做不到,尽量提前告知对方并道歉,并提供其他方式供对方选择,帮助其完成任务或解决问题。

2. 因员工的原因导致的信任危机

据调查,职场员工的信任需要呈现出以品质信任为重,能力认可、品质信任和信任酬赏三方面结合的特点。企业员工将个性倾向因素(能力、品质、业绩、态度)视为员工获得上级信任的主要原因,外在情境因素(人际关系、与上级的相似性、运气、环境)是获得上级信任的辅助原因。

员工因为自身原因不被信任而产生的危机主要包括:因为工作责任心不

强、工作经验缺乏出现重大失误导致上司或公司的信任危机,不擅长处理人际关系招致同事排斥的信任危机,与企业文化格格不入不能融入企业产生的信任危机,在原企业工作不久就转投他方不告而别产生的信任危机等。遭遇以上职场信任危机后,要直面问题、查找原因,并通过自身努力,或改进方法、改正缺点,或创设条件、充分沟通来化解危机。此外,无论什么时候,要抱着真诚的态度去解决,而不是得过且过或投机取巧,这样才能获得职业发展的新机会。

(1) 忠诚和敬业。李嘉诚曾说过:"做事先做人,一个人无论成就多大的事业,人品永远是第一位的,而人品的第一要素就是忠诚。"在职场中,"忠诚"是衡量员工品质的首要标准,有忠诚,才能被企业和领导信任。忠诚是对所服务的企业尽心竭力的奉献,主要表现为对企业负责。首先,是遵守企业的规章制度;其次,要忠诚于自己的岗位,爱岗敬业,做好本职工作;第三,将企业长远利益放在第一位,多为企业的发展出谋划策。

(2) 诚信和自律。对于职场新人,诚信的品质比实际技术更加重要。学校里学的理论知识永远无法替代实践工作经验,企业抛出橄榄枝的首要原因是对品质和修养的肯定,其次才是学识和专业。信任的基本要素是要确信这个人可以实现他的诺言或说相信他的能力,而能力的重要因素是自律。心理学家通过实验证明,人们不仅可以感知他人长期的和暂时的自我控制程度,而且还会据此判断这个人的可信程度。换句话说,那些平时有着较强自我原则或遵循一定生活规律的人更容易让人相信。自律表现在有足够的能力掌控本职工作,有较强的自控能力进行时间管理,以及严格遵守职业规范等。

(3) 踏实勤奋,有责任心。某外企招聘了一个名校毕业的新人,能说会道,优越感极强,很引人注目,但试用下来发现此人工作不踏实,碰到繁琐的工作能躲便躲,惰性极强,很快就被淘汰。另外招聘了一个非名校毕业的新人,诚恳、踏实而且很勤奋,很快适应了环境,发展得很好。可见,踏实勤奋是职场永远的通行证。

在工作中出错不可避免,在犯错误的时候,不要用"我不知道"来搪塞,应该积极应对差错,及时向领导或团队告知和分析出错的原因,尽力弥补损失,勇于承担责任,努力解决问题。还有些时候,责任心体现在工作琐碎的小事上。只有做好每件小事,才可能逐渐学会做大事,向上司、同事展示你的学识和价值,从而真正赢得信任。

(4) 做事专业,注重形象。除了显示自己的专业技术外,职场中的专业还指注意自己的身份角色和职业形象,说话、做事要分清场合和对象。恭敬、严肃地对待上司的指示和命令,和气、认真地与同事合作,在适合的时机说恰当的话,那种思维过于发散的打岔、笑话或调侃适宜在工作之余发挥。职业形象有很大部分体现在穿着打扮上,尤其是在律师事务所、投资银行等,穿着方面表现出专业水准也能给信任加分。

(5) 有效沟通,善于协作。如果整日埋首工作,上司和同事不知道你是如何看待工作的,也不知道你对负责的项目是否有热情。因此,应该事先计划好你想表达的意见,利用团队会议适时展示你为工作做出的努力。有不懂之处,主动积极地询问和请教别人,双方很快就能熟悉起来;平时和别人交谈时,尽量放下手边工作,目光从电脑屏幕前移开,集中精神、聚精会神地倾听;准备好纸笔,随手记录一些重要的关键词、时间节点,不仅能增加沟通效率,还传递了沟通有效的信号,让对方放心;开会时不缩在角落里,轮到发言时大声清晰地表达自己的意见,保持和同事、上司的眼神接触;对别人的意见宽容接纳,合作中不锋芒毕露、自作主张等。这些都是职场沟通的细节要点,不仅有助于你更快融入团队,有利于自身的成长,也有利于你获得别人的认可和信任。

(6) 传递信息准确,不透支信用。在发送邮件、分享信息之前认真检查,保证内容的准确无误。可以有自己独特的观点,但传递事实要保证真实性和准确性。当所分享的信息是持续可信的、有用的,你在企业中就建立了信任;反之,如果经常散布一些似是而非的假消息或八卦,你只能被列入"不能深入交流"的同事之流。

要信守承诺,对超出自己能力或职责的事不能轻易答应,因为一旦信用破产就很难恢复。工作绩效的关键在于完成工作的时间和质量,应该在保证自己的本职工作完成后才接新的任务,或再去协助有需要的同事。要懂得拒绝别人,老好人的性格不会帮助你赢得信任,只会使你陷入琐碎的工作中,甚至引发心力交瘁。

案例

王宁的失误

王宁曾是一位医药编辑,负责替药厂撰写相关的医药文件。某药厂研发了一种新药替代老产品,因为老产品的某些成分对人体有害,所以药厂决定停售。王宁负责这个新药品所有相关文件与印刷品的文字编辑。在制作文件的过程中,王宁不小心把两种药品的名称弄错了,新药竟然用了旧药品的名字。结果,所有已经分送出去的行销以及教育用的相关产品,包括书籍、宣传品、演示文稿用的幻灯片、录像带等,只能全部回收,重新制作。结果可想而知,这家药厂终止了与王宁所在公司的合作关系,王宁也因这次严重过失被公司开除。王宁很长时间走不出这次事故的阴影,新的工作也迟迟没有着落,他不知道何去何从……

分析:

一次无心的过错,就可能给职业生涯带来重大危机。每个人在工作上都难免发生疏失,关键是如何弥补过错,化危机为转机。王宁可以做的是:

(1) 诚实面对、立即处理。犯错时,最重要的是坦白承认,必须在第一时间让主管或工作伙伴知道,尽快讨论出解决的方法。

(2) 反省事情发生的原因。回想为什么会发生这样的疏失,并思考如何改善,避免类似错误再度发生。

(3) 冷静思考当前的处境。看清所犯错误背后隐含的事实,也许自己的长处与这份工作所需要的技能不相符合,这就必须转换岗位和职业;也许这次错误是自身平时缺陷的总爆发,这就需要深刻反思,痛改前非。

(4) 拟定未来的方向。找到自己的长处与潜能,想清楚自己下一步该怎么做,尽快重新找到未来的方向,建立自己的新事业,不要一直陷入犯错的情境中。

对王宁来说,如果他能够从这次错误中吸取经验教训,从此养成认真踏实的工作作风,提升自己的工作能力,就可能找到新的机会,对未来的人生就有很大的裨益。

第二节 职场心理危机

一、职场心理危机及处理

（一）职场心理危机及其成因

所谓心理危机,是指个体在面对某种困难时,原先处理问题的方式及支持系统不足以应对眼前的处境,感到难以把握和解决,产生心理失衡的状态。心理危机标志着个体正在经历生命中的剧变和动荡,其特征是高度紧张,伴之以焦虑感、挫折感和迷茫感。

1. 职场心理危机的成因

(1) 在激烈竞争下产生心理高压。当今社会竞争激烈,不仅商场如战场,职场同样是战场。强者生存,弱者淘汰。一些心理素质较差的人会有危机四伏的感觉,导致心理高压。

(2) 复杂的人际关系使精神遭遇重创。激烈竞争社会下的人际关系比较复杂,同事、同行之间存在妒忌,明争暗斗在所难免。有些人在交往和沟通中产生障碍,引发双方紧张气氛或正面冲突。既影响了工作效率的提高,还使人际环境恶化,如果心理受到重创,承受不了,就易出现心理危机。

(3) 置身成败之中的精神痛苦。要干一番事业或正在干一番大事业的人,可能时常要经受成功和失败的考验,面对挫折和失利,就会遭受精神痛苦。如果在失败之后不能坚强面对,整日沉浸于失败的痛苦之中,就容易产生心理危机,甚至导致精神崩溃。

(4) 责任重大导致精神高压。有些职场人士肩负重要职务,是决策者领导者,或是策划者设计者,由于所负责任重大,一旦有闪失将会给国家、企业、工程或个人造成重大损失,往往精神压力极大,有的昼夜焦虑、寝食不安,唯恐出差错,在如此心理高压之下,极易发生心理危机。

2. 因职场因素引发的自杀

职场心理危机发展到极端就会出现自杀。虽然时代发展了,可人们的心理问题有增无减,自杀现象的发生率也呈现出上涨的趋势。其中因人际关系问题引发的心理危机从而导致的自杀事件占据着职场自杀事件很大的比例。

自杀是指主体自愿采取各种手段以结束自己生命的行为。自杀是一种复杂的现象,也是一种奇特的现象;既可见于正常人,也可见于精神病人。从自杀的发展过程看,可以把自杀分为情绪型自杀和理智型自杀。情绪型自杀常常由于爆发性的情绪所引起,比如委屈、悔恨、内疚、羞惭、激愤、烦躁或赌气等情绪状态所引起的自杀。此类自杀进程比较迅速,发展期短,甚至呈现即时的冲动性或突发性;理智型自杀不是由偶然的外界刺激唤起的激情状态导致的,而是由于自身经过长期的评价和体验,进行了充分的判断和推理以后,逐渐地萌发自杀的意向,并且有目的、有计划地选择自杀措施。因此,自杀的进程比较缓慢,发展期较长。

当一个人罪恶感和侵略感转向自身,或生命力的重要支柱被瓦解,个体的积极行为失去了强化来源,个人生活急剧变化,如果这个人无法适应这些变化,便有可能采取自杀方式逃避。如果一个人缺乏社会的支持,也容易走上自杀之路。

 案例

因处理不好人际关系而自杀的女孩

"前一天晚上她还问我鸡年结婚好不好,她谈了个男朋友,感觉还不错,准备要结婚了。"付萍萍的妈妈万万想不到,女儿只是跟单位同事吵了架,后来单位领导和她谈了3小时的话。女儿回家也没有跟父母讲话,吃了口饭就去睡觉了,怎么就悄悄吞下安眠药自杀了?

付萍萍高中毕业后,做过营业员,后来自学了大专,还参加了计算机等级考试。其父母说,付萍萍一直很要强。一年前,一个亲戚给她介绍了工作,是给一家高档物业管理公司当会计。她边学边做,4月份还报名考会计证书。4月18日她的笔记本上还记录着第一次上课的笔记。

付萍萍所在公司算上经理,总共只有5名同事。但她做得并不开心,人际关系一直不是很好。周经理说,付萍萍的办公座位就在他的对面,她在单位一直比较内向,不太合群,有时候会莫名其妙地对同事发火。后据其舅妈称,付萍萍患有抑郁症,曾看过医生,并在吃药治疗。

4月22日，付萍萍向单位提出辞呈，称路太远，要读书，不想干了。当时，经理没有同意。4月26日上午，付萍萍又和前台因为付款的问题发生争吵，周经理下班后约其谈话，告诉她要放开一点，物业是很辛苦的工作，不要想那么多。而付萍萍担心自己的位置会被另外一个同事挤掉，周经理劝说："你是我同学介绍来的，而且财务工作全部交给你做，自然是很信任你，不会给别人挤掉的。"付萍萍当时没有异常表现，但后来她又说想辞职，周经理也同意了，要求她将财务工作移交一下，但她移交了一半又不想移交了。当时天色已晚，周经理说，到月底还有几天，还是明天再说吧。经理让付萍萍打车回家，车费报销。妈妈曾给付萍萍打电话，她没接。男友发短信问她五一期间的放假安排，她也没回信。

付萍萍在日记中写道："待人接物方面太草率，不够热情，遇到害怕的事总是选择逃避，有事不请示不汇报，总觉得领导现在变得对我爱理不理，真太抑郁了。今天到了这个地步，怎么才能扭转这个不利局面？"她也时时提醒自己积极处理问题。每天上班时，她会在口袋里装小纸条，上面写着"微笑""真诚"之类的话。"接待陌生人时，不要紧张，一紧张，注意力只集中在很小范围内，做事容易出差错。""说话要温柔、随和，多关心点别人。"但是她最无法忍受别人嘲笑她："手脚那么慢，让公司养你！""没人要的老姑娘！"这些话在付萍萍的日记里却只字未提。

付萍萍平时很少跟父母讲话，只有遇到最难受的时候，才跟父母倾诉，而她最难受时却没有跟男友通过一次话。有时，她会质问父母："我是不是你们亲生的？为什么人家小孩都跟父母过，我18岁才跟你们生活？"她在元宵节时写道："从来没有感到发自内心的幸福快乐，人生一片灰暗。"

"外婆从小娇惯的教育让付萍萍比一般小孩生活舒适，也比较晚熟。我们也知道和女儿之间有道鸿沟一直没有填平，这是我们的失职。我们尽量满足她的物质生活，结果发现没用。"付萍萍的父亲感慨道。

分析：

付萍萍的自杀是没有处理好职场人际关系的典型事件。原因与她从小的成长经历有关，她与上司的谈话其实仅仅是诱发事件，没有建立合理的认知结构,长期抑郁或恶劣心境,才导致了自杀行为。

健康的人格是非常重要的素质,人格因素中的认知结构是从小逐渐积累而形成的。父母是孩子的第一任老师,应重视孩子从小的心理性格的发展,增加挫折教育,不要总是功利地看结果,也要鼓励孩子经历克服困难的过程,学会如何正确面对挫折,这也是现代人需要不断学习的。当一个人毫无面对变革的心理准备和承受挫折的能力时,一个小小的挫折就足以引起其强烈的不良情绪反应,甚至放弃生命。付萍萍自小没有在父母的陪伴教育下养成健康阳光的性格,她的孤僻内向、心胸狭窄、敏感多疑、多愁善感等不良个性品质在成长过程中也没有得到改变。面对职场人际关系中的困惑、挫折,她没有得到父母、男友足够多的关心和支持;她不懂得转变思维和看法,也没有及时求助于专业人士……物质上的关心是需要的,但心灵的关怀才是最重要的,而她的父母却没有做到这一点,这是一个极其沉痛的教训。

 相关链接

识别潜在的自杀者

识别出潜在的自杀者,对防止他们实施自杀计划至关重要。美国自杀协会和美国国立卫生研究院列出一系列最显著的自杀信号,包括:

(1) 处理好事务:更改遗嘱可能是为死亡做准备;

(2) 行为鲁莽:可能通过高速驾驶、闯红灯或者破坏机器来显示求死的决心,鲁莽行为的逐步升级说明他们是真的不想活了;

(3) 情绪变化剧烈:从一种消极情绪突然转变为另一种消极情绪,比如从极端低落突然转变为焦虑和不安;

(4) 讨论自杀:多达85%的自杀者在自杀前都曾经告诉他人他们自杀的计划,或者在短信、日记中表达他们的想法,青少年甚至会留下日记给父母或者老师看;

(5) 认为自己没有价值:尤其是受虐者经常感到无助和惭愧;

(6) 丧失生活的兴趣:当一个人不再关心曾经对他非常重要的活动或者事件时,这种空虚感就是抑郁加重的一个信号。

(二)职场心理危机的干预

1. 遭遇心理危机的自我调整措施

(1) 要善于预测风险。面对未来不确定的事情,如果能够做好周密的分析和预测,在事前充分估计风险因素并加以防范,就能做到胸有成竹、防患于未然。

(2) 要善于自救、解决问题。碰到挫折,要以积极的心态应对,冷静分析原因,找出问题的症结并加以解决,进行自我疏导,自我减压,摆脱困境。此外,还应在失败中总结经验,避免再犯同类错误。这样,在身处困境时能够自强不息、善于自救,就能不断地促进自我成长。

(3) 要善于发现转机。风险和机遇并存,有危机,才会激发人在黑暗中寻求曙光。如果善于运用积极思维,看到不利局面中的有利因素,及时抓住转机,就能较快地走出低谷和逆境。

(4) 要善于获得支持力量。在危机时刻,如果能够调动职场内外的支持力量,各尽所能、协同互助,就能获得极大的情感支持和心理能量,就能排除千难万险。

(5) 要善于寻求工作和生活的平衡。即使处于危机时刻,也应调整好自己的心态,笑对人生、乐对工作,善于在工作中寻找乐趣,努力寻求工作和生活的平衡。

2. 心理危机的干预

心理危机干预是通过心理学的手段和技巧,对心理活动的方向、性质、强度和表现形态进行控制和调整,从而使人的心理状态和行为方式归于正常。心理危机干预的目的,一是防止过激行为,如自伤、自杀或攻击行为的发生;二是促进交流,鼓励当事人充分表达自己的思想和情感,提升当事人的自信心,帮助当事人进行正确的自我评价,并提出适当的建议以促进问题的解决;三是提供适当的医疗帮助,处理昏厥、情感休克或激动状态。心理危机干预的最低目标是在心理上帮助当事人解决危机,使其社会功能恢复到危机前的水平,最高目标是提高当事人的心理平衡能力,使其高于危机前的状态。

相关链接

自杀的预防措施

自杀的干预主要在预防,预防自杀可分为三级,即一级预防、二级预防和三级预防。

一级预防:是指预防个体自杀倾向的发展。主要措施有管理好农药、毒药、危险药品和其他危险物品,监控有自杀可能的高危人群,积极治疗自杀高危人群的精神疾病或躯体疾病,广泛宣传心理卫生知识,提高其应付困难的技巧。

二级预防:是指对处于自杀边缘的个体进行危机干预。通过心理热线咨询或面咨服务帮助有轻生念头的人摆脱困境,打消自杀念头。

三级预防:是指采取措施预防曾经有过自杀未遂的人再次发生自杀行为。

据调查,中国人的八大自杀危险因素包括:抑郁程度重、有自杀未遂史、死亡当时急性应激强度大、生命质量低、慢性心理压力大、死前两天有严重的人际关系冲突、有血缘关系的人有过自杀行为、朋友或熟人有过自杀行为。自杀的心理危机干预程序是:

(1) 评估自杀的风险。自杀者大多有一定的社会心理诱因,因此,全面了解和评估自杀的诱因及寻找帮助的动机(有些人的自杀是一种求助的信号)就相当重要。对家人和医生来说,首先要了解当事人自杀的可能性有多大。可以通过访谈及行为观察,提出这些问题:"生活对你来说意味着什么?""有没有能够吸引你的东西?""在今后的 24 小时或 1 个月中,你的生活将会有怎样的变化?"如果当事人总是看到事情的阴暗面,对将来没有任何打算,或没有家庭、朋友或工作之类的支持性动力源,自杀风险就比较高。

(2) 制定治疗性干预计划。任何事情预则立,对自杀的干预也一样,必须有一定的治疗计划和方案。自杀是一种紧急情况,十分强调时间的紧迫性和"立竿见影"的效果,要尽可能在短时间内打消当事人的自杀念头,恢复其心理平衡状

态。自杀当事人往往是对自我、周围环境和前途有极端的消极评价,干预要围绕这三方面进行:

① 肯定当事人的优点和长处,因为大多数自杀的当事人往往将自己看得一无是处;

② 寻找尽可能多的社会支持,即让家人和同事、亲友来帮助和支持当事人,因为绝大多数想死的当事人感到自己是孤独的,没有人理解和帮助自己;

③ 学会心理应对和防御,俗话说"退一步海阔天空""船到桥头自然直""塞翁失马焉知非福"。

(3) 应用心理技术进行自杀干预。这是危机干预的重要阶段,要让当事人认识到自杀不过是一种解决问题的消极方法,并非目的。绝大多数企图自杀者是因为不能处理或解决生活中的重大挫折才选择自杀的,是希望"一了百了",如果有解决目前挫折或处理当前危机的其他方法,大多数当事人会放弃"只有死路一条"的观点。因此,要促使当事人改变错误认知,可帮助当事人:

① 通过交谈,疏泄和释放被压抑的情感(如悲伤、抑郁、愤怒等);

② 认识到目前的危机或境遇是暂时的,不可能是持续终生的;

③ 学习新的有效的问题解决技巧和心理应对方式;

④ 建立新的社交网络,维持和稳定原有的人际关系网络。

(4) 危机解决后的措施。当事人打消自杀的念头后,工作的重点要放在强化其独立性,减少依赖性方面。要促使当事人巩固和发展新学到的应对技巧和解决问题的方法,学会"举一反三",积极面对现实。同时,要更重视社会支持的作用。

二、职场人际冲突引发的犯罪行为及其防范

(一) 人际冲突引发的犯罪行为

人际关系问题如果没有及时处理好会让人的心理承受巨大的压力,久而久之就会因为负面情绪的累积和过度压抑而瞬间爆发,如果爆发指向外部环境就会造成一系列的犯罪行为。

心理学研究发现,与人际关系问题有关的犯罪行为主要表现为凶杀犯罪。其心理变化过程往往是激烈的人际冲突之后,当事人无法承受冲突所造成的负

面情绪,或因懊恼不已或因无法排遣愤怒,最终想到以结束对方生命作为对自己的报偿。此时如果无人给予危机干预,凶杀就会产生,对自己、他人和社会造成恶劣的后果。

 案例

小林的悲剧

小林的性格比较内向,遇事不愿张扬,与同事关系比较紧张,他在这个公司工作五年了,虽然工作尽心尽力,业绩也不错,但是他觉得领导看不到他的工作业绩,即使做得再好也不会得到认可。最近公司更换了领导、进行了考评改革,但好像跟小林一点关系也没有,他看不到晋升和加薪的希望,觉得很压抑、失落,又有些怨恨。特别是看到小金,他才来公司两年,自己当初还指导过他,但现在却成了自己的主管,这让小林难以接受。

此后,小林变得更加沉默寡言,觉得与周围同事相处只能委曲求全或忍气吞声。与小金相处时,小林总认为他在暗地里压制自己,否认自己的工作成绩,不让老板知道自己的业绩。"他的眼神里带着对我的轻蔑,其实我知道他是怕我升上去顶了他的位置,而且他总是在同事面前打击我,在领导面前说我的坏话。可是我职位低,我没有办法。"小林愤恨地说。

在一次重要的部门述职会上,小林被安排在最后一个述职。由于前面同事叙述时间较长,还剩下两位没有时间汇报了。小金安排他和另一位第二天再述职。"第二天总部的大领导就要走了,只有几个没有决定权的人听,他这样安排一定是故意的。"小林心里想着,在会还没有结束时就和小金吵了起来。冲突很严重,小金在争吵中不经意说了一句:"给你机会也没有用,你就是烂泥糊不上墙!"小金的这句话一下击中了小林,小林拔出拳头狠狠砸向小金,很不巧,小金倒下时,头正好撞在桌子的角上……最后,小金经抢救无效死亡。

分析:

小林因职场中人际关系处理不佳,长期处于压抑失落的情绪状态中,他把不能晋升和加薪的原因归结为主管小金在其中作梗,不让上层领导看到

> 他的业绩。这种片面的认知方式使他对小金怀恨在心,在部门述职会上终于爆发出来。这场悲剧发生的原因有小林偏执的人格因素和错误的认知方式,这使得他遇到挫折总把原因怪罪于他人;也有小金的原因,他在早期发现小林和他较劲或作对时,就应该采取沟通交流或请他人协调等方法,同时加强自我防范意识,如此,也许可以避免惨剧的发生。

(二)人际冲突引发的犯罪行为的防范

1. 职场犯罪的心理分析

职场中的某些人人际关系不佳,或者事业不济、升职无望,让他们难以感受到工作的快乐及生活的幸福。此外,人格的不健全,使得他们在遭遇困难、挫折时容易偏激地将失败归因于外界,造成认知扭曲。长期淤积的愤怒、怨恨、失望等负面情绪,使得他们将某人视为自己失败的导火索,并将其作为泄愤的工具。还有的人在不能如愿的时候就会发怒,并且强制别人按照自己的想法去做,有时甚至觉得武力是必要的手段而付诸暴力。他们认为如果对方不听话,这种手段就是正当的。

长期受到职场压抑容易形成两种极端的性格:一种是懦弱,一种是偏执。性格懦弱的人对自己没有信心,容易忍气吞声,经常委屈自己而顺从别人,但其实心中会认为自己正遭遇不公平对待。这些人一般表现得胆小、老实、不爱说话,只在一些小事上表现出偏执,所以一旦他们制造凶案后,周围的人会感到意外。这种懦弱性格十分常见也十分危险,不少职场凶杀的制造者都属于这种性格。内心的压抑、不平感长期得不到释放,若再加上人生道路上不断受挫,积累到一定程度,一旦遇到"导火索"就很容易爆发,导致极端心理,想要不择手段地报复社会、报复他人。这些就是职场恶性血案背后的深刻的心理动因。

2. 职场犯罪行为的防范

凡事皆有量变到质变的过程,职场犯罪有一个逐渐积累和发展的过程,其中不懂得处理职场压力,不善于自我保护是主要原因。当我们感到强大的职场压力带来的情绪失控时,一定要积极疏导,不能放任甚至是不断强化这种负面情绪。通常职场压力来自三个方面：上司、同事和我们自身。当别人对我们或我们自己有了期望时，压力就会随之而来。处理的思路有以下几个方面：

(1) 针对造成问题的外部压力源去处理。也就是从工作本身的层面着手。这是企业管理者需要重视的问题，要帮助员工改善工作环境、进行任务重组、促进分配优化等，都是从实质上涉及员工的切身利益。这需要企业有专门的人员负责调研，了解员工现有的工作模式、工作强度及压力，特别是对于个别部门的"问题人物"要给予高度关注。

(2) 预防和改变自身对压力源的过激反应，这是员工自己可以把握的部分，我们对职场压力一定要有自己的承受程度，通过参加改善沟通技巧的训练，与领导积极沟通，可以降低或消除不利的客观环境对自己的干扰，同时学会用积极思维代替消极思维，做好自我激励，排解压力。

(3) 处理压力所造成的过激反应，即情绪、行为及生理等方面症状的缓解和疏导。可以通过运动的方式排解掉自己的消极情绪，也可以通过放松全身肌肉、冥想等方式缓解自己的压力。在必要时可以在心理咨询师的帮助下进行调整，或求助于家人、朋友等社会力量的支持。

此外，平时主动学习心理学知识，有意识地学会悦纳自我，完善自己的人格；同时在和不同人打交道的过程中，懂得欣赏别人，善于发现他人的长处。通过观察、思考和反省，弥补自己的不足，调整与他人的关系。

在与某些"心理有问题"的人物相处时，我们要懂得理解、接纳对方，善于与对方共情，让对方感觉到自己被充分地理解，帮助其化解内心的冲突和困扰。同时，增强自我保护意识，加强防范措施，把职场犯罪的风险降到最低，确保个人的生命和财物不受侵害。

思考题

1. 如何理解和应对职业发展危机？
2. 职场心理危机的成因和干预方法有哪些？
3. 案例分析：

每次有重要工作时即便主动请缨，老板也不会把工作交给许一飞。如果重要工作是他的分内事,老板一定会让别的同事来协助,哪怕许一飞认为光靠自己完全可以胜任。没什么必要的时候,老板也经常莫名其妙地要他汇报工作进度。虽然许一飞平时也算是努力工作,常常加班,但升职加薪都没他的份。许一飞也许正遭遇职场信任危机,需要想办法来修补缺失的信任感。

问题:如果你是许一飞的朋友,你会建议他可以从哪几个方面来提升自己,渡过这一次的职场信任危机?

附 录

一、MBTI 职业性格测试题

迈尔斯-布里格斯类型指标

MBTI 测试前须知：

1. 参加测试的人员请务必诚实、独立地回答问题，只有如此，才能得到有效的结果。

2.《性格分析报告》展示的是你的性格倾向，而不是你的知识、技能、经验。

3. MBTI 提供的性格类型描述仅供测试者确定自己的性格类型之用，性格类型没有好坏，只有不同。每一种性格特征都有其价值和优点，也有缺点和需要注意的地方。清楚地了解自己的性格优劣势，有利于更好地发挥自己的特长，而尽可能的在为人处事中避免自己性格中的劣势，更好地和他人相处，更好地做重要的决策。

4. 本测试分为四部分，共 93 题，需时约 18 分钟。所有题目没有对错之分，请根据自己的实际情况选择。将你选择的 A 或 B 所在的 ○涂黑，例如：●

只要你是认真、真实地填写了测试问卷，那么通常情况下你都能得到一个确实和你的性格相匹配的类型。希望你能从中或多或少地获得一些有益的信息。

一、哪一个答案最能贴切地描绘你一般的感受或行为？

序号	问题描述	选项	E	I	S	N	T	F	J	P
1	当你要外出一整天时,你会 A. 计划你要做什么和在什么时候做 B. 说去就去	A							○	
		B								○
2	你认为自己是一个 A. 较为随兴所至的人 B. 较为有条理的人	A								○
		B							○	
3	假如你是一位老师,你会选教 A. 以事实为主的课程 B. 涉及理论的课程	A			○					
		B				○				
4	你通常 A. 与人容易混熟 B. 比较沉静或矜持	A	○							
		B		○						
5	一般来说,你和哪些人比较合得来? A. 富于想象力的人 B. 现实的人	A				○				
		B			○					
6	你是否经常让 A. 你的情感支配你的理智 B. 你的理智主宰你的情感	A						○		
		B					○			
7	在处理许多事情上,你会喜欢 A. 凭兴所至行事 B. 按照计划行事	A								○
		B							○	
8	你是否 A. 容易让人了解 B. 难于让人了解	A	○							
		B		○						
9	按照程序表做事 A. 合你心意 B. 令你感到束缚	A							○	
		B								○
10	当你有一份特别的任务时,你会喜欢 A. 开始前小心组织计划 B. 边做边找需做什么	A							○	
		B								○

续　表

序号	问题描述	选项	E	I	S	N	T	F	J	P
11	在大多数情况下,你会选择 A. 顺其自然 B. 按程序表做事	A								○
		B							○	
12	大多数人会说你是一个 A. 重视自我隐私的人 B. 非常坦率开放的人	A		○						
		B	○							
13	你宁愿被人认为是一个 A. 实事求是的人 B. 机灵的人	A			○					
		B				○				
14	在一大群人当中,通常是 A. 你介绍大家认识 B. 别人介绍你	A	○							
		B		○						
15	你会跟哪些人做朋友? A. 常提出新主意的 B. 脚踏实地的	A				○				
		B			○					
16	你倾向 A. 重视感情多于逻辑 B. 重视逻辑多于感情	A						○		
		B					○			
17	你比较喜欢 A. 坐观事情发展才制定计划 B. 很早就制定计划	A								○
		B							○	
18	你喜欢花很多的时间 A. 一个人独处 B. 和别人在一起	A		○						
		B	○							
19	与很多人一起会 A. 令你活力倍增 B. 常常令你心力交瘁	A	○							
		B		○						
20	你比较喜欢 A. 很早便把约会、社交聚集等事情安排妥当 B. 无拘无束,当时有什么好玩就做什么	A							○	
		B								○

续 表

序号	问题描述	选项	E	I	S	N	T	F	J	P
21	计划一个旅程时,你较喜欢 A. 大部分的时间都是跟着当天的感觉行事 B. 事先知道大部分的日子会做什么	A								○
		B							○	
22	在社交聚会中,你 A. 有时感到郁闷 B. 常常乐在其中	A		○						
		B	○							
23	你通常 A. 和别人容易混熟 B. 趋向自处一隅	A	○							
		B		○						
24	哪些人会更吸引你? A. 一个思维敏捷及非常聪颖的人 B. 实事求是、具备丰富常识的人	A				○				
		B			○					
25	在日常工作中,你会 A. 颇为喜欢处理迫使你分秒必争的突发性事件 B. 通常预先计划,以免要在压力下工作	A								○
		B							○	
26	你认为别人一般 A. 要花很长时间才认识你 B. 用很短的时间便认识你	A		○						
		B	○							

二、在下列每一对词语中,哪一个词语更合你的心意?请仔细想想这些词语的意义,而不要理会他们的字形或读音。

序号	问题描述	选项	E	I	S	N	T	F	J	P
27	A. 注重隐私　　B. 坦率开放	A		○						
		B	○							
28	A. 预先安排的　　B. 无计划的	A							○	
		B								○

续 表

序号	问题描述	选项	E	I	S	N	T	F	J	P
29	A. 抽象　　B. 具体	A				○				
		B			○					
30	A. 温柔　　B. 坚定	A						○		
		B					○			
31	A. 思考　　B. 感受	A					○			
		B						○		
32	A. 事实　　B. 意念	A			○					
		B				○				
33	A. 冲动　　B. 决定	A								○
		B							○	
34	A. 热衷　　B. 文静	A	○							
		B		○						
35	A. 文静　　B. 外向	A		○						
		B	○							
36	A. 有系统　　B. 随意	A							○	
		B								○
37	A. 理论　　B. 肯定	A				○				
		B			○					
38	A. 敏感　　B. 公正	A						○		
		B					○			
39	A. 令人信服　　B. 感人的	A					○			
		B						○		
40	A. 声明　　B. 概念	A			○					
		B				○				
41	A. 不受约束　　B. 预先安排	A								○
		B							○	

续 表

序号	问题描述	选项	E	I	S	N	T	F	J	P
42	A. 矜持　　B. 健谈	A		○						
		B	○							
43	A. 有条不紊　　B. 不拘小节	A							○	
		B								○
44	A. 意念　　B. 实况	A				○				
		B			○					
45	A. 同情怜悯　　B. 远见	A						○		
		B				○				
46	A. 利益　　B. 祝福	A					○			
		B						○		
47	A. 务实的　　B. 理论的	A			○					
		B				○				
48	A. 朋友不多　　B. 朋友众多	A		○						
		B	○							
49	A. 有系统　　B. 即兴	A							○	
		B								○
50	A. 富想象的　　B. 以事论事	A				○				
		B			○					
51	A. 亲切的　　B. 客观的	A						○		
		B					○			
52	A. 客观的　　B. 热情的	A					○			
		B						○		
53	A. 建造　　B. 发明	A			○					
		B				○				
54	A. 文静　　B. 爱合群	A		○						
		B	○							
55	A. 理论　　B. 事实	A				○				
		B			○					

341

续 表

序号	问题描述	选项	E	I	S	N	T	F	J	P
56	A. 富同情　　B. 合逻辑	A						○		
		B					○			
57	A. 具分析力　　B. 多愁善感	A					○			
		B						○		
58	A. 合情合理　　B. 令人着迷	A			○					
		B				○				

三、哪一个答案最能贴切地描绘你一般的感受或行为

序号	问题描述	选项	E	I	S	N	T	F	J	P
59	你要在一个星期内完成一个大项目,你在开始的时候会 A. 把要做的不同工作依次列出; B. 马上动工	A							○	
		B								○
60	在社交场合中,你经常会感到 A. 与某些人很难打开话匣儿和保持对话; B. 与多数人都能从容地长谈	A		○						
		B	○							
61	要做许多人也做的事,你比较喜欢 A. 按照一般认可的方法去做; B. 构想一个自己的想法	A			○					
		B				○				
62	你刚认识的朋友能否说出你的兴趣? A. 马上可以;B. 要待他们真正了解你之后才可以	A	○							
		B		○						
63	你通常较喜欢的科目是 A. 讲授概念和原则的; B. 讲授事实和数据的	A				○				
		B			○					
64	哪个是较高的赞誉,或称许为? A. 一贯感性的人; B. 一贯理性的人	A						○		
		B					○			

续 表

序号	问题描述	选项	E	I	S	N	T	F	J	P
65	你认为按照程序表做事 A. 有时是需要的，但一般你不大喜欢这样做； B. 大多数情况下是有帮助而且是你喜欢做的	A								○
		B							○	
66	和一群人在一起，你通常会选 A. 跟你很熟悉的个别人谈话； B. 参与大伙的谈话	A		○						
		B	○							
67	在社交聚会上，你会 A. 是说话很多的一个； B. 让别人多说话	A	○							
		B		○						
68	把周末期间要完成的事列成清单，这个主意会 A. 合你意；B. 使你提不起劲	A							○	
		B								○
69	哪个是较高的赞誉，或称许为？ A. 能干的；B. 富有同情心	A					○			
		B						○		
70	你通常喜欢 A. 事先安排你的社交约会； B. 随兴之所至做事	A							○	
		B								○
71	总的说来，要做一个大型作业时，你会选 A. 边做边想该做什么； B. 首先把工作按步细分	A								○
		B							○	
72	你能否滔滔不绝地与人聊天 A. 只限于跟你有共同兴趣的人； B. 几乎跟任何人都可以	A		○						
		B	○							
73	你会 A. 跟随一些证明有效的方法； B. 分析还有什么毛病，及针对尚未解决的难题	A			○					
		B				○				

343

续 表

序号	问题描述	选项	E	I	S	N	T	F	J	P
74	为乐趣而阅读时,你会 A. 喜欢奇特或创新的表达方式; B. 喜欢作者直话直说	A				○				
		B			○					
75	你宁愿替哪一类上司(或者老师)工作? A. 天性淳良,但常常前后不一的; B. 言词尖锐但永远合乎逻辑的	A				○				
		B			○					
76	你做事多数是 A. 按当天心情去做; B. 照拟好的程序表去做	A								○
		B							○	
77	你是否 A. 可以和任何人按需求从容地交谈; B. 只是对某些人或在某种情况下才可以畅所欲言	A	○							
		B		○						
78	要做决定时,你认为比较重要的是 A. 据事实衡量; B. 考虑他人的感受和意见	A					○			
		B						○		

四、在下列每一对词语中,哪一个词语更合你的心意?

序号	问题描述	选项	E	I	S	N	T	F	J	P
79	A. 想象的　B. 真实的	A				○				
		B			○					
80	A. 仁慈慷慨的　B. 意志坚定的	A						○		
		B					○			
81	A. 公正的　B. 有关怀心	A					○			
		B						○		
82	A. 制作　B. 设计	A			○					
		B				○				

续 表

序号	问题描述	选项	E	I	S	N	T	F	J	P
83	A. 可能性 B. 必然性	A				○				
		B			○					
84	A. 温柔 B. 力量	A						○		
		B					○			
85	A. 实际 B. 多愁善感	A					○			
		B						○		
86	A. 制造 B. 创造	A			○					
		B				○				
87	A. 新颖的 B. 已知的	A				○				
		B			○					
88	A. 同情 B. 分析	A					○			
		B						○		
89	A. 坚持己见 B. 温柔有爱心	A					○			
		B						○		
90	A. 具体的 B. 抽象的	A			○					
		B				○				
91	A. 全心投入 B. 有决心的	A					○			
		B						○		
92	A. 能干 B. 仁慈	A					○			
		B						○		
93	A. 实际 B. 创新	A			○					
		B				○				
每项总分			E	I	S	N	T	F	J	P

五、评分规则

(1) 当你将●涂好后,把 8 项(E、I、S、N、T、F、J、P)分别加起来,并将总和填在每项最下方的方格内。

(2) 请复查你的计算是否准确,然后将各项总分填在下面对应的方格内。

每项总分					
外向	E		I	内向
感觉	S		N	直觉
思维	T		F	情感
判断	J		P	知觉

六、确定类型的规则

(1) MBTI 以四个组别来评估你的性格类型倾向:

"E‑I""S‑N""T‑F"和"J‑P"。请你比较四个组别的得分。每个子别中,获得较高分数的那个类型,就是你的性格类型倾向。例如:你的得分是:E(外向)12分,I(内向)9分,那你的类型倾向便是E(外向)了。

(2) 将代表获得较高分数的类型的英文字母,填在下面的方格内。如果在一个组别中,两个类型获同分,则依据下边表格中的规则来决定你的类型倾向。

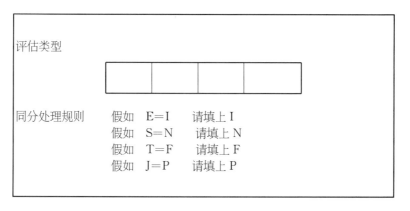

MBTI 各种性格类型的主要特征:

ISTJ(检查员型):

安静,严肃,通过全面性和可靠性获得成功。实际,有责任感。决定有逻辑性,并一步步地朝着目标前进,不易分心。喜欢将工作、家庭和生活都安排得井井有条。重视传统和忠诚。

ISFJ(照顾者型)：

安静,友好,有责任感和良知,坚定地致力于完成他们的义务。全面,勤勉,精确,忠诚,体贴,留心和记得他们重视的人的小细节,关心他们的感受。努力把工作和家庭环境营造得有序而温馨。

INFJ(博爱型)：

寻求思想、关系、物质等之间的意义和联系。希望了解什么能够激励人,对人有很强的洞察力。有责任心,坚持自己的价值观。对于怎样更好地服务大众有清晰的远景。在目标的实现过程中有计划而且果断坚定。

INTJ(专家型)：

在实现自己的想法和达成自己的目标时有创新的想法和非凡的动力。能很快洞察到外界事物间的规律并形成长期的远景计划。一旦决定做一件事就会开始规划并直到完成为止。多疑、独立,对于自己和他人能力的要求都非常高。

ISTP(冒险家型)：

灵活,忍耐力强,是个安静的观察者。只要有问题发生,就会马上行动,找到实用的解决方法。分析事物运作的原理,能从大量的信息中很快找到关键的症结所在。对于原因和结果感兴趣,用逻辑的方式处理问题,重视效率。

ISFP(艺术家型)：

安静,友好,敏感,和善。享受当前,喜欢有自己的空间,喜欢按照自己的时间表工作。对于自己的价值观和自己觉得重要的人非常忠诚,有责任心。不喜欢争论和冲突,不会将自己的观念和价值观强加到别人身上。

INFP(哲学家型)：

理想主义,对于自己的价值观和自己觉得重要的人非常忠诚。希望外部的生活和自己内心的价值观是统一的。好奇心重,能很快看到事物发展的可能性。理解别人和帮助他们实现潜能。适应力强,灵活,善于接受新事物,有悖于自己价值观的除外。

INTP(学者型)：

对于自己感兴趣的任何事物都希望找到合理的解释。喜欢理论性的和抽象的事物,热衷于思考而非社交活动。安静、内向、灵活、适应力强。对于自己感兴趣的领域有超凡的集中精力深度解决问题的能力。多疑,有时会有点挑剔,喜欢分析。

ESTP(挑战者型):

灵活,忍耐力强,实际,注重结果。觉得理论和抽象的解释非常无趣,喜欢积极地采取行动解决问题。注重当前,自然不做作,享受和他人在一起的时刻。喜欢物质享受和时尚。学习新事物最有效的方式是通过亲身感受和练习。

ESFP(表演者型):

外向,友好,接受力强,热爱生活、人类和物质上的享受,喜欢和别人一起将事情做成功。在工作中讲究常识和实用性,并使工作显得有趣。灵活、自然不做作,对于任何新事物都能很快地适应。学习新事物最有效的方式是和他人一起尝试。

ENFP(公关型):

热情洋溢,富有想象力。认为人生有很多的可能性。能很快地将事情和信息联系起来,然后很自信地根据自己的判断解决问题。总是需要得到别人的认可,也总是准备着给予他人赏识和帮助。灵活,自然不做作,有很强的即兴发挥的能力,言语流畅。

ENTP(智多星型):

反应快,睿智,有激励别人的能力,警觉性强,直言不讳。在解决新的、具有挑战性的问题时机智而有策略。善于找出理论上的可能性,然后再用战略的眼光分析。善于理解别人。不喜欢例行公事,很少会用相同方法做相同的事情,倾向于一个接一个地发展新的爱好。

ESTJ(管家型):

实际,现实主义。果断,一旦下决心就会马上行动。善于整合资源完成任务,并尽可能用最有效率的方法得到结果。注重日常的细节。有一套非常清晰的逻辑标准并严格遵守,同时希望他人也同样遵循。在实施计划时强而有力。

ESFJ(主人型):

热心肠,有责任心,能合作。希望周边的环境温馨而和谐,并为此不断努力。喜欢和他人一起保质保量按时地完成任务。事无巨细都会认真对待。能体察到他人在日常生活中的所需并竭尽全力帮助。希望自己和自己的所为能受到他人的认可和赏识。

ENFJ(教导型)：

热情,为他人着想,易感应,有责任心。非常注重他人的感情、需求和动机。善于发现他人的潜能,并希望能帮助他们实现。能成为个人或群体成长和进步的催化剂。忠诚,友善、好社交,对于赞扬和批评都会积极地回应。在团体中能很好地帮助他人,并有鼓舞他人的领导能力。

ENTJ(统帅型)：

坦诚,果断,有天生的领导能力。能很快看到公司或组织程序和政策中的不合理性和低效能性,构建并实施有效和全面的系统来解决问题。善于设定长期的计划和目标。通常见多识广、博览群书,喜欢拓宽自己的知识面并将此分享给他人。在陈述自己的想法时强而有力。

MBTI 各种性格类型的常见适合职业举例

ISTJ

- 首席信息系统执行官
- 天文学家
- 数据库管理
- 会计
- 房地产经纪人
- 侦探
- 行政管理
- 信用分析师

ISFJ

- 内科医生
- 营养师
- 图书/档案管理员
- 室内装潢设计师
- 客户服务专员
- 记账员
- 特殊教育教师
- 酒店管理

INFJ
- 特殊教育教师
- 建筑设计师
- 培训经理/培训师
- 职业策划咨询顾问
- 心理咨询师
- 网站编辑
- 作家
- 仲裁人

INTJ
- 首席财政执行官
- 知识产权律师
- 设计工程师
- 精神分析师
- 心脏病专家
- 媒体策划
- 网络管理员
- 建筑师

ISTP
- 信息服务业经理
- 计算机程序员
- 警官
- 软件开发员
- 律师助理
- 消防员
- 私人侦探
- 药剂师

ISFP
- 室内装潢设计师

- 按摩师
- 客户服务专员
- 服装设计师
- 厨师
- 护士
- 牙医
- 旅游管理

INFP

- 心理学家
- 人力资源管理
- 翻译
- 大学教师(人文学科)
- 社会工作者
- 图书管理员
- 服装设计师
- 编辑/网站设计师

INTP

- 软件设计师
- 风险投资家
- 法律仲裁人
- 金融分析师
- 大学教师(经济学)
- 音乐家
- 知识产权律师
- 网站设计师

ESTP

- 企业家
- 股票经纪人
- 保险经纪人

- 土木工程师
- 旅游管理
- 职业运动员/教练
- 电子游戏开发员
- 房产开发商

ESFP
- 幼教老师
- 公关专员
- 职业策划咨询师
- 旅游管理/导游
- 促销员
- 演员
- 海洋生物学家
- 销售

ENFP
- 广告客户管理
- 管理咨询顾问
- 演员
- 平面设计师
- 艺术指导
- 公司团队培训师
- 心理学家
- 人力资源管理

ENTP
- 企业家
- 投资银行家
- 广告创意总监
- 市场管理咨询顾问
- 文案

- 广播/电视主持人
- 演员
- 大学校长

ESTJ
- 公司首席执行官
- 军官
- 预算分析师
- 药剂师
- 房地产经纪人
- 保险经纪人
- 教师(贸易/工商类)
- 物业管理

ESFJ
- 房地产经纪人
- 零售商
- 护士
- 理货员/采购员
- 按摩师
- 运动教练
- 饮食业管理
- 旅游管理

ENFJ
- 广告客户管理
- 杂志编辑
- 公司培训师
- 电视制片人
- 市场专员
- 作家
- 社会工作者

- 人力资源管理

ENTJ

- 公司首席执行官
- 管理咨询顾问
- 政治家
- 房产开发商
- 教育咨询顾问
- 投资顾问
- 法官

二、九型人格简易测试表

1. 我很容易迷惑。
2. 我不想成为一个唠叨的人,但很难做到。
3. 我喜欢研究宇宙的道理、哲理。
4. 我很注意自己是否年轻,因为那是我找乐子的本钱。
5. 我喜欢独立自主,一切都靠自己。
6. 当我有困难时,我会试着不让人知道。
7. 被人误解对我而言是一件十分痛苦的事。
8. 施与比接受会给我更大的满足感。
9. 我常常试探或考验朋友、伴侣是否忠诚。
10. 我常常设想最糟的结果而使自己陷入苦恼中。
11. 我看不起那些不像我一样坚强的人,有时我会用种种方式羞辱他们。
12. 身体上的舒适对我非常重要。
13. 我能触碰生活中的悲伤和不幸。
14. 别人不能完成他的分内事,会令我失望和愤怒。
15. 我时常拖延时间,不去解决。
16. 我喜欢戏剧性、多姿多彩的生活。

17. 我认为自己非常不完善。

18. 我对感官的需求特别强烈,喜欢美食、服装、身体的触觉刺激,并纵情享乐。

19. 当别人请教我一些问题时,我会巨细无遗地分析得很清楚。

20. 我习惯推销自己,从不觉得难为情。

21. 有时我会放纵和做出僭越的事情。

22. 帮助不到别人会让我觉得痛苦。

23. 我不喜欢人家问我广泛、笼统的问题。

24. 在某方面我有放纵的倾向(例如食物、药物等)。

25. 我宁愿适应别人,包括我的伴侣,而不会反抗他们。

26. 我最不喜欢的一件事就是虚伪。

27. 我知错能改,但由于执着好强,周围的人还是感觉到压力。

28. 我常觉得很多事情都很好玩、很有趣,人生真是快乐。

29. 我有时很欣赏自己充满权威,有时却又优柔寡断、依赖别人。

30. 我习惯付出多于接受。

31. 面对威胁时,我一是变得焦虑、一是对抗迎面而来的危险。

32. 我通常是等别人来接近我,而不是我去接近他们。

33. 我喜欢当主角,希望得到大家的注意。

34. 别人批评我,我也不会回应和解释,因为我不想发生任何争执与冲突。

35. 我有时期待别人的指导,有时却忽略别人的忠告,径直去做我想做的事。

36. 我经常忘记自己的需要。

37. 在重大危机中,我通常能克服我对自己的质疑和内心的焦虑。

38. 我是一个天生的推销员,说服别人对我来说是一件轻而易举地事。

39. 我不相信一个我一直都无法了解的人。

40. 我喜欢依惯例行事,不大喜欢改变。

41. 我很在乎家人,在家中表现得忠诚和包容。

42. 我被动而优柔寡断。

43. 我很有包容力,彬彬有礼,但跟人的感情互动不深。

44. 我沉默寡言,好像不会关心别人似的。

45. 当沉浸在工作或我擅长的领域时,别人会觉得我冷酷无情。

46. 我常常保持警觉。

47. 我不喜欢对别人尽义务的感觉。

48. 如果不能完美地表态,我宁愿不说。

49. 我的计划比我实际完成的还要多。

50. 我野心勃勃,喜欢挑战和登上高峰的滋味。

51. 我倾向于独断专行并解决问题。

52. 我很多时候感到被遗弃。

53. 我常常表现得十分忧郁,充满痛苦而且内向。

54. 初见陌生人时,我会表现得很冷漠、高傲。

55. 我的面部表情严肃而生硬。

56. 我很飘忽,常常不知道自己下一刻想要什么。

57. 我常对自己挑剔,期望不断改善自己的缺点,以成为一个完美的人。

58. 我感受特别深刻,并怀疑那些只是很快乐的人。

59. 我做事有效率,会找捷径,模仿力很强。

60. 我讲理、重实用。

61. 我有很强的创造天分和想象力,喜欢将事情重新整合。

62. 我不要求得到很多的注意。

63. 我喜欢每件事情都井然有序,但别人会以为我过分执着。

64. 我渴望有完美的心灵伴侣。

65. 我常夸耀自己,对自己的能力十分有信心。

66. 如果周遭的人行为太过分时,我准会让他难堪。

67. 我外向、精力充沛,喜欢不断追求成就,这使我的自我感觉良好。

68. 我是一位忠实的朋友和伙伴。

69. 我知道如何让别人喜欢我。

70. 我很少看到别人的功劳和好处。

71. 我很容易看到别人的功劳和好处。

72. 我嫉妒心强,喜欢跟别人比较。

73. 我对别人做的事总是不放心,批评一番后,自己会动手再做。

74. 别人会说我常戴着面具做人。

75. 有时我会激怒对方,引来莫名其妙的吵架,其实我是想试探对方爱不爱我。

76. 我会极力保护我所爱的人。

77. 我常常刻意保持兴奋的情绪。

78. 我只喜欢与有趣的人为友,对一些沉闷的人却懒得交往,即使他们看来很有深度。

79. 我常往外跑,四处帮助别人。

80. 我有时会因为讲求效率而牺牲完美和原则。

81. 我似乎不太懂得幽默,没有弹性。

82. 我待人热情而有耐心。

83. 在人群中我时常感到害羞和不安。

84. 我喜欢效率,讨厌拖泥带水。

85. 帮助别人提高和成功是我最重要的成就。

86. 付出时,别人若不欣然接受,我便会有挫折感。

87. 我的肢体硬邦邦的,不习惯别人热情的付出。

88. 我对大部分的社交集会不太有兴趣,除非那是我熟识的和喜爱的人。

89. 很多时候我会有强烈的寂寞感。

90. 人们很乐意向我表白他们所遭遇的问题。

91. 我不但不会说甜言蜜语,而且别人会觉得我唠叨不停。

92. 我常担心自由被剥夺,因此不爱许下承诺。

93. 我喜欢告诉别人我所做的事和所知的一切。

94. 我很容易认同别人为我所做的事和所知的一切。

95. 我要求光明正大,为此不惜与人发生冲突。

96. 我很有正义感,有时会支持不利的一方。

97. 我注重小节而效率不高。

98. 我容易感到沮丧和麻木更多于愤怒。

99. 我不喜欢那些侵略性或过度情绪化的人。

100. 我非常情绪化,一天的喜怒哀乐多变。

101. 我不想让别人知道我的感受与想法,除非我告诉他们。

102. 我喜欢刺激和紧张的关系,而不是确定和依赖的关系。

103. 我很少用心去听别人的心情,只喜欢说说俏皮话和笑话。

104. 我是循规蹈矩的人,秩序对我十分有意义。

105. 我很难找到一种我真正感到被爱的关系。

106. 假如我想要结束一段关系,我不是直接告诉对方就是激怒他来让他离开我。

107. 我温和平静、不自夸,不爱与人竞争。

108. 我有时善良可爱,有时又粗野暴躁,很难捉摸。

性格描述题号分类:

1号(完美主义者):2,14,55,57,60,63,73,81,87,91,97,102,104,106;

2号(给予者):6,8,22,30,69,71,79,82,85,86,89,90;

3号(实干者):20,33,38,59,65,67,70,72,74,77,80,93;

4号(悲情浪漫者):7,13,17,52,53,54,56,58,61,64,100,105;

5号(观察者):3,19,23,32,42,43,47,48,51,83,88,99,101;

6号(怀疑论者):9,10,26,29,31,35,37,45,46,68,75;

7号(享乐主义者):4,16,18,21,28,49,78,92,103;

8号(保护者):5,11,24,27,40,44,50,66,76,84,95,96;

9号(调停者):1,12,15,25,34,36,39,41,62,94,98,107,108。

把得分最靠前的三个号码拿出来,结合下面的描述。再仔细感受自己的性格是否与号码指定的相对应,最终确定自己的人格类型。

第一型:

正直,有原则,有毅力,能自我管理,坚信自己的理念是正确的,完美主义,力图保持高的标准和质量,做事井井有条,以积极的心态、执着的态度去追求自己的理想。他们只是注重经验,希望提高成效;他们还善于激励他人提升自己,变得更加有效并且做正确的事情;在最佳状态时,他们能够做出正确的判断、明智的决定。

第二型:

有爱心,慷慨,懂得愉悦人们,对别人的需要很敏感,只是试图满足他人的需要。他们喜欢赞赏他人的才能,能够扮演导师和密友的角色,擅长与人的交际。他们不喜欢没有人情味的工作环境,但对环境的适应能力强;在最佳状态时,他们会有同情心、慷慨,帮助团队建立更紧密的关系。

第三型:

适应力强,注意力集中,卓越,有干劲,知道如何按照别人的期望更有效率地完成工作。他们往往很有吸引力、迷人、精力充沛;他们对自己、对他们的团队和企业都有很强的观察力;他们喜欢被人注意,经常被荣誉所吸引;他们乐于竞争,地位和个人荣誉促使他们愿意牺牲个人的生活;在最佳状态时,他们变得很有才华,令人敬佩,经常被人们看作是鼓舞士气的模范。

第四型:

有艺术才能,感情丰富,能欣赏及关心别人,拥有独特的魅力。他们执着于好的创意及创作标准;他们喜欢有创造力的工作,不喜欢太有规律的工作;在最佳状态时,他们能将直觉和创造力带到工作中来,并利用他们的深度和独特的感觉改善工作。

第五型:

观察敏锐,求知欲强,创新,有耐心,是专业领域内精力充沛的学习者和实验家。他们在开始工作或陈述意见时,会细致地收集信息,试图把握一切,喜欢跟从他们的好奇心去理解细节,探索原理;他们有很强的分析能力,钟情于探索及发现,喜欢独处。在最佳状态时,他们变得很有远见,能够将全新的概念带到工作中。

第六型:

引人注意,讨人喜欢,有责任心,勤奋,可靠,喜欢建立合作关系以使工作更加有效地完成。他们能够评定他人的动机和优点,从工作环境中寻找潜在的问题;他们对权威反感,但会是一个忠心耿耿的追随者;他们希望大家意见一致,并对未来有远见;在最佳状态时,他们很有信心、独立、有勇气,往往可以将团队带回到它本来的价值上。

第七型:

乐观,开朗,积极主动,才艺出众。他们表达直率、有幽默感,能够让其他人支持他们的想法。他们总是追赶潮流,寻求创新和刺激;在最佳状态时,他们会将焦点集中在有价值的目标上,工作会非常有效率。

第八型:

有力量,果断,自信。他们很清楚自己想要什么,全力以赴,并总是有能力把它完成好;他们把严重的问题看作是对他们的挑战,克服当中的困难,善于策略运用及掌握权力;他们乐于支持、保护并激励他人。在最佳状态时,他们变得宽宏大量,用他们的力量去提高其他人的水平。

第九型:

融洽,随和,谦卑,适应能力强;通过强调团队精神创造协调的团队,能够缓和冲突和紧张的状态。他们支持及包容他人,有耐心,不偏执,能与他人共同工作;他们不喜欢团队中有冲突,总是试图建立和谐及稳定的关系。在最佳状态时,他们能够协调差异,将人们聚集在一起创造一个稳定且有活力的环境。

参考文献

[1] 尼伦伯格·卡莱罗. 怎样洞察别人. 浙江文艺出版社,1987

[2] L·A·珀文. 人格科学. 华东师范大学出版社,2001

[3] 孔祥勇. 管理心理学. 高等教育出版社,2001

[4] 张玲莉. 人际商务技巧. 中国人民大学出版社,2002

[5] 孙时进. 社会心理学. 复旦大学出版社,2002

[6] 周三多. 管理学. 高等教育出版社,2004

[7] 杨眉. 送你一座玫瑰园. 中国城市出版社,2005

[8] 陆瑜芳. 秘书学概论(第二版). 复旦大学出版社,2005

[9] 陈国海. 组织行为学. 清华大学出版社,2006

[10] 戴维·迈尔斯,张智勇. 社会心理学(第八版). 人民邮电出版社,2006

[11] 陆瑜芳. 办公室实务(第二版). 复旦大学出版社,2006

[12] 中央人民广播电台"中国之声"社会新闻部. 学习爱:与著名心理学专家贾晓明关于恋爱心理的对话. 武汉大学出版社,2006

[13] 蔡笑岳. 心理学(第二版). 高等教育出版社,2007

[14] 金树人. 生涯咨询与辅导. 高等教育出版社,2007

[15] "心理访谈"栏目组. 心理访谈——人际关系. 中国轻工业出版社,2007

[16] 张西超. 带着快乐去上班 现代职业心理健康DIY手册. 中信出版社,2007

[17] 罗伯特·费尔德曼,黄希庭. 心理学与我们. 人民邮电出版社,2008

[18] 彭贤. 人际关系心理学. 清华大学、北京交通大学出版社, 2008
[19] 孙健. 领导科学. 南开大学出版社, 2008
[20] 陆卫明. 人际关系心理学. 西安交通大学出版社, 2009
[21] 钱卫. 和工作和解. 中国广播电视出版社, 2009
[22] 朱建军. 你有几个灵魂. 安徽人民出版社, 2009
[23] 朱建军. 心灵大厦漫游. 安徽人民出版社, 2009
[24] 朱建军. 走出迷惘——增强你的人格魅力. 安徽人民出版社, 2009
[25] 安德鲁·杜布林. 心理学与人际关系. 中国人民大学出版社, 2010
[26] 何国松. 人际关系心理学全集. 吉林大学出版社, 2010
[27] 黄信景. 职场人际关系与心理健康指南. 中国工人出版社, 2010
[28] 凯文·霍根. 说服心理学. 天津社会科学院出版社, 2010
[29] 张超. 职场潜伏心理学(2). 北方妇女儿童出版社, 2010
[30] 张超. 职场潜伏心理学. 北方妇女儿童出版社, 2010
[31] 朱宝荣. 应用心理学(第二版). 清华大学出版社, 2010
[32] 程正方. 管理心理学. 高等教育出版社, 2011
[33] 谭一平. 职场人际关系与沟通. 清华大学出版社, 2011
[34] 莎伦·伦德·奥尼尔. 职场人际关系心理学. 中国人民大学出版社, 2012
[35] 孙科炎. 职场心理学. 中国电力出版社, 2012
[36] 王群. 医学类学生职业生涯与就业指南. 复旦大学出版社, 2012